开放式国家创新体系研究

——以中以科技合作为例

RESEARCH ON THE OPEN NATIONAL
INNOVATION SYSTEM:

A CASE STUDY OF CHINA-ISRAEL SCIENCE AND
TECHNOLOGY COLLABORATION

滕　颖　李代天 / 著

社会科学文献出版社
SOCIAL SCIENCES ACADEMIC PRESS (CHINA)

　　本书受四川省科技计划项目软科学项目（2021JDR0059、2020JDR0062）以及中国科协 2022 年度科技智库青年人才计划项目的支持

推荐序（一）

从国家创新体系视角理解以色列科技创新

国家创新体系建设对于一国在国际舞台上的竞争力有着重要的意义。近年来，随着经济全球化趋势日益加深，各个国家的创新体系的演化也呈现开放化发展的趋势。电子科技大学以色列研究中心的滕颖教授和李代天博士合著的这本《开放式国家创新体系研究——以中以科技合作为例》，将以色列作为研究对象，从多个视角讨论了以色列国家创新体系的特征及其开放化的发展，有助于我们深度理解全球化背景下的国家创新体系构建和国际科技合作的重要性及其功效，非常值得推荐。

在以色列经济发展过程中，科技创新扮演了极其重要的角色。它促进了技术进步与产业结构转型，从而推动社会经济发展。以色列创新驱动经济的两大特征是技术导向型和出口导向型。其中，高技术产业的发展是以色列创新驱动型经济发展的重要表现。以色列的创新能力十分突出，创新效率较高。从国家创新体系的主体来看，以色列国家创新体系的特征体现在：政府主导了以色列国家创新体系战略方向，本土企业和跨国公司构成了以色列国家创新体系的中枢，具有强技术转移能力的科研机构为以色列国家创新体系的高效率产出提供保障，活跃的风险投资为以色列国家创新体系提供驱动力。另外，以色列独特的国家文化和浓厚的创业氛围为其国家创新体系提供了良好的环境。本书关于以色列开放式国家创新体系及中以科技合作的讨论对于新时期我国的国家创新体系建设具有一定的参考和借鉴意义。

薛　澜

清华大学文科资深教授

清华大学苏世民书院 院长

清华大学中国科技政策研究中心 主任

推荐序（二）

从科技创新政策视角理解中以科技合作

国际科技合作是当前科技创新政策研究中的新兴热点领域。改革开放以来，中国的科技创新政策体系历经了初创期、成型期和深化发展期等几个不同的阶段。在此过程中，科技政策的内涵日益丰富，运用的政策手段也日趋完善和多样化。作为知识、人才、资源跨国流动的重要载体，国际科技合作也逐渐成为一国科技创新政策的重要抓手。

本书以《开放式国家创新体系研究——以中以科技合作为例》为题，针对以色列开放式国家创新体系的特征、演化，及中以科技合作展开研究，具有较强的创新性。以色列地处亚洲西部，尽管国土面积狭小、自然资源贫乏，但在科技创新创业方面有着惊人的表现，被誉为"创新国度"。而中国作为世界上最大的发展中国家，具有广阔的市场空间，且正处于加快构建现代化产业体系的关键时期。因此，以色列和中国在高科技领域具有较强的互补性。本书从以色列与中国政府间科技合作、以色列与中国重点区域科技合作、以色列与中国重点产业领域的科技合作、以色列在中国的创新创业活动等多个角度对中以科技合作展开讨论，值得向关注科技政策和国际科技合作等话题的读者推荐。

电子科技大学以色列研究中心是专门从科技创新视角研究以色列的智库研究机构。本书由该中心研究团队倾力打造，围绕以色列国家创新体系及其特征、以色列国家创新体系的开放化发展等方面展开研究，详细介绍了以色列与中国在国家、区域、产业等不同层面的合作，对于帮助人们认识以色列、了解以色列具有重要的参考价值。

梁　正

清华大学公共管理学院教授

清华大学中国科技政策研究中心 副主任

目　录

引　言

当前，全球经济正面临着传染性疾病、气候变暖、地区冲突等因素所带来的一系列重大挑战。习近平主席指出："世界各国应加强科技开放合作，携手应对时代挑战。"[①] 加强各国之间的科技开放合作对新时期我国的国家创新体系建设提出了新的要求。如何从全球视角拓展各国创新体系的边界，实现创新要素在全球的优化配置，成为国内外学者共同关注的话题。[②] 近年来，英国社会科学院院士、牛津大学傅晓岚教授基于对中国国家创新体系演化发展规律的研究提出了开放式国家创新体系的概念。[③] 清华大学苏世民书院院长薛澜教授等人在研究了中国国家创新体系的演化历程后指出，中国过去 40 年的国家创新体系建设曾受益于国际科技合作，而未来也应进一步深化国际科技合作，以期在技术研发、风险防范和规范制定等方面发挥更大的作用。[④]"他山之石可以攻玉"——分析借鉴世界上其他国家开放式创新体系的特征及演化对于我国具有重要的意义。以色列作为中东地区唯一的发达国家，在农业、工业、科技、军事等领域的成就举世瞩目，被誉为"创新的国度"，国家创新体系具有高度开放的特征。有鉴于此，本书将以色列开放式国家创新体系作为分析对象，研究了其国家创新体系的特征和对外（特别是对中国）的国际科技合作，旨在为中国新时期

---

① 《加强科技开放合作 共同应对时代挑战——习近平主席向 2021 中关村论坛视频致贺引发热烈反响》，人民网，http://cpc.people.com.cn/n1/2021/0926/c64387-32236455.html。

② Binz, C., & Truffer, B., "Global Innovation Systems—A Conceptual Framework for Innovation Dynamics in Transnational Contexts", *Research Policy*, Vol. 46, No. 7 (2017): 1284-1298; 刘云等：《中国国家创新体系国际化政策概念、分类及演进特征——基于政策文本的量化分析》，《管理世界》2014 年第 12 期。

③ FU, X., *China's Path to Innovation* (Cambridge University Press, 2015); 傅晓岚：《中国"国家创新体系"的未来：共同造、谋引领》，《商业观察》2017 年第 6 期。

④ Xue, L., Li, D., & Yu, Z., "China's National And Regional Innovation Systems," *in* X. Fu, J. Chen, & B. Mckern (*Eds.*), *The Oxford Handbook Of China Innovation* (Oxford: Oxford University Press, 2021).

国家创新体系的建设提供参考和借鉴。

作为全球最具创造力的国家之一，以色列在高科技领域具有显著的实力，是包括美国在内的全球发达国家竞相追逐的科技来源。[①] 发达国家尚且重视同以色列的合作，中国加强同以色列的科技创新合作，促进中国产业发展，则具有更为重要的战略意义。此外，以色列和中国在产业创新体系方面存在显著的结构性差异，表现出较强的互补性。例如，以色列企业以科技型创新企业为主，虽具有较强的技术能力，但受限于国内狭小的市场环境，往往存在对外技术转移的意向；而中国拥有巨大的市场规模和经济体量，正处于从传统制造大国向创新型制造强国转型的进程之中，对于新兴技术具有较强的市场需求。因此，在当前复杂多变的国际局势下，如何构建开放式国家创新体系、探索中国和以色列的科技合作新模式是一项值得深入研究的核心问题。

国家创新体系的概念，最早可以追溯到弗里曼（Freeman）[②]、伦德瓦尔（Lundvall）[③] 和尼尔森（Nelson）[④]等人的著作，一般认为国家创新体系是由企业、高校、政府机构等多元主体所组成的互动系统，旨在实现促进国家的科学技术生产和技术能力提升。[⑤] 既有的国家创新体系研究往往关注国家边界范围之内的创新活动，国家创新体系中的资源流动也主要是在"国家"的范围内进行。换言之，国家的边界可以被视为是对地理边界、文化边界、制度边界等多维度边界的一种抽象，影响着国家创新体系内不同行动主体之间互动合作的交易成本。这种以国家边界作为创新系统边界的划分方式在早期具有一定的合理性，因为这为不同国家之间创新能力和经济发展的对比分析提供了一个实用的分析框架。[⑥]

---

① 陈光：《以色列国家创新体系的特点与启示》，《中国国情国力》2014 年第 11 期。

② Freeman, C., *Technology Policy and Economic Performance：Lessons from Japan*（London：Frances Pinter, 1987）.

③ Lundvall, B. A., *National Systems of Innovation*（Pinter：London, UK, 1992）.

④ Nelson, R. R., *National Innovation Systems：A Comparative Analysis*（Oxford University Press, 1993）.

⑤ 陈劲：《关于构建新型国家创新体系的思考》，《中国科学院院刊》2018 年第 5 期；穆荣平：《国家创新体系与能力建设的有关思考》，《中国科技产业》2019 年第 7 期；柳卸林、葛爽、丁雪辰：《工业革命的兴替与国家创新体系的演化——从制度基因与组织基因的角度》，《科学学与科学技术管理》2019 年第 7 期。

⑥ 吴晓波、范志刚、杜健：《国家创新系统视角下的中印比较》，《科学学研究》2007 年第 2 期。

　　然而，随着全球化时代的到来，创新活动的国界变得模糊。① 在全球化的趋势下，有必要拓展国家创新体系的研究边界，探讨开放式国家创新体系的构建。例如，伊祖卡（Iizuka）认为应当在原有国家创新体系的框架中纳入全球范围内的知识流动以及各类创新主体的跨国活动等因素，丰富创新体系理论框架的内涵。② 夏皮拉等（Shapira et al.）认为国家创新体系的国际因素，例如跨境知识流动在技术商业化中发挥着重要作用，拥有更多全球研发中心和更多全球初创企业的国家更有利于实现技术的商业化。③ 尼奥斯（Niosi）和贝隆（Bellon）研究了美国、日本和欧洲主要国家的国家创新系统的开放程度，发现不同国家之间创新系统全球化的速度和方式存在显著的差异，而国际科技合作则有利于推动各国的创新发展。④

　　开放式创新是一种新的创新管理范式，主要是指利用有目的的知识流入和流出来加速内部创新和扩大外部创新。⑤ 开放创新跨越了企业边界⑥和国家边界⑦，主要关注一个组织（如企业、高校、研究机构等）如何从外部获取知识、技术，并加以充分利用。Chang 和 Chen 指出开放式创新主要是强调知识流动和技术合作的重要性，以突破以往的边界，有计划地利用知识和资源的流入和流出，并将其与核心竞争力相结合，以促进内部创新。⑧

　　随着经济全球化的发展，传统的以国家或区域为边界的创新体系研究

① Lee, S., Lee, H., & Lee, C., "Open Innovation at the National Level: Towards a Global Innovation System", *Technological Forecasting and Social Change*, Vol. 151 (2020): 119842.

② Iizuka, M., *Innovation Systems Framework: Still Useful in the New Global Context?* (Maastricht: UNU-MERIT, Maastricht Economic and Social Research and Training Centre on Innovation and Technology, 2013)

③ Shapira, P., Youtie, J., & Kay, L., "National Innovation Systems and the Globalization of Nanotechnology Innovation", *The Journal of Technology Transfer*, Vol. 36, No. 6 (2011): 587-604.

④ Niosi, J., & Bellon, B., "The Global Interdependence of National Innovation Systems: Evidence, Limits, and Implications", *Technology in Society*, Vol. 16, No. 2 (1994): 173-197.

⑤ Chesbrough, H., *Open Innovation: The New Imperative for Creating and Profiting from Technology* (Boston: Harvard Business School Press, 2003).

⑥ Greul, A., West, J., & Bock, S., "Open at Birth? Why New Firms Do (or Don't) Use Open Innovation", *Strategic Entrepreneurship Journal*, Vol. 12, No. 3 (2018): 392-420.

⑦ Bartholomew, S., "National Systems of Biotechnology Innovation: Complex Interdependence in the Global System", *Journal of International Business Studies*, Vol. 28, No. 2 (1997): 241-266.

⑧ Chang, S. -H., & Chen, C. M. -L., "A New Approach to Assess the Changing Growth Model of Open National Innovation Systems", *International Journal of Innovation Science*, Vol. 7, No. 3 (2015): 183-198.

逐渐呈现与开放创新相结合的新趋势。① 现阶段，大部分国家的创新体系开放程度不高，各类创新主体主动接入全球知识技术网络的渠道和方式较为落后，难以满足经济发展的需要。② 因此，如何提高国家创新体系的开放程度是值得学者和政策制定者深入思考的一项重要议题。尽管目前关于企业层面开放创新研究的文献较多，但关于创新体系国际化的研究仍然相对不足。

有学者认为，开放式国家创新体系融合了创新体系和开放式创新两大理论，是国家创新体系研究在经济全球化背景下的新发展趋势。③ 国家创新体系是分析一个国家创新能力的重要理论框架，本身就具有持续动态演化的特征。④ 在传统国家创新体系向开放式国家创新体系演变的过程中，系统内部的知识、技术、资金、人才等创新要素也将逐步跨越原来的系统边界，走向国际开放。⑤国家创新体系开放化发展的趋势必将为国际科技合作的研究带来新的机遇与挑战。

有鉴于此，本书基于开放式创新体系理论视角，从以色列国家创新体系及其特征（第二章），以色列国家创新体系的开放化发展（第三章），以色列和中国的科研教育体系比较研究（第四章），以色列与中国产业体系比较研究（第五章），以色列与中国的制度环境比较研究（第六章），以色列与中国政府间科技合作（第七章），以色列与中国重点区域科技合作（第八章），以色列与中国重点产业领域的科技合作（第九章），以色列在中国的创新创业活动（第十章）等多个角度，对以色列开放式国家创新体系的特征、演化，以及中以两国间的差异展开对比分析，旨在为关注国际科技合作和科技创新政策等话题的读者提供参考和借鉴。

---

① 刘云等：《中国国家创新体系国际化政策概念、分类及演进特征——基于政策文本的量化分析》，《管理世界》2014 年第 12 期；FU X.，*China's Path to Innovation*（Cambridge University Press，2015）.

② 胡志坚、李哲：《支撑现代化经济体系的国家创新体系建设研究》，《科技中国》2018 年第 9 期。

③ 李纪珍：《构建自主可控的国家开放创新体系》，《中国科技论坛》2018 年第 9 期。

④ 傅晓岚：《中国"国家创新体系"的未来：共创造、谋引领》，《商业观察》2017 年第 6 期。

⑤ 肖国芳、彭术连：《创新体系国际化视角下高校科研组织变革研究》，《中国高校科技》2020 年第 11 期。

第一章　理论背景

本书选取以色列为研究对象，基于开放式国家创新体系的理论视角，从纵向的时间维度和横向的跨国比较维度展开深入分析。本章重点对本书所涉及的理论背景展开介绍，重点阐明国家创新体系的基本概念、开放式国家创新体系的新趋势，并指出国际科技合作是开放式国家创新体系的重要分析维度。

一　国家创新体系

国家创新体系这一概念可以追溯到 20 世纪 80 年代。一般认为，弗里曼最早提出国家创新体系这一概念，他认为国家创新体系是由能进行新技术的产生、引进、传播活动的公共部门和私营部门构成的机构网络。[1] 伦德瓦尔进一步指出国家创新体系中最为核心的是各个要素间的交互学习。[2] 此后，尼尔森通过对比不同国家的创新体系，从制度视角提出国家创新体系是平衡私有部门和公有部门的复合体制。[3] 埃德奎斯特（Edqvist）和伦德瓦尔认为影响社会技术变革速度和方向的制度与经济结构组成了国家创新体系。[4] 尼奥斯等认为国家创新体系是致力于科学技术生产的私营公司、公营公司、大学和政府机构间相互作用的体系，这些相互作用可能涉及技术、

[1] Freeman, C., *Technology Policy and Economic Performance: Lessons from Japan* (London: Frances Pinter, 1987).

[2] Lundvall, B. A., *National Innovation System: Towards A Theory of Innovation and Interactive Learning* (London: Pinter, 1992).

[3] Nelson, R. R., *National Systems of Innovation: A Comparative Analysis* (Oxford: Oxford University, 1993).

[4] Edqvist, C., Lundvall, B. A., *Comparing the Danish and Swedish Systems of Innovations*, in: Nelson, R. R. (Ed.), *National Innovation Systems* (New York: Oxford University Press, 1993).

商业、社会等多方面，旨在开发、保护、监管新技术。① 帕特尔（Patel）和帕维特（Pavitt）则拓展了国家创新体系的功能，他们认为它体现了国家竞争力，并影响技术学习和知识流动的效率和方向。②OECD 的报告表明国家创新体系是由相关创新机构组成，这些机构独自或相互间的作用促进了技术的进步和扩散，该研究为政府制定创新政策提供依据。③

自 1992 年中国引入国家创新体系这一概念以来，许多国内学者针对该领域展开了科学研究。路甬祥认为，国家创新体系是由参与知识创新和技术创新的政府、企业、科研机构、大学等组成的网络系统，用于促进知识的传播和应用，进而助力经济的发展。④ 冯之浚指出制度安排和网络结构在国家创新体系的发展中发挥着决定性的作用，同时强调各个主体间的相互作用。⑤ 王春法等认为国家创新体系的核心是通过科技知识在不同机构和组织间的相互作用，形成科技知识在国家范围内循环流转和应用的良性机制。⑥ 此外，学者还围绕国家创新体系主体间的互动展开科学研究。如柳卸林等通过研究发现同类研究机构间的互动频次比不同类别的研究机构间的互动频次更高。⑦

上述学者都指出国家创新体系是由参与科技知识创新的机构所形成的网络体系，该体系有助于促进知识和技术的扩散。随着基础理论框架的完善，学者开始深入探究国家创新体系对经济和社会产生影响的原理和机制。如胡昌平等学者的研究，指出国家创新体系具备知识创新、知识传播和知识扩散以及应用等作用。⑧ 欧阳峣等使用 DEA 方法评价"金砖国家"创新体系的技术效率，并通过同发达国家的对比分析指出，创新资源投入水平较低、各类创新主体之间互动不充分以及创新激励机制不健全是影响"金

---

① Niosi, J., Saviotti, P., Bellon, B., et al., "National Systems of Innovation: In Search of a Workable Concept", *Technology in Society*, Vol. 15, No. 2 (1993): 207–227.

② Pari, P., Keith, P., "The Continuing, Widespread (And Neglected) Importance of Improvements in Mechanical Technologies", *Research policy*, Vol. 23, No. 5 (1994): 533–545.

③ OECD, *National Innovation Systems* (Paris: OECD, 1997).

④ 路甬祥：《建设面向知识经济时代的国家创新体系》，《世界科技研究与发展》1998 年第 3 期。

⑤ 冯之浚：《完善和发展中国国家创新系统》，《中国软科学》1999 年第 1 期。

⑥ 王春法、游光荣：《国家创新体系理论的基本内涵》，《国防科技》2007 年第 4 期。

⑦ 柳卸林、赵捷：《对中国创新系统互动的评估》，《科研管理》1999 年第 6 期。

⑧ 胡昌平、邱允生：《试论国家创新体系及其制度安排》，《中国软科学》2000 年第 9 期。

砖国家"创新体系效率的主要因素。[1]

具体而言，国家创新体系的结构主要包含了企业和非企业类的主体（如政府、高校及科研机构等）、这些主体内部间的互动以及这些主体所处的外部环境。

（一）国家创新体系中的行动主体

国家创新体系中的行动主体包含了企业、高校与科研机构以及政府等多元主体。

企业作为以营利为主要目标的经营主体，在国家创新体系中扮演着实现技术发明商业化并最终创造价值的重要角色。企业的创新能力会影响其所在国家创新体系的效能[2]，因此在全球竞争日益激烈的背景下，如何提高企业的创新能力对于国家创新体系的建设就显得尤为重要。

高校及科研机构是科学知识的创造者，在国家创新体系中发挥着知识创造、人才培养、知识传播等重要作用。[3] 相比侧重于实际生产和应用的企业，高校及科研机构更加重视对新知识或新规律的研究，这些研究为后续科技成果的转化打下坚实的基础。随着知识经济的不断发展，高校及科研机构呈现将新科学知识应用于实际生产的趋势，即知识成果的转化。这意味着高校及科研机构逐渐成为知识成果转化的重要主体，发挥出更大的经济和社会价值。

政府同样是国家创新体系中十分关键的行动主体，是科技创新政策的制定者和创新活动的推动者。[4] 政府对创新活动的影响主要包含两个方面。一方面，政府可以通过补贴研发、保护知识产权等手段，促进创新活动的知识供给。知识在某种程度上具有"公共物品"的属性，企业研发的成果往往会伴随着竞争对手的模仿而逐步扩散，因此单个企业在投入研发的问题上往往存在动机不足等问题。政府可以通过补贴研发和保护知识产权等措施，解决企业在研发问题上所面临的"市场失灵"，提升企业投入研发的

---

① 欧阳峣、陈琦：《"金砖国家"创新体系的技术效率与单因素效率评价》，《数量经济技术经济研究》2014年第31卷第5期。
② 段芳芳、吴添祖：《国家创新体系及其运行分析》，《科技进步与对策》1999年第3期。
③ 段芳芳、吴添祖：《国家创新体系及其运行分析》，《科技进步与对策》1999年第3期。
④ 段芳芳、吴添祖：《国家创新体系及其运行分析》，《科技进步与对策》1999年第3期。

积极性，从供给侧促进国家创新体系中的创新活动。① 另一方面，政府也可以通过公共采购、政策指引等措施，为企业的研发活动提供方向性指引，降低企业创新所面临的不确定性，创造相应的市场空间，从需求侧牵引国家创新体系中的创新活动。②

（二）内部主体间相互作用

学者们最初认为创新是一个线性模型，即创新活动遵循从"基础研究"到"应用研究"到"产品开发"，并最终走向商业化生产和市场扩散的线性发展过程。③ 随着创新过程变得日益复杂，学者们逐渐认识到线性模型已不足以反映创新过程中多元主体之间的密切互动，因此以解决创新过程中多元主体之间"协调性失灵"（coordination failure）问题的创新系统理论逐渐成为制定创新政策的主流分析框架。④ 国家创新体系的理论强调，创新不是单独发生的，而是取决于参与创新过程的不同类型参与者之间的相互作用。⑤创新主体间的相互作用有助于降低创新成本，促进创新资源的整合，发挥组织网络的正向外部性，进而提高创新体系的综合效益。因此，各创新主体间的相互作用对国家创新体系的建设是十分重要的。

从图 1-1 可见，国家创新体系主体间的交互作用表现为各个主体间的交互作用以及主体同环境之间的交互作用。从各个主体间的交互作用来看，高校及科研机构作为主要的基础知识研究者和传播者，侧重从事科学研究工作，这些科学研究为企业进行技术转化奠定坚实的基础。当前，高校及科研机构和企业间的合作与交流日渐频繁。高校及科研机构传输最新的科学知识给企业，企业进行科技成果转化，这一过程中两大主体互相指导和

---

① Schot, J., & Steinmueller, W. E., "Three Frames for Innovation Policy: R&D, Systems of Innovation and Transformative Change", *Research Policy*, Vol. 47, No. 9 (2018): 1554-1567.

② Mazzucato, M., "From Market Fixing to Market-Creating: A New Framework for Innovation Policy", *Industry and Innovation*, Vol. 23, No. 2 (2016): 140-156.

③ Godin B., "The Linear Model of Innovation: The Historical Construction of an Analytical Framework", *Science, Technology, & Human Values*, Vol. 31, No. 6 (2016): 639-667.

④ Schot, J., & Steinmueller, W. E., "Three Frames for Innovation Policy: R&D, Systems of Innovation and Transformative Change", *Research Policy*, Vol. 47, No. 9 (2018): 1554-1567.

⑤ Lundvall, B. A., *National Innovation System: Towards A Theory of Innovation and Interactive Learning* (London: Pinter, 1992); Nelson, R. R., *National Systems of Innovation: A Comparative Analysis* (Oxford: Oxford University, 1993).

交流，进而提高了创新的效率。政府同企业间的互动主要体现在政府为企业的创新活动提供研发经费等。此外，政府能创造有利于主体间交流合作的制度环境，鼓励高校及科研机构进行某个领域的研究。[①] 与此同时，企业和高校及科研机构两大主体的创新活动会反馈给政府。最终知识和技术在各个主体之间相互流动，并形成良性循环。

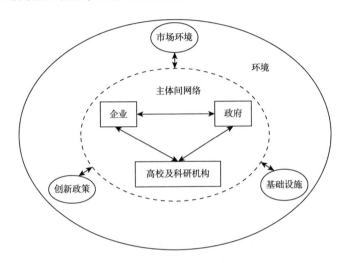

图 1-1 国家创新体系要素间的关系

资料来源：OECD，*Managing National Innovation Systems*（Paris：OECD，1999）。

（三）环境相关要素

环境要素主要包括创新政策、市场环境和基础设施等。这些环境要素是国家创新体系内部网络的客观条件基础。[②] 从主体同环境要素的相互作用来看，环境要素一方面影响主体进行创新活动的自主性和积极性，进而对主体间相互作用的效率产生影响；另一方面对主体间结合方式产生强制的约束，进而影响主体间相互作用的效率。与此同时，主体间的相互作用也能反作用于环境要素，从而达到主体和环境要素相辅相成的效果，这对国家创新体系的建设具有重要的意义。

[①] 罗伟、王春法、方新：《国家创新系统与当代经济特征》，《科学学研究》1999 年第 2 期。
[②] 曾国屏、李正风：《国家创新体系：技术创新、知识创新和制度创新的互动》，《自然辩证法研究》1998 年第 11 期。

创新政策这一概念是指为提升国家或区域科技水平和创新能力的直接和间接的政策统称。[①] 相较于传统的科技政策，创新政策更加关注如何实现知识的价值创造，强调综合运用宣传教育、激励机制、强制要求等政策工具，推动科技成果的商业转化。[②] 创新政策属于环境的相关要素之一，不仅能提供政策支持，进而影响主体进行创新活动的积极性，还能对创新资源的配置产生影响。总而言之，创新政策是国家创新体系环境要素的重要组成部分。市场环境同样是国家创新体系环境要素的重要组成部分之一。在市场经济的背景下，由于创新的各类主体都处于市场的大环境中，或多或少会受到市场环境带来的影响。市场环境的优劣影响着国家创新体系的资源配置效率，对企业从事创新活动的动机和效率有非常重要的影响。因此，市场环境的优化往往也成为进一步提升创新资源配置效率、进一步提升国家创新体系效能的重要抓手。基础设施作为环境要素之一，是国家创新体系中各要素流动的载体。[③] 它能够使资源在更广的范围内得到更优的配置，并且通过促进科技人员的交流合作，提高创新的效率。因此，完善的基础设施对于提升国家创新体系的效率发挥着积极的正向作用。

二 开放式国家创新体系

随着开放式创新和国家创新体系国际化等概念的发展，开放式国家创新体系逐渐成为国家创新体系研究中的前沿话题。[④] 开放式国家创新体系是一个与国内和国际环境相联系的开放体系，是国家创新体系在经济全球化背景下的新发展。[⑤] 每个国家的社会环境和科学技术水平不同，其国家创新

---

① 蔡绍洪、彭长生、俞立平：《企业规模对创新政策绩效的影响研究——以高技术产业为例》，《中国软科学》2019 年第 9 期。

② 梁正：《从科技政策到科技与创新政策——创新驱动发展战略下的政策范式转型与思考》，《科学学研究》2017 年第 2 期。

③ 郭淡泊等：《国家创新体系效率及影响因素研究——基于 DEA-Tobit 两步法的分析》，《清华大学学报》（哲学社会科学版）2012 年第 2 期。

④ Corona-Treviño, L., "Entrepreneurship in an Open National Innovation System (ONIS): A proposal for Mexico", *Journal of Innovation and Entrepreneurship*, Vol. 5, No. 1, 2016; FU X., *China's Path to Innovation* (Cambridge University Press, 2015).

⑤ 李纪珍：《构建自主可控的国家开放创新体系》，《中国科技论坛》2018 年第 9 期。

体系的开放程度和开放维度也不同。[1]

  开放式国家创新体系是从国家创新体系国际化的研究发展而来。[2] 国家创新体系过去通常以国家为分析单元，对于了解和提升一个国家的创新能力具有重要作用。[3] 国家创新体系国际化的研究则突破了国家的边界，重点关注跨越国家边界的相互作用。[4] 在国际化的视角下，国家创新体系及其子系统由多个不同的参与者网络和制度环境组成。这些子系统可以在超越国家边界的复杂网络中参与国际互动，其互动的程度与合作伙伴的战略、网络和制度息息相关。[5] 区域层面、国家层面和国际化层面日益密切的创新活动促进了创新体系的国际化。[6] 在这一过程中，原有的创新主体会不断扩大自己的规模，同时越来越多的新主体也会不断加入进来；创新体系的结构和功能越来越复杂，创新要素的流动边界不断扩展。[7] 创新体系国际化的程度可以通过跨国公司的海外研发活动、国际技术联盟、国际技术转让、国际资本和高科技货物贸易、国际科技人员流动、国际合著文章等指标来衡量。[8] Corona-Treviño 研究了墨西哥国家创新体系内部特征的开放性和国际化进程，发现在全球化的背景下，国际化进程确实会通过强化国家创新体系主体与外部主体的协作关系来影响国家创新体系的演化发展。[9]

  开放式国家创新体系的研究可以从国家创新体系的创新环境和系统内主体间的创新活动展开。如果把国家看成一个系统，则国家创新体系的开

---

[1] Niosi, J., & Bellon, B., "The Global Interdependence of National Innovation Systems: Evidence, Limits, and Implications", *Technology in Society*, Vol. 16, No. 2 (1994): 173-197.

[2] 崔新健、郭子枫、常燕：《开放式国家创新体系及其发展路径》，《经济社会体制比较》2014 年第 5 期。

[3] 傅晓岚：《中国"国家创新体系"的未来：共创造、谋引领》，《商业观察》2017 年第 6 期。

[4] 高伟、高建、李纪珍：《全球创新体系与全球创新中心：文献综述》，《创新与创业管理》2018 年第 1 期。

[5] Binz, C., & Truffer, B., "Global Innovation Systems—A Conceptual Framework for Innovation Dynamics in Transnational Contexts", *Research Policy*, Vol. 46, No. 7 (2017): 1284-1298.

[6] Niosi, J., & Bellon, B., "The Global Interdependence of National Innovation Systems: Evidence, Limits, and Implications", *Technology in Society*, Vol. 16, No. 2 (1994): 173-197.

[7] 肖国芳、彭术连：《创新体系国际化视角下高校科研组织变革研究》，《中国高校科技》2020 年第 11 期。

[8] Niosi, J., & Bellon, B., "The Global Interdependence of National Innovation Systems: Evidence, Limits, and Implications", *Technology in Society*, Vol. 16, No. 2 (1994): 173-197.

[9] Corona-Treviño, L., "Entrepreneurship in an Open National Innovation System (ONIS): A Proposal for Mexico", *Journal of Innovation and Entrepreneurship*, Vol. 5, No. 1, 2016.

放性是指国家内的各主体与国外各主体之间相互联系、相互作用。① 开放式的国家创新体系主要强调一个国家与其他国家进行各种信息交换和传递。在经济全球化的条件下，各国的创新体系呈现开放的趋势。尽管大部分国家的创新体系均已在不同程度上有所开放，但是受国家经济基础、社会发展、政治制度、文化信仰等因素影响，大部分创新主体进入国际知识技术网络的渠道单一、方式落后②，国家创新体系的开放程度有待进一步提升。在当前全球经济正面临气候变暖、地区冲突所带来的一系列重大挑战的背景下，进一步加强开放式国家创新体系的研究具有重要的时代意义。

三 国际科技合作

尽管开放式国家创新体系包含了投资开放、贸易开放、资源要素开放等不同的维度 ③，本书认为国际科技合作是开放式国家创新体系最重要的维度之一，并将其作为本书主要的分析对象。

关于国际科技合作的研究至少可以追溯至 20 世纪末。国外学者卡茨和马丁将科研合作定义为研究人员为了实现创造新科学知识的共同目标而在一起开展工作的过程。④ 国内学者温军等分析了各国参与国际科技合作的目的，指出国际科技合作是突破国别界限的互利共赢的活动。⑤当本国具备比较优势时，国际科技合作是一个国家利用本国的优势科技资源与世界上最好的资源整合，从而获得更高收益的过程。⑥但是当本国的比较优势不明显，或者处于劣势地位时，参与国际科技合作的目的就是取长补短。⑦

虽然以上学者对于国际科技合作的理解稍有不同，但基本都表达了国

---

① 刘本盛：《关于国家创新体系几个问题的探讨》，《经济纵横》2007 年第 16 期。

② 胡志坚、李哲：《支撑现代化经济体系的国家创新体系建设研究》，《科技中国》2018 年第 9 期。

③ FU X., *China's Path to Innovation*（Cambridge University Press, 2015）.

④ Katz, S., Martin, B., "What is Research Collaboration?", *Research Policy*, Vol. 26, No. 1 (1997): 1–18.

⑤ 温军、张森、王思钦：《"双循环"新发展格局下我国国际科技合作：新形势与提升策略》，《国际贸易》2021 年第 6 期。

⑥ 刘秋生、赵广凤、彭立明：《国际科技合作模式研究》，《科技进步与对策》2007 年第 2 期。

⑦ Nakata, M., Ahlgren, C., From, C., & Lindberg, P., "Solving Tangled Cases of Work - Related Musculoskeletal Disorders by International Scientific Cooperation", *New Solutions: A Journal of Environmental and Occupational Health Policy*, Vol. 15, No. 4 (2006): 343–356.

际科技合作是不同国家之间进行科学技术知识的交流分享并产生新的科学技术的过程，是科技全球化趋势的重要表现。国际科技合作不仅有利于合作双方分散研发风险、分担研发成本，还有助于实现相互"取长补短"，通过彼此贡献有价值且稀缺的资源要素实现互利共赢，实现整体经济效益最大化。[①]

国际科技合作模式不是一成不变的，而是顺时顺势改变的，且只有适时改变，参与合作的国家才能获得长期的经济效益。[②] 国际科技合作是在更高层次上构建开放机制的重要方式，它可以通过正式和非正式两种方式进行，具体形式包含科技援助、人员互访、联合申请项目、技术引进或转让、合作发表文献、联合实验室、国际大科学工程/计划、国际创业园区、合资创建企业等。根据不同的划分依据和划分标准，学者将国际科技合作运行模式进行了不同的分类。[③]刘秋生等从技术经济的角度，将国际科技合作分为以引进技术为目标的二次开发、以交流互访为途径的联合开发及以引进先进设备为助力的产品产业化型、技术产品输出型等。[④]国际科技合作的类型具有不同的分类标准，例如可根据合作方的数量（如双边合作、多变合作），合作主体的类型（如政府间合作、高校间合作，企业间合作），以及合作双方科技实力的相对强弱（如"强强合作""强弱合作""弱弱合作"）等方式进行划分。[⑤] 结合既有文献，以及本书的需要，本章重点介绍三类国际科技合作：企业层面的国际科技合作、高校与科研机构层面的国际科技合作，以及政府层面的国际科技合作。

（一）企业层面的国际科技合作

科技全球化越来越强调合作共赢，企业需要进行国际科技合作，从世

① Barney, J., "Firm Resources and Sustained Competitive Advantage", *Journal of Management*, Vol. 17, No. 1 (1991): 99—120.
② 温军、张森、王思钦：《"双循环"新发展格局下我国国际科技合作：新形势与提升策略》，《国际贸易》2021年第6期。
③ 陈承堂、王婷：《从中国科协的运作模式看其对地方科技立法的影响》，《中国科技论坛》2003年第4期。
④ 刘秋生、赵广凤、彭立明：《国际科技合作模式研究》，《科技进步与对策》2007年第2期。
⑤ 阳国亮、吕伟斌、程启原：《泛北部湾国际科技合作及其模式选择》，《学术论坛》2009年第7期；王小勇：《国际科技合作模式的研究——文献综述与来自浙江的实践》，《科技管理研究》2014年第5期。

界各地获得资金、技术、人才等资源，从而获得竞争优势。[①] 作为国际科技合作重要参与主体的企业，可以通过建立技术联盟、开展合作研发等多种形式开展国际科技合作，从而获取新知识和新技术，提高内部的研发能力，进而提升自己在行业中的地位，并缩小与顶尖技术企业的差距。[②]

企业开展国际科技合作需要有效的国际合作渠道与友好的国际交流环境。随着国际科技合作深入发展，企业参与国际合作的渠道和方式越来越多样化，涵盖了"中介推动模式""国际并购与投资模式""会展引导模式""海外研发机构模式""园区引进模式""联合研发实验室模式""人才和技术引进模式"等。[③]其中建立联合研发实验室和"引进来"战略等是企业较为常用的合作模式。

此外，建立国际企业孵化器（International Business Incubator，简称 IBI）已成为企业国际科技创业的一种重要模式。国际企业孵化器是高科技企业建立初期的重要推动机构，为企业的发展和科技成果的转化提供资金支持和技术支持。[④] 秦琳等认为国际企业孵化器可以分为"政府主办型、大型企业主办型、风险投资主办型和科研机构主办型"四种类型的科技创业园。[⑤]国际企业孵化器资源网络遍布全球，可以帮助各国国内的中小企业迅速进入国际市场，不仅如此，此网络为企业提供精准的信息资源、人才资源、技术资源等，促进企业间合作。[⑥]

（二）高校与科研机构层面的国际科技合作

从高校与科研机构层面来看，中国学者重点对高校和科研机构开展国

---

① 李小兵：《我国企业国际科技合作现状及对策研究》，《企业技术开发》2005 年第 6 期。
② Fu, X., Fu, X. M., Romero, C. C., & Pan, J., "Exploring New Opportunities through Collaboration Within and Beyond Sectoral Systems of Innovation in the Fourth Industrial Revolution", *Industrial and Corporate Change*, Vol. 30, No. 1 (2021): 233–249.
③ 魏达志：《以市场为导向的深圳国际科技合作模式》，《中国科技论坛》2005 年第 1 期；王小勇：《国际科合作模式的研究——文献综述与来自浙江的实践》，《科技管理研究》2014 年第 5 期；鲁瑛、陈建刚、肖甲宏：《中央企业国际科技合作典型模式研究》，《创新科技》2016 年第 10 期。
④ 王文霞：《创建国际企业孵化器促进深圳高新技术产业国际化》，《管理世界》2003 年第 5 期。
⑤ 秦琳、朱仲羽：《苏州科技创业园的运作模式与国际比较》，《苏州科技学院学报》（社会科学版）2006 年第 4 期。
⑥ 罗晖：《中国国际企业孵化器建设初探》，《中国科技产业》1997 年第 10 期。

际科技合作时的一般规律进行了研究。高校与科研机构主要从事基础研究合作，李等认为高校开展国际科技合作的方式有"国际学术会议、合作研究、联合开发、联合研究机构、联合培训、学者访问和交流、信息共享、联合实验室、共享网络资源和政府合作项目等"。[①] 高校的国际科技合作离不开人才支撑，人才是高校的基础，人才培养是高校的重要发展目标，因此，人才交流也是高校间重要的国际科技合作方式。李嫄源通过分析重庆邮电大学与韩国高校成功的合作经验，指出了高校间开展国际科技合作过程中人才培养和平台建设的重要性。[②]吴彬江的研究也发现了高校在基地、项目和人才建设等方面的策略对于国际科技合作的重要意义。[③] 除此之外，通过成立联合实验室或联合研究中心、科技园区和技术转移中心等手段也有助于提高高校创新人才培养质量，吸引全球教育资源与社会资源，是高校及科研机构开展国际科技合作的重要模式。[④]

（三）政府层面的国际科技合作

政府在国际科技合作过程中扮演着组织者的角色，可以通过制定相关的扶持政策，或者投入研发经费等措施刺激企业、高校和科研机构等积极参与国际科技合作，有助于提升本国的科技创新水平。

政府参与国际科技合作最主要的工具便是包括直接合作政策、合作优惠政策、配套支持政策等在内的一系列科技合作政策。政府通常会制定适合国际形势的国际科技合作政策，为本国搭建国际科技合作平台，引入国际优秀人才和先进技术。此外，政府会不定期组织举办国际考察交流、会展培训等进行国际科技合作。例如，刘云等从合作经费配置角度分析了国际科技合作的模式，包含了多边科技合作、双边科技合作、区域性组织的科技发展计划等。[⑤] 在上述科技合作模式中，合作经费很大程度上源于政府补

---

① Li, L., Feng, Z., & Gao, X., "Correspondence Analysis in International Sci-tech Cooperation Patterns and University Resources", *Journal of Service Science & Management*, Vol. 4, No. 2 (2011).

② 李嫄源：《中韩高校国际科技合作探讨——以重庆邮电大学的中韩合作为例》，《学会》2009年第4期。

③ 吴彬江：《科学研究全球化背景下的高校国际科技合作》，《中国农业教育》2007年第6期。

④ 赵俊杰：《科技创新合作助力"一带一路"建设》，《全球科技经济瞭望》2018年第2期。

⑤ 刘云、董建龙：《国际科技合作经费投入与配置模式的比较研究》，《科学学与科学技术管理》2000年第12期。

贴和拨款组织，因此政府在国际科技合作中扮演着组织与领导的角色。

学者们围绕政府层面进行国际科技合作的措施展开了一系列研究。例如，李丹和廉玉金通过内容分析法对我国国际科技合作领域的代表性政策文件——《国际科技合作"十二五"专项规划》展开了分析，提炼出了包括"环境型政策工具""供给型政策工具""需求型政策工具"三大类工具的国际科技合作政策框架。[①] 在国际科技合作供给方面，李红军等通过分析美国的国际科技合作的协议，得出了各国签订合作协议的目标，即获得本国缺乏而别国拥有的资源，或者获取更加充裕的合作经费等供给资金。[②]陈强等研究了美国、日本和欧盟的国际科技合作政策的特点，发现政府在推动国际科技合作的过程中应该做到因地制宜，针对不同的国别制定不同的合作政策、外交政策与科技合作政策等。[③]总之，不同国家间在政府层面制定相关合作政策或协议可以有效推进国家之间的科技合作。[④]

此外，不同科技水平的国家开展国际科技合作的政策目的也不尽相同。科技水平较高的国家开展国际科技合作的特点是，合作是有条件的、互利的、与竞争相互依存的;[⑤] 而科技水平较低的国家开展国际科技合作则往往是寄希望于依托发达国家的科技力量来提升本国科技水平。[⑥]

---

① 李丹、廉玉金:《政策工具视阈下国际科技合作政策研究》,《科技进步与对策》2014 年第 19 期。
② 李红军等:《科技全球化背景下国际科技合作及其对我国的启示》,《科技进步与对策》 2011 年第 11 期。
③ 陈强等:《主要发达国家与地区国际科技合作的做法及启示》,《科学管理研究》2013 年第 6 期。
④ Estevadeordal, A., Suominen, K., "Sequencing Regional Trade Integration and Cooperation Agreements", *The World Economy*, Vol. 31, No. 1 (2008): 112–140.
⑤ 刘云:《主要发达国家和区域性组织国际科技合作的政策分析》,《科学管理研究》1999 年第 5 期。
⑥ Kwon, K. S., Park, H. W., So, M., & Leydesdorff, L., "Has Globalization Strengthened South Korea's National Research System? National And International Dynamics of The Triple Helix of Scientific Co-authorship Relationships in South Korea", *Scientometrics*, Vol. 90, No. 1 (2012): 163–176.

第二章 以色列国家创新体系及其特征

国家创新体系是开放式国家创新体系的基石。探究以色列开放式国家创新体系的特征及其演化应当以系统了解其国家创新体系为前提。为此，本章首先从创新驱动的经济和创新能力两个方面对以色列的创新进行了概述，然后分别从国家创新体系主体的视角分析了以色列政府、教育机构、研究机构、企业和风险投资业这五个重要的主体及其行动，最后归纳了以色列创新体系的特征。

一 创新的以色列

以色列地处中东，国土面积狭小、气候恶劣、土壤贫瘠、自然资源匮乏。在如此严酷的自然条件下，以色列经济却取得了耀眼夺目的成绩，是中东地区唯一的发达国家，而且在农业、工业、科技、军事等领域取得的成就举世瞩目。探究以色列经济发展的动力，不难发现创新对这个自然资源极度贫乏国家的经济增长做出了巨大的贡献，使其成为世界闻名的创新强国，享有"第二硅谷""沙漠奇迹""创新国度"等美誉。[1]

（一）创新驱动的经济

以色列强调"创新驱动型"经济发展战略，这使得其经济即使在全球金融危机的影响下依旧保持 5.9% 的强势增长。在以色列经济发展过程中，科技创新扮演了极其重要的角色。它促进了技术进步与产业结构转型，从而推动社会经济发展。其中，高技术产业的发展是以色列创新驱动型经济发展的重要表现。

---

① 廖君湘：《教育、科技与以色列经济发展》，《湘潭师范学院学报》（社会科学版）1998 年第 2 期。

世界银行最新数据显示，2021年，以色列国内生产总值（GDP）达4815.9亿美元（见图2-1），同比增长8.19%，增速高于OECD成员国5.5%的平均增速；人均GDP达5.1万美元，高于OECD成员国的平均水平4.21万美元，排名世界第19位。[①]

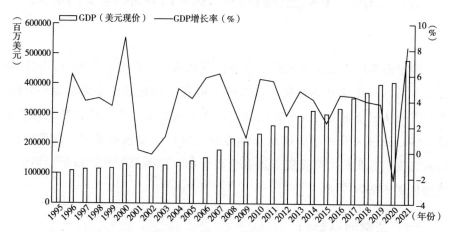

图2-1　以色列1995~2021年国内生产总值情况

资料来源：世界银行网站，https://databank.worldbank.org/。

根据产业结构变迁理论的分析和经验研究，随着经济增长和国民人均收入的不断提升，一国的产业和就业结构会呈现从第一产业到第二、三产业转移的自然趋势。[②] 为进一步探究驱动以色列经济发展的内在动力，本章通过分析第一产业（主要是农业）、第二产业（主要是工业）、第三产业（主要是服务业）的经济增加值，展示以色列的产业结构变化情况。

《以色列2028：全球化世界中的经济与社会愿景和战略》（*Israel 2028: Vision and Strategy for Economy and Society in a Global World*）中谈到，要以创新促进发展，着力提升创新水平，以创新促进经济产业结构改变。[③] 从世界

---

① 世界银行数据库-世界发展指标，https://databank.worldbank.org/source/world-development-indicators。
② 黄群慧、杨虎涛：《中国制造业比重"内外差"现象及其"去工业化"涵义》，《中国工业经济》2022年第3期。
③ 张倩红等：《以色列发展报告2017》，社会科学文献出版社，2017。

银行的①最新数据中能看出（见表 2-1），2020 年，以色列第一产业增加值
占 GDP 的比重为 1.15%，第二产业为 18.59%，第三产业为 71.40%。
1995~2020 年（见图 2-2），以色列第一产业占 GDP 的比重基本保持不变，
说明以色列的第一产业仍然为经济发展提供最基本的保障；以色列第二产
业占 GDP 的比重呈现下降的趋势，而第三产业在 GDP 中的占比呈上升趋
势，表明以色列的经济发展越来越依赖第三产业，其产业结构不断优化。

表 2-1　1995~2020 年以色列三大产业增加值占 GDP 比重情况

单位：%

年份	第一产业增加值占 GDP 比重	第二产业增加值占 GDP 比重	第三产业增加值占 GDP 比重
1995	1.81	24.39	61.85
1996	1.68	24.68	61.79
1997	1.59	24.73	62.02
1998	1.76	24.12	63.03
1999	1.52	23.44	63.93
2000	1.33	23.43	64.73
2001	1.54	21.99	66.17
2002	1.59	21.62	65.86
2003	1.49	21.42	66.24
2004	1.42	21.09	66.67
2005	1.65	21.40	66.19
2006	1.59	21.85	66.15
2007	1.52	21.98	65.94
2008	1.57	21.42	66.59
2009	1.85	20.75	67.08
2010	1.57	20.83	66.82
2011	1.60	20.33	67.40
2012	1.30	20.57	67.83
2013	1.30	20.29	68.00

①　世界银行数据库 - 世界发展指标，https://databank.worldbank.org/source/world-development-indicators。

续表

年份	第一产业增加值占 GDP 比重	第二产业增加值占 GDP 比重	第三产业增加值占 GDP 比重
2014	1. 21	20. 13	67. 96
2015	1. 24	19. 80	68. 53
2016	1. 24	19. 00	69. 39
2017	1. 21	18. 59	70. 49
2018	1. 19	18. 86	70. 36
2019	1. 13	18. 68	70. 97
2020	1. 15	18. 59	71. 40

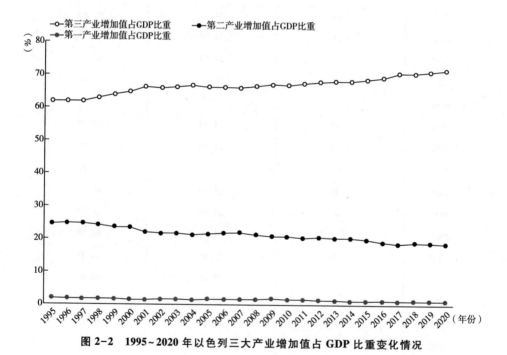

图 2-2 1995~2020 年以色列三大产业增加值占 GDP 比重变化情况

1. 农业发展

以色列国土面积小且地处沙漠边缘地区，50%以上的土地为沙漠，加之年降雨量波动大，气候条件恶劣，阻碍了其依赖传统的农业耕种方式发展农业。面对这些不利条件，以色列建国以来一直重视农业科技的研发以提高农业生产力，1950~1969 年是以色列农业发展的主要时期，其农业生产力年均增长率达到 5.2%。① 现阶段，以色列用于支持农业科技研发的资金约占农业预算的 17%，其中，为了农业数字化发展，仅 2021 年就投入了约500 万美元用于农业数字化研究。② 以色列先进的农业科技成果在世界范围内产生了较大的影响，尤其在人工降雨、废水利用、海水淡化、生化技术等领域的创新能力位于世界前列。③

农业用水约占以色列总用水量的 50% 以上，用水问题成为以色列农业发展亟待解决的问题。④ 在此背景下，以色列将农业与科技结合，不断探索先进的农业技术。例如，研发智能灌溉工具，利用高效节水滴灌技术以实现水资源的合理应用以及农业的标准化生产；通过集约化管理耕地、调整农业结构以及改变各类作物耕种比例等一系列方法，实现了农产品生产既满足本国市场需求又能够出口外国市场的目标；减少占地面积大、水源消耗多、国内市场饱和的大田作物种植的同时，发展温室种植技术种植可出口的水果、蔬菜、鲜花等经济作物。⑤ 这些举措极大地提高了农业生产的经济效益。

2. 工业发展

在建国后的十年间，以色列主要发展传统工业，生产传统工业产品，如食品、服装、纺织、化肥等生活用品和消费品。20 世纪 60 年代以后，以色列政府大力鼓励高科技工业发展，使得其工业体系由传统工业体系逐渐转变为以科技创新为驱动、出口为导向的现代化工业体系。⑥ 目前以色列的工业已取得巨大成就，其中国防工业和高技术产业的发展及其对该国整体经济发展的溢出效应尤其具有国际特色。

高技术产业是引领经济增长的先导产业，其发展能够产生强烈的乘数效应⑦，能有效带动相关产业的发展，因此，各国普遍将高技术产业视为经

---

① Evenson, R. E., & Kislev, Y., *Agricultural Research and Productivity* (New Haven: Yale University Press, 1975).

② 谢亚宏、黄培昭、毕梦瀛：《多国探索发展气候智慧型农业》，《人民日报》2022 年 9 月1 日。

③ 柳循晓：《以色列经济发展的驱动力》，《中国城市经济》2010 年第 7 期。

④ Gideon F., Dan R., "Adoption of Agricultural Innovations: The Case of Drip Irrigation of Cotton in Israel", *Technological Forecasting And Social Change*, No. 35 (1989): 375–382.

⑤ 叶文楼：《以色列经济发展探究》，《国际商务（对外经济贸易大学学报）》2001 年第 3 期。

⑥ 叶文楼：《以色列经济发展探究》，《国际商务（对外经济贸易大学学报）》2001 年第 3 期。

⑦ 乘数效应：一个经济变量的变化，对另一个经济变量的变化所具有的倍数放大作用。参见〔美〕格林沃尔德主编《现代经济词典》，商务印书馆，1981。

济发展的命脉。以色列第二产业的技术水平较高,从以色列中央统计局的数据能看出(见表 2-2),2004~2019 年,以色列低技术产业占比从23.60%降低到了 21.02%,中低技术产业占比从 23.48%降低到了 18.81%,中高技术产业占比从 14.76%提高到了 17.92%,高技术产业占比从 38.15%提高到了 42.25%。以色列的低技术和中低技术产业比重总体上呈现下降的趋势,说明以色列工业产业的技术水平不断提高;以色列中高技术产业的比重基本保持不变,高技术产业比重总体上呈现上升的趋势,说明以色列工业发展越来越依赖于高技术产业的发展。

表 2-2 2004~2019 年以色列工业技术含量占比情况

单位:%

年份	低技术产业	中低技术产业	中高技术产业	高技术产业
2004	23.60	23.48	14.76	38.15
2005	22.52	24.06	16.35	37.08
2006	21.74	21.86	15.39	41.00
2007	20.65	23.49	16.35	39.51
2008	20.46	25.27	15.79	38.48
2009	21.29	21.41	15.10	42.19
2010	19.51	23.07	14.18	43.24
2011	20.81	21.36	17.63	40.20
2012	19.35	18.63	14.48	47.53
2013	20.68	19.88	15.65	43.80
2014	20.48	19.20	17.89	42.43
2015	19.80	20.01	16.21	43.97
2016	21.39	21.39	18.10	39.13
2017	22.54	21.33	17.96	38.17
2018	21.79	21.24	17.71	39.26
2019	21.02	18.81	17.92	42.25
均值	21.10	21.53	16.34	41.02

资料来源:以色列中央统计局,https://www.cbs.gov.il/he/pages/default.aspx。

注:选取该时间段的原因是统计年鉴中 2004 年前后的统计指标发生变化,故选取 2004 为起始年份以保证数据统计的一致性。

3. 服务业发展

服务业(第三产业)是基础产业。一个国家第三产业的繁荣兴盛程度表现了该国的经济发达程度。第三产业主要包含金融和商业服务业、餐厅和宾馆业、交通和电信业、旅游业、运输服务业等行业。服务业为以色列经济的发展做出了巨大贡献，以色列也深刻认识到只有发展服务业，才能更好地提升第一产业、深化第二产业，使产业结构更加协调。如表 2-1 所示，以色列的第三产业（服务业）增加值占国内生产总值比重从 2017 年起就超过了 70%，2019 年以色列服务业增加值占比（70.97%）超过了 OECD 成员国的平均水平（70.30%），说明以色列的第三产业十分成熟。

以色列的第三产业不同于其他国家的重要特点是服务产业的高科技创新属性。以色列的创新驱动经济的两大特征是技术导向型和出口导向型。[1] 以色列出口与国际合作协会数据显示[2]，2021 年，以色列的商品和服务出口创下近 20 年来的新高，总体增长了约 20%。由于软件和研发服务以及货物运输服务出口的加速增长，服务业在出口中的占比达到了以色列出口总额的 53%。以色列的高科技服务水平处于全球领先地位。近 5 年，以色列高科技服务业和其他服务业的出口变化数据显示（见图 2-3），以色列以计算机、电信、研发服务等为代表的高科技服务业出口额占服务业总出口总额的比重稳定在 40% 以上，而旅游、交通运输和金融业出口额仅占服务业总出口额的 20% 左右。

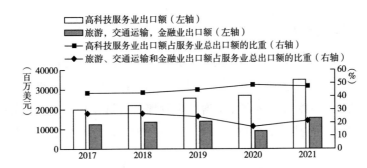

图 2-3　2017~2021 年以色列高科技服务业和其他服务业的出口变化情况
资料来源：以色列中央统计局，https://www.cbs.gov.il/。

4. ICT 产业的发展

近年来，全球以计算技术、微电子技术和现代通信技术为核心的新技

① 王震：《"一带一路"国别研究报告：以色列卷》，中国社会科学出版社，2021。
② https://www.export.gov.il/economicreviews/article/economy_megamot_2021.

术产业加速发展，促进了信息通信技术（以下简称"ICT"①）产业的发展。以色列的 ICT 产业发展迅猛，且逐渐成为国民经济的支柱产业。以色列中央统计局②的数据显示，2020 年，以色列 ICT 产业增加值为 1127 亿新谢克尔，占 GDP 的 12.7%，较 2019 年同比增加 26.06%；ICT 产业生产能力不断提升，ICT 产业对经济的贡献越来越大。

联合国贸易和发展会议对于历年以色列在 ICT 方面的生产能力指数评分数据③显示（见图 2-4），2000~2018 年，以色列的 ICT 生产能力呈稳步增长的态势。该评分在 2018 年达到 20.67 的峰值，表明以色列的 ICT 产业发展趋势向好。ICT 产业的发展提高了以色列各产业部门投入要素间的协同性和资源利用效率，促进了以色列产业结构的完善。

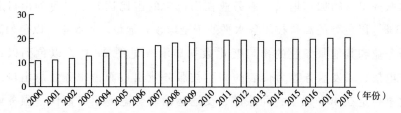

图 2-4　2000~2018 年以色列 ICT 历年生产能力指数

资料来源：unctadstat. unctad. org。

（二）创新能力

就以色列经济增长和繁荣的驱动力而言，创新能力是其国家经济增长的关键因素。所谓国家创新能力，是指一国产出创新性技术和促进技术产业化的能力。④ 该能力在国家经济增长中发挥着关键作用。当今世界已进入知识经济时代，创新能力的强弱已经成为一个国家是否获得竞争优势的核

---

① ICT 是 Information and Communications Technology 的简称，中文一般称为信息通信技术。根据中国信通院 2020 年《ICT 产业创新发展白皮书》和联合国 2008 年发布的第四版国际标准产业分类的定义，ICT 是"主要通过电子手段完成信息加工和通信的产业和服务，或使其具有信息加工和通信功能"。

② 以色列中央统计局，https：//www.cbs.gov.il/。

③ 联合国贸易和发展会议（UNCTAD）的生产能力指数（Productive Capacities Index，PCI）用于衡量国家的生产能力状况。

④ Furman, J. L., & Hayes, R., "Catching up or Standing Still?: National Innovative Productivity among 'Follower' Countries, 1978 - 1999", *Research Policy*, Vol. 33, No. 9（2004）：1329 - 1354.

心所在。为此，我们参考获得国际广泛认可的"全球创新指数"（Global Innovation Index，GII），较为系统地分析以色列的创新能力。

《全球创新指数》是 2007 年由欧洲工商管理学院首次启动，每年发表一期全球创新指数报告。之后世界知识产权组织和康奈尔大学也加入该项目。全球创新指数是一个动态评估体系，其指标体系根据全球创新发展趋势，不断改进和完善，形成如表 2-3 所示的概念框架。全球创新指数成为衡量国家创新能力的主要参考。出于数据可获得性的考虑，本书重点分析 2011~2020 年全球创新指数及其一级指标的情况。

从表 2-3 可见，全球创新指数主要由创新投入与创新产出两个亚指数构成，其中创新投入亚指数由制度、基础设施、人力资本与研究、市场成熟度和商业成熟度五个维度所构成，创新产出亚指数由创新产出和知识与技术产出两个维度所构成。[①] 这些维度又可以进一步拆解为二级指标和三级指标，指标涵盖社会、市场和创新等多个方面，能全面地衡量国家的创新能力。

表 2-3 全球创新指数（GII）的指标体系结构

全球创新指数	创新亚指数	一级指标	二级指标	三级指标
全球创新指数 GII	创新投入指数	制度	政治环境	政治和运转稳定性；政府有效性
			监管环境	监管质量；法治；遣散费用
			商业环境	创业容易程度；破产处理容易程度
		人力资本与研究	教育	教育支出占 GDP 比重；中学生人均政府支出占人均 GDP 比重；预期受教育年限；阅读、数学和科学 PISA 量表得分；中学生师比
			高等教育	高等教育入学率；科学和工程专业毕业生占比；高等教育入境留学生占比
			研发	全职研究人员/百万人口；研发总支出占 GDP 比重；全球研发公司，前三位平均支出；QS 高校排名，前三位平均分

① 高锡荣、罗琳、张红超：《从全球创新指数看制约我国创新能力的关键因素》，《科技管理研究》2017 年第 1 期。

续表

全球创新指数	创新亚指数	一级指标	二级指标	三级指标
全球创新指数 GII	创新投入指数	基础设施	信息通信技术	ICT 普及率；ICT 利用率；政府网络服务；电子参与
			一般基础设施	发电量；物流表现；资本形成额占 GDP 比重
			生态可持续性	单位 GDP 能耗；环境表现；ISO14001 环境认证
		市场成熟度	信贷	获得信贷容易程度；给私营部门的国内信贷占 GDP 比重；小额信贷占 GDP 比重
			投资	保护投资者容易程度；资本市值占 GDP 比重；风险资本交易额
			贸易竞争	适用税率加权平均百分比；本地竞争强度；国内市场规模
		商业成熟度	知识员工	知识密集型行业员工占比；提供正规培训企业占比；企业研发支出占 GDP 比重；由企业资助的研发占比；拥有高级学位的女性就业人数占总就业人数比重
			创新群	校企合作研发；集群发展状态；外国资本资助研发比重；合资企业/战略联盟合约占比；在 2 个以上专利局注册的专利族数
			知识吸收	知识产权付款占贸易总额比重；高技术进口减去再进口占贸易总额比重；ICT 服务进口占贸易总额比重；外商直接投资净流入额占 GDP 比重；研究人才在企业中的占比
	创新产出指数	知识与技术产出	知识创造	本国人专利申请量；本国 PCT 专利申请量；本国人实用新型专利申请量；科技论文；引用文献 H 指数
			知识影响	购买力平价美元 GDP 增长率；新企业；计算机软件开支占 GDP 比重；ISO 9001 质量体系认证；高端中高端技术生产占比
			知识扩散	知识产权收入占贸易总额比重；高科技净出口占贸易总额比重；ICT 服务出口占贸易总额比重；FDI 流出净值占 GDP 比重
		创新产出	无形资产	本国人商标申请量；本国人工业设计申请量；ICT 和商业模式创造；ICT 和组织模式创造
			创新产品与服务	文化和创意服务出口比重；国产电影；全球娱乐和媒体市场；印刷和其他媒体生产占比；创意产品出口占贸易总额比重
			在线创造	每千人通用顶级域名数；每千人国家地区代码顶级域名数；每百万人维基百科月编辑页数；每十亿人移动应用程序创建数

资料来源：Global Innovation Index（GII），https：//www.wipo.int/global_ innovation_ index/en/index.html；高锡荣、罗琳、张红超：《从全球创新指数看制约我国创新能力的关键因素》，《科技管理研究》2017 年第 1 期。

为进一步探究以色列全球创新指数的结构特征，本书根据全球创新指数报告的数据整理得到以色列 2011~2020 年全球创新指数和亚指数及排名情况。从表 2-4 可见，2020 年以色列全球创新指数为 53.55，排名第 13 位，其中创新投入指数为 61.36，排名第 17 位，创新产出指数为 45.73，排名第 13 位。2011~2020 年，以色列全球创新指数均值为 54.89，在全球范围内平均排名为 15；从全球创新指数变化来看，其呈现较小幅度的波动，其排名基本维持在 15 左右，表明在全球范围内，以色列创新能力仍是十分突出的。结合创新投入指数和创新产出指数来看，创新投入指数平均排名为 19，而创新产出指数平均排名为 12，表明以色列对于创新资源的利用效率较高。同时，创新产出指数的排名每一年都等于或高于创新投入指数的排名，进一步说明了以色列创新效率和水平之高。

表 2-4　全球创新指数和亚指数及排名情况（2011~2020 年）

年份	全球创新指数	全球创新指数排名	创新投入指数	创新投入指数排名	创新产出指数	创新产出指数排名
2011	54.03	14	59.12	20	48.94	8
2012	56	17	61.5	17	50.5	13
2013	55.98	14	59.82	19	52.14	9
2014	55.46	15	61.8	17	49.11	13
2015	53.54	22	58.5	22	48.59	16
2016	52.28	21	57.78	21	46.77	16
2017	53.88	17	61.01	20	46.75	14
2018	56.79	11	62.76	19	50.83	11
2019	57.43	10	63.28	17	51.59	8
2020	53.55	13	61.36	17	45.73	13
均值	54.89	15	60.69	19	49.10	12

从图 2-5 可见，以色列全球创新指数排名的变化趋势同创新产出指数排名的变化趋势一致，表明创新产出相对创新投入能更好地衡量以色列的创新能力。进一步结合创新投入指数的排名情况，反映出以色列虽然创新投入的水平不高，但由于其创新效率较高，创新产出能够拉动全球创新指

数的提高。

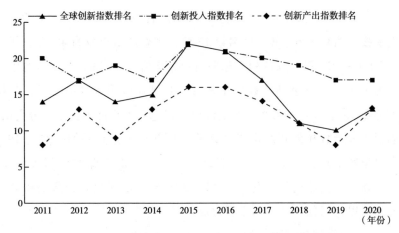

图 2-5　　2011~2020 年以色列全球创新指数及亚指数排名情况

　　为更加全面地反映以色列全球创新指数的具体结构特征,本书通过全球创新指数报告得到一级指标的情况。从表 2-5 可见,人力资本与研究、知识与技术产出和商业成熟度的排名相对较高,表明以色列的人才、知识与技术产出以及商业化程度有助于提高创新投入水平,但以色列的制度和基础设施建设排名仍然比较靠后。以色列的知识与技术产出水平位居全球前列,反映出以色列创新成果水平之高。

表 2-5　　2011~2020 年全球创新指数一级指标情况

年份	制度	人力资本与研究	基础设施	市场成熟度	商业成熟度	知识与技术产出	创意产出
2011	46	2	25	17	13	4	37
2012	47	4	21	9	19	10	27
2013	56	8	23	13	5	3	23
2014	54	5	20	12	3	7	30
2015	54	11	26	21	11	9	29
2016	52	16	25	22	6	12	26

年份	制度	人力资本与研究	基础设施	市场成熟度	商业成熟度	知识与技术产出	创意产出
2017	49	15	28	15	5	9	30
2018	34	14	25	13	3	7	15
2019	31	14	33	16	3	7	14
2020	35	15	40	14	3	4	26

资料来源：Global Innovation Index（GII），https：//www.wipo.int/global_ innovation_ index/en/index.html。

二　以色列国家创新体系：主体与行动

以色列国家创新体系支撑了其高度发达的经济和世界瞩目的创新能力。创新活动的行为主体及其行动构成了国家创新体系的主要内容。创新主体参与创新活动的方式不仅会影响创新结果及其应用，还会最终影响一国国家创新体系的整体效能。为此，我们从创新参与主体及其行动维度，探究以色列国家创新体系。

（一）以色列政府及其行动

以色列政府在其国家创新系统中的主要作用是制定政策，对其他创新主体的创新活动提供支持、保证实施等。为了发挥高新技术产业对以色列经济的带动作用，促进更多的科技创新公司成立、加速科技成果的产生与转化，以色列政府的创新行动主要表现在设立专门的创新管理机构、制定创新相关法律和政策，以及设立创新相关的专项计划和基金。

1. 设立专门的创新管理机构

以色列政府一直重视通过设立专门的管理机构推动全国科学事业的发展。在1949年建国之初就成立了科学委员会用于管理和统筹国家科研体制建设、协调国家创新发展。科学委员会在1959年被全国研究和发展委员会这一组织机构所取代。

1969年，为了应对1967年六日战争爆发后法国突如其来的武器禁运给以色列军事能力和军事工业带来的威胁，依据政府全面筹建首席科学家办公室的决议，在政府内阁的部门中分别设立首席科学家办公室（OCS）。[①]
自此开始，首席科学家办公室就成为主导以色列科技研发、实施其科技兴国战略的重要部门，在政策制定、行业发展、资源分配、人才建设等方面发挥了重要的作用。而且，以色列的首席科学家制度和首席科学家办公室充分体现了其发展模式的独特性。此外，以色列还建立首席科学家论坛，负责研究如何优化国家创新体系、协调统筹政府与民间的研发计划、商议科技创新政策重大问题等。[②]

2016 年建立以色列创新局取代先前设立的首席科学家办公室，直接统领以色列产业研发中心（MATIMOP）。以色列创新局包括创业事业部、成长事业部、技术基础设施部、先进制造部、国际合作部和社会挑战部。其中国际合作部包括欧洲、美国、亚太和非洲四个办公室，提供各种国际合作项目和鼓励计划。该部门的主要对象包括海外客户（国外政府、研发公司、跨国公司和海外投资者），以色列客户（试图进入海外市场的以色列公司和学术研究机构）。以色列创新局的设立标志着以色列国家创新体系的进一步完善。

2. 制定创新相关法律和政策

以色列政府为了保护和鼓励创新以及推动国家创新发展，制定了系列相关法律和政策。为了鼓励企业进行创新发明，在 1984 年颁布了《工业研究和开发鼓励法》（The Encouragement of Industrial Research and Development Law），以设立政府资助研发项目资助 30%~66%研发预算的方式鼓励以色列公司投资出口导向的研发项目；在鼓励创新投资方面，以色列政府于 1990 年颁布了《投资促进法》，以企业投资补贴和税收减免等优惠政策鼓励企业的研发投资；2002 年生效的《以色列税收改革法》，通过对风险投资、证券交易、直接投资等主动性资本的收益税进行调整的方式进一步推动高新技术企业的发展；2011 年实施的《天使法》则进一步规定了对以色列高科技企业进行投资的主体将获得相应的税收减免。[③]

----

① 李晔梦：《以色列的首席科学家制度探析》，《学海》2017 年第 5 期。
② 胡海鹏、袁永、邱丹逸等：《以色列主要科技创新政策及对广东的启示建议》，《科技管理研究》2018 年第 9 期。
③ 徐剑波、鲁佳铭：《以色列国家创新竞争力发展的特点、成因及其启示》，《世界科技研究与发展》2019 年第 4 期。

在以色列诸多鼓励创新的法律和政策中，特别值得一提的是被誉为以色列首部创新大法的《工业研究和开发鼓励法》（以下简称《鼓励法》）。该法旨在鼓励和支持高技术产业的发展和出口，推动以色列的发展以科学为基础、以出口为导向。《鼓励法》规定，无论公司大小，只要达到一定资格标准即可获得财政补助以及其他的政策支持，这一规定可以创造更多的就业机会并改善国家的经济状况。① 此外，《鼓励法》规定，将制定企业研发政策、监督企业研发活动的权力授权首席科学家办公室。

3. 设立创新相关的专项计划和基金

以色列政府为了推动创新和高技术产业的发展，设立创新相关的系列专项计划和基金，为创新体系中的企业、研发机构提供专项资助计划和基金。例如，为了应对高层次人才流失问题，制定了"60 周年之际回家计划""以色列卓越研究中心计划""以色列国家引才计划""吉瓦希姆青年引才计划"等专项计划；② 又如，为了解决创新主体在创新初期的资源短板问题，创建了孵化器计划，为处于研发早期且面临困难的创业者提供财政支援。设立 Thufa 计划以帮助创业者建立原型、注册专利、制定商业计划，协助技术概念推进到研发阶段，促进创新商业化发展；再如，为了推进产学研的合作，设立了磁石计划（magnet program）促进产学研合作开发全球市场重要领域的通用技术。除此之外，以色列为了推动创新的国际化，与美国、印度、韩国等多个国家签订了基金激励计划；在世界各地开展了超过 40 项双边工业研发支持计划；同时也参与多国的框架协议，如作为首个非欧洲国家参与欧盟研发框架计划、加入"尤里卡计划"（EUREKA）等。

在以色列政府的诸多创新专项计划和基金中，有代表性的包括孵化器计划、磁石计划、研发基金和种子基金等（见表 2-6）。

（1）孵化器计划。20 世纪 90 年代，以色列国防工业部大规模裁员，同时苏联科学家和工程师大量涌入以色列。为了减少失业、实现创新技术的产业化发展，1991 年，以色列政府启动技术孵化器计划，为处于研发早期

---

① Innovation and technology development in Israel, https://www.legco.gov.hk/research-publications/english/1617fs05-innovation-and-technology-development-in-israel-20170320-e.pdf.

② 徐剑波、鲁佳铭：《以色列国家创新竞争力发展的特点、成因及其启示》，《世界科技研究与发展》2019 年第 4 期。

阶段筹资困难的有潜力的创业者提供资金支持。孵化器计划为企业提供基础设施建设和交流平台，给予创业者财务、法律支持，有利于分散创业者创业前期的大部分风险。① 获得孵化器批准的项目在孵化期间可以获得 50万~80 万美元的资金支持，目前在以色列运营的技术孵化器多达近 30 个，覆盖电子通信、软件、医疗设备、新材料和生物技术领域。②

（2）磁石计划。磁石计划设立于 1993 年，旨在鼓励企业和研究院及大学合作，创建产学研相结合的合作技术库，协助开发全球市场重要领域的通用技术，加速从学术界到工业界的技术转让。磁石计划为工业企业提供了一个与学术界合作的机会，有助于企业开发具有突破性、竞争力、高出口潜力的创新技术。而对学术界来说，与行业的合作推动了学术研究产品的商业化发展。③

（3）种子基金。种子基金以促进初创企业的发展为主要目标。如 Thufa计划，旨在帮助初出茅庐的企业家建立原型、注册专利、制定商业计划，该计划的资助经费可达获批项目费用的 80%；Heznek 基金旨在帮助投资者分担初创公司的风险，政府给投资者提供需要融资的初创公司名单，投资者可以选择以初始价格购买政府持有的初创公司股份；2021 年初，以色列政府颁布种子计划（Seed Program），该计划可为初创公司提供 40%~50% 的种子资金（最高可达 350 万新谢克尔）。④

表 2-6　以色列推动创新的代表性专项计划和基金

类别	描述
孵化器计划	旨在为在筹集资金方面有困难的处于研发早期阶段有技术想法的创业者提供发展的环境，通过对创业者进行财务、法律支持，提供专业指导、工作环境、基础设施建设、商业接触与交流等帮助，给予创业者发展创新技术想法和建立新企业的机会和资源基础

---

① 欧洲以色列新闻协会：《技术孵化器介绍》，https://eipa.eu.com/category/information-centre/science-technology/technological-incubators-program/。

② 以色列商务联系：《技术孵化器介绍》，http://www.israelbusiness.org.il/startingyourbusiness/technologicalincubators。

③ 以色列创新局：《磁石联盟介绍》，https://innovationisrael.org.il/en/program/magnet-consortiums。

④ 《以色列创新局 2021 年创新报告》，The Israel Innovation Report 2021，https://innovationisrael.org.il/en/report/israel-innovation-authoritys-2021-innovation-report。

续表

类别		描述
磁石计划		旨在鼓励企业和研究院及大学合作，创建产学研相结合的合作技术库，协助开发全球市场重要领域的通用技术，促进从学术界到工业界的技术转让。计划中的以色列公司将获得高达 66% 的批准预算，研究机构则将获得高达 100% 的批准预算（其中包括 80% 的赠款和 20% 财团公司的资助），且不强制要求支付版税
种子基金	Thufa 计划	帮助独立企业家建立原型、注册专利、制定商业计划，协助技术概念推进到研发阶段以促使其进一步商业化发展
	Heznek 基金	帮助投资者分担初创公司的风险，政府将为投资者匹配初创公司的投资，投资者可以选择以初始价格购买政府对初创公司的股份

以色列政府除了致力于通过制定政策法律和设立专项计划为高校、研发机构和企业等创新主体的创新活动提供支持和保障以外，还着力营造良好的营商环境。根据世界银行《2020 营商环境报告》的数据，以色列的营商便利度排名全球第 35，远高于中东国家平均水平。以色列总体有利的营商环境主要表现在：以色列允许联合注册公司税和增值税，使创业变得更加容易；通过报告个人借款人的正负面数据，优化获取信贷信息的途径；降低公司所得税税率以降低纳税成本；简化出口手续，从而节约出口的时间和成本。

（二）以色列教育机构及其行动

教育机构承担着为国家创新体系提供高素质的技术和管理人才的重任。以色列对教育的高度重视促成了其经济的高速发展与创新的不断深入，以色列从建国起便将发展重点放于人才教育培养。以色列出台多部政策法规支持教育事业的发展，1949 年颁布的《义务教育法》要求 5~15 岁的儿童接受免费的学校教育；2009 年和 2015 年以色列政府修订该法律以扩展教育年限的范围。此后陆续出台的《国家教育法》《学校检查法》《特殊教育法》等，确立了教育的基本原则、目标和运作标准等。根据《全球竞争力报告 2019》的数据，以色列平均受教育年限高达 13 年，此指标以色列排名全球第 12 位，而且约 55% 的以色列劳动人口受过 16 年以上的教育。[①] 以色列中央统计局的数据显示，2020 年以色列

---

① Daphne G., Vered S., *The Israeli Innovation System: An Overview of National Policy and Cultural Aspects* (Haifa: Samuel Neaman Institute for Advanced Studies in Science and Technology, 2008).

教育系统中的学生数为 183.5 万人，其中教职人员为 19.03 万人。OECD 中 Planning and Budgeting Committee 发布的报告整理得到图 2-6，从中可见，2019 年，以色列 25~64 岁的人群中，接受高等教育和学术教育的公民占比高达 50%，仅次于加拿大和卢森堡，高于 OECD 国家平均水平（40%）。

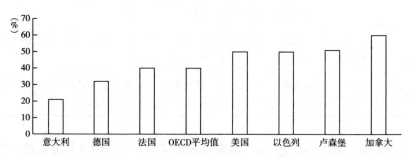

图 2-6　2019 年以色列 25~64 岁接受高等教育和学术教育的公民比例
资料来源：OECD。

以色列鼓励终生学习。以色列不仅对在校学生提供世界领先的、优质的教育环境和条件，开展兴趣激发及创新创业培育课程，激励学生进行创新，而且对社会人员设置继续教育课程①，实践全国终生学习。以色列教育经费投入很大，根据以色列中央统计局的数据统计，2020 年以色列的教育支出为 1187 亿新谢克尔，占 GDP 的 8.6%，与 2019 年（8.3%）相比有所提升。以色列是全球教育支出最高的国家之一。不仅如此，以色列的每万人中科学家和工程师的数量更是高达 140 人，居世界第一。

高等教育在培养人才的同时也开展科学研究，所以高等教育在为国家创新体系输送创新型人才方面发挥着更为重要的作用。以色列高等教育系统的政策制定、高等教育机构的自主权和学术自由维护是由设立于 1958 年的高等教育委员会（CHE）这一官方机构负责。以色列高等教育系统的资金由设立于 1972 年的以色列高等教育委员会计划与预算委员会（PBC）提供。PBC 通过直接资助教学、直接资助研究、专项拨款及判断调整的方式对高等教育机构进行资助②，同时促进以色列的研究和教育，维护所有机构

---

① 夏玉辉等：《以色列创新人才培育情况研究》，《创新人才教育》2020 年第 3 期。
② Gury Z.，"Innovative Higher Education Learning Outcomes and Financing Trends in Israel"，*International Journal of Educational Development*，Vol. 58（2018）：128-136.

的学术和行政自由。①

　　据 CHE 官方披露，2022~2023 年，以色列共拥有 58 个高等教育机构，包括 10 所大学（其中包括 1 所开放大学）、26 所学院和 22 所教育师范学院。以色列在全球知名的顶尖大学或研究机构有 7 个，每所院校或研究机构的专业、历史和学习传统各不相同，其中 4 所院校或研究机构（希伯来大学、特拉维夫大学、巴伊兰大学、魏兹曼科学研究院）之间的车程仅 30~60 分钟。以色列高校地理分布的优势促进了不同领域的学术交流，这也间接推进了在校学生与工作人员的联系。以色列的高等教育院校与周边的高科技产业园区也有密切合作，促使其产学合作的研发创新，如特拉维夫大学和 Atidim 高科技园区、希伯来大学和 Har Hotzvim、Malkah 园区等。

　　根据 CHE 的统计数据，虽然近几年全球教育受到复杂的冲击，但以色列的所有学位的学术研究注册人数仍然增加了 20%~25%。其中，以色列高科技领域学生人数增加明显：仅 2009~2019 年，以色列计算机科学专业的学生人数增加了 80%；自 2017~2018 学年起，工程学超过社会科学成为入学率最高的专业，高技术专业学生数将有望继续增加。根据 CHE 的调查，法律和工商管理课程的入学率在近期数据中下降了 20%~25%，这表明主要教育趋势和学术体系已发生变化，这种变化将对以色列的创新发展起正向促进作用。

　　根据经合组织数据库的数据②，2020 年，在以色列学习的国际学生比例约为 3.4%，远低于经合组织国家平均水平的 10.1%。为增强以色列与国际学术机构的合作，促进以色列与国际学生的交流，以色列高等教育委员会采取多种行动促进教育方面的开放式发展。2017 年 12 月 25 日，以色列高等教育委员会计划与预算委员会计划拨款 500 万新谢克尔作为教育经费投入高等教育机构，以吸引优秀的国际学生，从而促进以色列学术研究的国际化，提升以色列在世界各地的国际声誉。2019 年 12 月 17 日，CHE 批准高等教育英语语言研究改革，要求每个学生至少学习两门英语课程，鼓励学生更好地融入国际就业市场。2019 年 3 月 1 日，CHE 确定扩大双语即希伯来语和英语的学术课程，此计划旨在通过将已有学位课程转化为英语、与

　　① 以色列高等教育委员会官网，https://che.org.il/en/about-us/。
　　② https://data.oecd.org/students/international-student-mobility.htm.

海外机构一起开设联合学习课程等方式将以色列变成吸引世界各国优秀学生的磁铁，鼓励国际学生来以色列攻读学位，加深以色列与国外机构间的互惠关系。为增加以色列学术机构内国际学生的人数，促进高等教育的国际发展，提高以色列在学术界的竞争力，CHE 拨出 4.35 亿新谢克尔的资金预算。截至 2022 年，PBC 已批准分配约 2 亿新谢克尔，其中约 1 亿新谢克尔用于高等教育机构的国际化发展，除此之外，也为在国外领先机构就读的以色列博士后学生以及从外国（如美国、加拿大、中国、印度等）招收的优秀博士研究生和博士后学生提供约 1 亿新谢克尔奖学金。[①] 2020 年 7 月 22 日，以色列宣布向国际学生开放边界，继续支持国际学生参与以色列学术研究。为吸引国际顶尖研究人员来到以色列攻读博士后，从事多个领域的前沿研究，推进国际科学交流和以色列大学的世界级研究，CHE 也面向国际博士后研究人员提供卓越奖学金计划。

（三）以色列研发机构及其行动

研究与开发机构是国家创新体系的重要主体，是科学知识的创造者和传播者，是创新的重要源泉。以色列研究与开发机构包括政府部门直属的科研机构[②]、高校研究机构和民间研究机构。其中，政府部门直属的科研机构主要负责一系列攻关型、尖端型、大型研究项目（见表 2-7）。例如，归属于以色列创新局的以色列量子计算研发中心专注于光量子、超导量子和冷原子三种量子计算技术的全栈[③]软硬件研发；归属于国家基础设施、能源与水资源部的国家海洋研究所、加利利海湖沼学实验室和国家海洋生物养殖中心在海洋学、湖沼学、海洋化学、海洋地质学、海水养殖和海洋生物等技术领域开展科学研究，检测和评估以色列临近海域和内陆水体，同时侧重于开发食品和生物化学品的创新技术。可见，政府部门主导建立的研究所和实验室，为推动以色列科技创新提供不竭动力。此外，特别值得关注的是以色列区域研究中心计划，如卡蒂夫研究中心、死海-阿拉瓦地区研发中心、东犹太和撒玛利亚以及约旦河谷区域研发中心、三角区域

---

① 以色列高等教育委员会官网，https：//che.org.il/en/che-expanding-bilingual-hebrew-english-academic-programs/。

② 潘光、汪舒明：《以色列：一个国家的创新成功之路》，上海交通大学出版社，2018。

③ 全栈一般是对计算机领域前端到后端整个环节的统称。

研发中心、沙米尔研究所的区域研究与发展中心等，区域研究中心设立的目的在于将科学和研究带到地理和人口边缘，将更多的人口纳入以色列的科学事业。

表 2-7 政府机构部门所设立以色列研究机构（部分）

研究机构	研究领域	归属的政府部门
以色列量子计算研发中心	专注于光量子、超导量子和冷原子三种量子计算技术的全栈软硬件研发	以色列创新局
国家海洋研究所 加利利海湖沼学实验室 国家海洋生物养殖中心	在海洋学、湖沼学、海洋化学、海洋地质学、海水养殖和海洋生物等技术领域开展科学研究，检测和评估以色列临近海域和内陆水体，同时侧重于开发食品和生物化学品的创新技术。	国家基础设施、能源与水资源部
植物科学研究所 动物科学研究所 植物保护研究所 土壤、水和环境科学研究所 农业工程研究所 食品科学研究所	以色列农业研究组织（可简称 ARO）集中力量解决以色列农业生产中的主要问题，最大限度地利用有限资源，以国内外市场需求为导向，不断培育、引进和推出动植物品种，改进耕作栽培技术	农业和农村发展部
国家物理实验室	国家物理实验室主要研究物理学相关领域。其研究领域包括但不限于：材料科学与工程、光电子学和光学、纳米科技、生物物理学和生物医学工程、量子物理学和量子技术、天体物理学、高能物理学和核物理学、计算物理学和信息技术	经济和工业部
卡蒂夫研究中心 死海-阿拉瓦地区研发中心 东犹太和撒玛利亚以及约旦河谷区域研发中心 三角区域研发中心 加利利协会区域研究与发展中心 沙米尔研究所的区域研究与发展中心 米加尔加利利研究所	区域研发中心计划是以色列国独有的，旨在将科学和研究带到地理和人口边缘，将更多的人口纳入以色列的科学事业	以色列科技厅

以色列研究与开发机构的典型代表是魏兹曼科学研究院（The Weizmann Institute of Science），其为世界领先的多学科研究中心。魏兹曼科学研究院于 1934 年在雷霍沃特建立，其前身是西埃弗研究所。1949 年该所进行扩建

并以以色列首任总统、著名化学家哈伊姆·魏兹曼博士的名字命名。魏兹曼科学研究院参与了旨在加速以色列工业发展和建立以科学为基础的新型企业的研究项目。

（四）以色列企业及其行动

企业是国家创新体系的重要构成主体之一。以色列的企业主要包括本土企业、外资企业、合营企业等，这些企业都极大地促进了以色列国家创新体系的发展。其中，高科技公司对其创新的驱动作用是不可忽视的。根据以色列风险投资研究中心[①] 2022 年 12 月 9 日公布的数据，以色列共有活跃的高科技公司 9569 家，其中有 477 家为跨国公司。

以色列创新体系发展呈现源源不断的生命力，其初创公司在其中发挥了重要的作用。以色列的初创公司数量仅次于美国硅谷[②]，并且以色列在纳斯达克上市的公司数量仅次于美国和中国，甚至超过整个欧洲的总和，居世界第三。根据《Dealroom：2021 瑞士创业生态系统报告》[③] 的数据，2021 年以色列每百万人中的创业公司数超过 900 家。以色列由于国内市场狭小，许多初创企业都会择在公司未发展壮大前被国际公司收购。

为进一步展现以色列初创公司的变化情况，本书根据以色列创新局的数据[④]整理并绘制了 2014～2020 年以色列初创公司的成立情况。从图 2-7 可见，以色列初创公司的数量（每百万人中的创业公司数）一直持续位于高位。自 2016 年起，以色列的初创公司数量呈现一定程度的下降趋势。

高科技产业对以色列的经济发展贡献很大。根据以色列中央统计局发布的科学、技术和通信的情况[⑤]，2020 年，以色列高科技领域员工人数为 3852000 人，占整个经济体中总人数的 10.5%。高科技公司的持续性创新推

---

① 以色列风险投资研究中心，https：//www.ivc-online.com/。

② Innovation and Technology Development in Israel，https：//www.legco.gov.hk/research-publications/english/1617fs05-innovation-and-technology-development-in-israel-20170320-e.pdf.

③ 《Dealroom：2021 瑞士创业生态系统报告》，https：//www.sgpjbg.com/baogao/57607.html。

④ *A Decline in the Number of New Startups：Cause for Concern or Natural Maturation?*，https：//www.storydoc.com/ee95ba65ce2b62c1/da2f7f47-56e5-409b-ac12-eee550616574/62716857498da1000a831284.

⑤ 以色列中央统计局，https：//www.cbs.gov.il/。

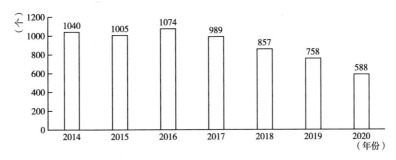

图 2-7 2014~2020 年以色列初创公司的成立情况（每百万人中的创业公司数）

资料来源：Israel Innovation Authority。

动了高科技产业的不断发展，其创新活动离不开资金的支持。以色列风险投资的不断发展有利于高科技公司获得外部资金，为进一步探究以色列高科技公司的融资情况，本书通过以色列风险投资研究中心的数据整理得到表 2-8。从中可见，2019~2021 年，以色列的高科技公司融资持续增长，2021 年完成融资 778 次，融资金额高达 258.51 亿美元，与 2019 相比增长了 231.8%，说明以色列高科技公司资金来源充足，为高科技产业的发展助力。

表 2-8 以色列高科技公司的融资情况（2019~2021 年）

单位：次，百万美元

年份	2019	2020	2021
融资金额	7790	10391	25851
年融资次数	496	600	778

资料来源：IVC Research Center。

（五）以色列风险投资业及其投资

高科技企业发展的重要资金来源是风险投资。以色列高科技产业的发展得益于其风险投资业的繁荣，而伴随高科技企业的涌现，更多的全球性风险投资被吸引。以色列风险投资业和高科技企业二者的良性互动，不仅推动了创新能力的提升，也促使经济持续增长，带动产业结构优化和就业增长。以色列风险投资业取得了巨大成就，使得其拥有"中东硅谷"这一称号。

以色列风险投资行业起步于 20 世纪 60 年代,其最初的投资者来自以色列的银行界,而被投资的对象则来自电子行业。[①] 在那之后,于 90 年代初形成了风险投资业发展的第一个高潮。该高潮的掀起缘起于政府设立 1 亿美元的 YOZMA 基金用于风险投资业,促进了以色列的风险投资业起飞。第二个发展高潮是 1996 年后,随着由风投公司投资的十多家企业上市(IPO)的成功以及高技术企业并购活动的开展,风险投资获得了较高的投资收入带来的示范效应。现阶段,以色列的风险投资同样位居高位,风险投资占GDP 的比重居世界第一。《Dealroom:2021 瑞士创业生态系统报告》的数据显示,2015~2021 年,流入以色列的人均风险投资额高达 3000 美元,居世界第一。在《全球竞争力报告 2019》中,以色列在风险资本可用性方面的排名仅次于美国,在全世界范围内名列前茅。

以色列的风险投资行业对初创公司的建立和发展起着重大的作用,创业者在创业时由于面临包括财政资源在内的资源匮乏等问题,较难将新想法转换为产品,加之创新型企业面临着信息不确定性与不对称性、资本和市场的极度敏感性等问题,传统金融机构不愿为创新型初创企业提供资金。作为金融中介的风险投资企业恰好弥补了初创企业这一需求缺口[②],因其独特的运作机制,风险投资为初创企业提供所必需的资金来源,激励其将技术想法转化成产品。

以色列的风险资本市场具有高效发达的特点,这使得其高技术产业拥有强劲的发展动力。其包括诸如创业投资基金、私人多元化基金、上市的国内投资公司和上市的国外基金等多层次的资金供给主体结构,与以色列高技术企业不同发展阶段的融资需求相匹配。[③]

三　以色列创新体系的特征

以色列的国家创新体系中的重要构成主体包括政府、教育机构、科研机构、企业和风险投资,这些主体在推动以色列创新发展的过程中,既各

---

① 徐双烨、王红梅:《以色列风险投资业发展分析》,《研究与发展管理》2000 年第 2 期。

② Avnimelech, G., Schwartz, D., Bar-El, R., "Entrepreneurial High-tech Cluster Development: Israel's Experience with Venture Capital and Technological Incubators", *European Planning Studies*, Vol. 15, No. 9 (2017): 1181-1198.

③ 徐双烨、王红梅:《以色列风险投资业发展分析》,《研究与发展管理》2000 年第 2 期。

司其职又相互提携，各主体的行动及其之间的合作关系是以色列创新体系的核心架构。基于对以色列国家创新体系重要的构成主体及其行动的系统分析，本书认为以色列创新体系具有如下特征。

（一）政府主导了以色列国家创新体系的战略方向

以色列国家创新体系的创新战略由政府这一主体来主导。创新务实的以色列政府不仅主导了国家创新体系的建构，更为独特的是，设立了专门的创新管理机构，制定了创新相关的法律和政策，设立了创新相关的专项计划和基金，通过引导研究和教育机构、企业的技术创新方向，以及激励它们的创新行为来主导国家创新体系的战略方向。同时，通过国家投资的方式引领民间和国外的风险投资基金投入到以色列的创新活动中。

（二）本土企业和跨国公司构成了以色列国家创新体系的中枢

以色列国家创新体系的主导力量来自本土企业和跨国公司。以本土高科技企业的兴起与发展、知名跨国企业的入驻与合作为两大标志性特征的集群化发展的高科技企业，构成了以色列国家创新体系独特的中枢。

以色列本土的高科技企业的发展不仅受益于政府创新政策的引导、高校及科研机构技术的转移，更为重要和独特的是，其高科技企业的发展还由于其国家特有的兵役制度而直接得益于以色列军工研发部门的技术外溢。同时，以色列技术孵化器的成功运作不只催生了大量新兴的本土高科技，还促成了高科技产业的集群化发展。

跨国企业设立的研发中心是以色列国家创新体系的独特组成部分。以色列政府大力吸引外资的影响、以色列企业私有化改革提供的契机，以及以色列特有的创业文化魅力的吸引，促使跨国公司通过直接设立和收购转化两种途径，纷纷在以色列设立研发中心。跨国企业设立的研发中心为以色列本土企业发展提供了资金和管理经验，还为本土企业在国际市场推销创新成果提供了良好渠道。

（三）具有强技术转移能力的科研机构为以色列国家创新体系的高效率产出提供保障

以色列科研机构支撑了科技研发，但在其国家创新体系中表现更具特色的是其较强的技术转移能力。地理布局合理且均衡的以色列高校科研体系促成了各高校与当地产业界的紧密联系，为技术转移提供了便利；科研机构普遍都设立了技术转移办公室，能够高效地推动科研成果的产业化；形式多样的创业课程和系统全面的创业教育体系使得以色列高校学生成为技术转移的主力军。

（四）活跃的风险投资为以色列国家创新体系提供驱动力

以色列的风险投资行业对初创高科技公司的建立和发展起着重大的作用。以色列能够成为世界科技强国的一个重要原因也是其发达风险投资业的支持。由于以色列所处的区域和国际环境、特定的发展历史、政治经济体制，其风险投资业的发展有鲜明的特点，主要表现在政府的扶持、宽松的金融投资环境和企业面向国际市场。

特别值得关注的是以色列政府在其风险投资业发展中所发挥的独特作用和施行的促进举措。政府通过设立 YOZMA 和 INBAL 基金直接对风险投资业进行干预，一方面减少了风险投资者对早期阶段投资的风险并为风险投资者提供了投资对象，另一方面政府引导私人资本向该行业投资以促进该行业的发展。同时，政府向技术孵化器提供的资金支持对风险投资的发展具有乘数作用。另外，政府采取税收优惠、政府采购、信用担保等多种形式支持商业性风险投资的发展。

（五）典型的国家文化和浓厚的企业创业文化为以色列国家创新体系提供了优良的环境

一个国家内其成员共享的价值观和行为习惯被称为国家文化。[①] 在以色列的国家文化中表现出温和的集体主义、低权力距离和低不确定性规避等特征[②]，温和的集体主义使得以色列成为孕育创新思想的最佳土壤；低权力距离促使组织内不同地位层次的人皆可表达创新的想法并进行合作；低不确

① House R., Hanges P., Javidan M., Dorfman P., & Gupta V., *Culture, Leadership and Organizations: The Globe Study of 62 Societies* (London: SAGE Publications, International Educational and Professional Publisher, 2004).

② Yeshua-Katz, D., & Efrat-Treister, D., "Together in the Tech Trenches: A View of Israel's Innovation Culture", *Innovation-organization & Management*, Vol. 23 No. 3 (2021): 337-353.

定性规避会激励冒险。这些独特的文化组合为以色列国家创新体系提供了良好的环境条件。

　　此外，以色列也是创新文化十分浓厚、对创业失败接受度较高的国家。根据《全球竞争力报告 2019》，以色列在企业文化方面的得分名列前茅。以色列独特的创新思想和企业文化令其企业蓬勃发展，同时，以色列的企业也乐于接受变革。以色列独特的企业文化氛围一方面为本土企业搭建了一个自由、开放、不惧艰险的创新意识框架；另一方面，在充满活力的创业文化背景下，跨国公司也得以在以色列蓬勃发展。

第三章 以色列国家创新体系的
开放化发展

开放式国家创新体系是一国创新体系与国际环境相结合的开放体系。在经济全球化背景下，国家创新体系已经日益突破国家边界，以整合全球创新资源发展本国的创新能力。可见，从国际科技合作视角审视以色列国家创新体系，探究其开放式国家创新体系的特征和演化具有重要的时代意义。同时，科学文献和专利是记录人类科技活动成果的重要载体，跨学科、跨国界的科研合作使得国际科技合作成为促进现代科学技术发展及实现重大突破的关键环节。[1] 国际合著研究的论文和专利发表时间分布、合作国家分布、合作学科分布等方面可以反映该国国际科技合作的动向和参与程度。[2] 为此，本章首先基于以色列国际合作论文数据检索与挖掘，基于以色列国家层面对其科技论文国际合作进行系统分析，来探究以色列开放式国家创新体系的特征与演化；其次，基于以色列国家层面对其国际合作专利数据检索与挖掘，对其专利国际合作进行系统分析，从专利这一侧面来探究以色列开放式国家创新体系的特征与演化；最后，基于上述研究发现归纳总结以色列开放式国家创新体系的特征与演化。

一 开放的以色列

（一）开放的经济

一方面以色列市场较小，国内需求有限；另一方面受到国内资源的约束，其供给侧的供给量受限而且种类也不够丰富。因此，市场开放是以色

---

① 袁军鹏、薛澜：《主导与协同：中国国际科技合作的模式和特征分析》，《科学学与科学技术管理》2007 年第 11 期。

② 梁立明、马肖华：《从中德合著 SCI 论文看中德科技合作》，《科学学与科学技术管理》2006 年第 11 期。

列经济发展的必然选择。开放的经济不仅可以帮助以色列吸引大量外国投资，还可以促进以色列的货物与服务在世界范围内广泛流通。随着经济全球化的不断发展，以色列凭借其在全球的技术优势，吸引了大量外商直接投资，推动了其高新技术产品在全球范围内广泛流通。

首先，外商直接投资对以色列的经济发展具有重要作用。从 2010~2020年以色列外商直接投资情况来看（见图3-1），以色列吸引的外商直接投资呈增加趋势，流入额从 2010 年的 69.847 亿美元增加到 2020 年的 242.832 亿美元。此外，从外商直接投资流入与流出的差额来看，2017~2020 年的外商直接投资流入与流出的差额较大，表明近年来以色列对外资的依赖度在不断提升。主要原因在于以色列国土面积狭小、人口较少、国内资本相对有限，需要通过引进外资来弥补国内资金缺口。而大量外商直接投资的流入有助于缓解以色列国内资金缺口问题，推动以色列高新技术产业发展与对外贸易。

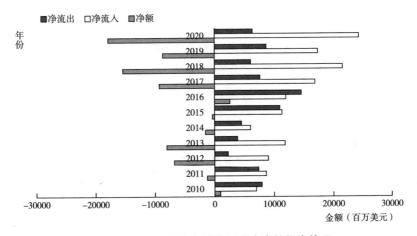

图 3-1   2010~2020 年以色列外商直接投资情况
资料来源：https://databank.worldbank.org/。

其次，以色列货物和服务进出口贸易对其经济发展同样具有重要作用。其中，货物贸易主要是指实物商品贸易，而服务贸易则更多涉及无形商品贸易。从 2005~2020 年以色列货物和服务进出口贸易情况来看（见表 3-1），以色列货物与服务的进出口贸易额不断上涨，但货物贸易呈逐渐拉大的贸易逆差趋势，服务贸易则呈现逐渐拉大的贸易顺差趋势。2020 年国际货物贸易逆差达 202.22 亿美元，服务贸易顺差为 272.37 亿美元。

表 3-1　2005~2020 年以色列货物和服务进出口贸易情况

单位：百万美元

贸易类别	2005	2010	2015	2020
商品出口	42770	58413	64063	49763
商品进口	47142	61209	62065	69985
商品贸易差额	-4371	-2796	1998	-20222
服务出口	17349	25375	37444	52569
服务进口	14337	18807	24264	25332
服务贸易差额	3012	6568	13180	27237

资料来源：unctadstat. unctad. org。

从进出口产品类型的数量上看，以色列出口贸易的产品类型数量不断增长，出口产品类型数量由 1995 年的 2277 种上升至 2019 年的 3047 种（2020 年受全球范围疫情的影响，以色列货物的进出口波动较大，因而不考虑 2020 年的货物进出口）。相反，以色列进口贸易的产品类型数量保持稳定，长时间维持在 4100~4500 的范围内。从进出口产品类别上看，以色列进出口贸易的主要产品为非工业钻石；随着以色列生物科技、集成电路等产业的发展，其他混合或非混合产品构成的药品、单片集成电路等产品的出口不断增加。此外，作为众多化学工业产品原料的石油，是以色列进口贸易的重要组成部分。从合作伙伴数量上看，以色列进口合作伙伴数量不断上涨，表明以色列国内经济呈持续开放态势，具体见表 3-2。

表 3-2　以色列进出口产品类型数量、主要出口产品与合作伙伴数量情况

年份		1995	2000	2005	2010	2015	2019
出口	出口（百万美元）	19047	31407	42771	58413	64062	58488
	产品类型数量	2277	2552	2597	3092	3034	3047
	主要出口产品	非工业钻石、线路电话用零器件、艺术品、珠宝首饰、飞机零部件	非工业钻石、线路电话用零器件、飞机零部件、无线电遥控仪	非工业钻石、线路电话用零器件、飞机零部件、混合或非混合产品的其他药品	非工业钻石、其他混合或非混合产品构成的药品、化学产品和化学残留产品、单片集成电路	非工业钻石、其他混合或非混合产品构成的药品、含有两种以上成分的其他药品、单片集成电路	非工业钻石、其他混合或非混合产品构成的药品、单片集成电路、飞机零部件、嘧啶或哌嗪环化合物

续表

年份		1995	2000	2005	2010	2015	2019
出口	合作伙伴数量	144	162	184	200	189	123
进口	进口（百万美元）	28344	35742	45032	59194	62068	76579
	产品数量	4122	4543	4481	4257	4259	4195
	主要进口产品	非工业钻石、石油和从沥青获得的油、带有往复式活塞发动机的汽车、自动数据处理机和部件	非工业钻石、石油和从沥青获得的油、带有往复式活塞发动机的汽车、石油（不含原油）和制剂	非工业钻石、石油和从沥青获得的油、带有往复式活塞发动机的汽车、石油（不含原油）和制剂	非工业钻石、石油和从沥青获得的油、带有往复式活塞发动机的汽车、石油（不含原油）和制剂	非工业钻石、石油和从沥青获得的油、石油（不含原油）和制剂、单片集成电路	非工业钻石、石油和从沥青获得的油、石油（不含原油）和制剂、无线电遥控仪
	合作伙伴数量	108	126	152	164	167	180

资料来源：https：//wits. worldbank. org/。

具体来看，以色列进出口贸易产品类别主要包括六类，分别是化学药品、石头和玻璃、机器和电子、运输、杂货、塑料和橡胶（见表3-3）。其中，化学药品、石头和玻璃以及机器和电子类产品在进出口贸易中占比最高，之和基本稳定在60%~75%。此外，从化学药品与石头和玻璃产品贸易额比重的演变可以看出，化学药品相关产业正逐渐成为以色列的又一支柱性产业，贸易额比重从1995年的11.86%上升至2019年的23.75%；而传统产业（石头和玻璃产业）对经济的贡献不断下降，贸易额比重从1995年的33.03%下降至2019年的21%。这种贸易额比重的变化间接表明以色列经济正从传统产业经济向新兴产业经济转变。

表3-3 以色列部分产品类别贸易额比重

单位：%

年份	化学药品	石头和玻璃	机器和电子	运输	杂货	塑料和橡胶	其他
1995	11.86	33.03	23.15	2.77	6.57	5.16	17.46

续表

年份	化学药品	石头和玻璃	机器和电子	运输	杂货	塑料和橡胶	其他
2000	8.73	32.45	22.21	3.13	18.75	4.11	10.62
2005	15.97	39.02	19.89	2.8	6.54	4.49	11.29
2010	24.76	29.32	19.88	3.78	7.26	3.8	11.2
2015	21.82	29.07	22.65	4.91	8.05	3.8	9.7
2019	23.75	21	21.83	4.77	11.81	5.06	11.78

资料来源：https：//wits.worldbank.org/。

从出口合作伙伴份额上看（见表3-4），美国是以色列出口的第一大合作伙伴。近年来，随着中国经济的快速发展，以色列对美国出口的依赖性逐年降低（美国在以色列出口贸易中的占比从1995年的14.73%降低到2019年的12.95%），中国作为以色列第二大出口合作伙伴，出口份额逐年提升（中国在以色列出口贸易中的占比从1995年的2.96%提高到2019年的9.07%），且具有成为以色列第一大出口合作伙伴的趋势。

表3-4　以色列全球出口合作伙伴份额

单位：%

年份	中国	美国	德国	日本	英国	法国
1995	2.96	14.73	9.09	5.39	5.35	5.56
2000	3.25	18.15	7.46	4.84	5.31	4.96
2005	5.47	15	7.2	4.33	4.7	4.82
2010	7.88	11.64	6.48	3.6	3.76	4.06
2015	8.31	12.88	6.08	3.29	3.77	3.45
2019	9.07	12.95	6.35	3.24	3.67	3.47

资料来源：https：//wits.worldbank.org/。

从进口合作伙伴份额上看（见表3-5），中国在以色列全球进口合作伙伴中的份额逐渐提升，已跃居为以色列第一大进口合作伙伴。美国在以色列全球进口合作伙伴中的份额逐渐降低，从1995年的12.32%降低到2019年的8.45%。

表3-5 以色列全球进口合作伙伴份额

单位:%

年份	中国	美国	德国	日本	韩国	法国	英国	意大利
1995	4.65	12.32	9.87	8.95	2.23	5.54	4.66	3.42
2000	6.29	12.62	8.18	7.97	2.7	4.59	4.36	3.42
2005	10.05	8.79	8.84	6.34	2.86	4.2	3.41	3.31
2010	12.82	8.2	7.85	5.48	3.09	3.48	2.56	2.8
2015	15.15	8.83	7.69	4.41	3.37	3.22	2.54	2.76
2019	13.88	8.45	7.4	4.28	3.2	3.15	2.28	2.81

资料来源: https://wits.worldbank.org/。

(二) 开放的制度和政策

以色列政府在以色列开放式国家创新体系的发展中发挥着重要作用,其独特的创新制度为以色列的科技发展和国际科技合作注入源源不断的动力。自1948年建国至今,以色列政府始终以高标准、严要求引领国家创新,促进以色列参与国际科技合作。以色列为促进其科技创新的发展,设立了许多创新管理机构。1969年,以色列政府在经济与工业部(原工业与贸易部)下设立首席科学家办公室(The Office of the Chief Scientist, OCS)。该机构重点执行政府鼓励科技创新和研发相关的政策,最终实现以色列的产业结构变革与高技术产品加速发展。2016年,以色列创新局(The Israel Innovation Authority, IIA)取代OCS成为以色列创新科技发展的推进站,其下设部门包括成长事业部(研发基金),创业事业部(孵化器计划、Thufa计划),国际合作部(地平线2020、两国基金),技术基础设施部(Nofar计划、磁石计划),社会挑战部(旨在通过技术创新提高社会福利和生活质量),先进制造部(注重促进制造业公司研发和创新流程)。

除此之外,以色列政府也通过各种移民政策引进外国人才,提升创新活力。以色列的《回归法》(1950)、《国籍法》(1952)、《公民身份与进入以色列法》(2003)与以色列政府定期发布的《新移民指南》等对以色列接收移民具有重要的政策指导意义。根据以色列中央统计局的数据,自1948年以色列建国至2021年底,其接收的移民累计有330万人次。其中,高技术移民为以色列的创新发展增添内生动力,20世纪

90 年代，苏联的科学家和工程师移民大量流入以色列，增强了以色列的科技人才力量，为以色列经济和技术发展提供了内在驱动力。以色列深刻认识到科技移民对本国科技创新发展的重要性。至今以色列仍坚持吸纳外部人才。

以色列政府通过与其他国家开展双边合作促进国际合作研发，如提供双边研发基金、建立双边研发基金会、签订双边研发合作协议、建立研发中心、参与研发计划、成立两国科学技术委员会等。以色列创新局下的国际合作部门致力于促进全球研发创新伙伴关系的建立，与跨国公司、研究机构进行创新合作；该部门的实施计划包括国家之间的基金激励计划、双边研发激励计划等。以色列与美国（BIRD 基金）、印度（I4F 基金）、韩国（KORIL 基金）、加拿大（CIIRDF 基金）、英国（BRITECH）、新加坡（SIIRD 基金）等国家设立两国合作基金，为两国项目提供基金支持；同时，以色列在世界各地开展了超过 40 个双边工业研发支持计划，为国家间开展的工业技术研发合作提供高达其获批研发费用 50% 的资金支持，以促进以色列和外国公司合作。① 1993 年，美国、以色列建立美国—以色列科学技术委员会（USISTC），旨在鼓励两国高科技产业合作并促进学术机构进行科学交流。

同时，以色列还积极参与多国的框架协议，如 FP5、FP6、FP7、ERA-More、Eureka 等。自 1996 年以来，以色列一直是欧洲研发计划的合作伙伴，以色列还与欧洲成立了创新理事会。以色列—欧洲研究创新理事会（ISERD）负责推进以色列实体参与欧洲框架的研发，旨在促进以色列在欧洲的研究活动。在"地平线 2020"欧洲研发计划中，以色列提交了约 15000份资金申请，其中约 2000 份申请获得了总计 12.8 亿欧元的赠款。2021 年12 月 6 日，以色列签署加入"地平线欧洲"计划的正式协议，此计划是世界上最大的科学和行业合作研发计划，总预算约为 95.5 亿欧元。②

---

① 以色列投资，投资激励，https：//investinisrael. gov. il/BusinessInIsrael/Pages/Investment _ incentives. aspx。
② 以色列高等教育委员会，An Agreement For Israel's Acceassion to the Horizon Europe Programme was Officially Signed Today，https：//che. org. il/en/% d7% a0% d7% 97% d7% aa% d7% 9d-% d7% a8% d7% a9% d7% 9e% d7% 99% d7% aa-% d7% 94% d7% a1% d7% 9b% d7% 9d-% d7% 94% d7% a6% d7% 98% d7% a8% d7% 94% d7% 95% d7% aa% d7% 94-% d7% a9% d7% 9c-% d7% 99% d7% a9% d7% a8% d7% 90% d7% 9c-% d7% 9c% d7% aa% d7% 95% d7% 9b/。

二　从论文国际合作视角探究以色列开放式国家创新体系的特征与演化

利用文献计量方法，从以色列科技论文合作国家的视角，探究以色列国际科技合作的主要特征。科学引文索引（SCI）是全球权威的自然科学引文数据库，本部分利用 Web of Science 的核心合集数据库中的 SCI-Expanded 子库，输入指令"地址＝Israel"，文章类型为：Article，以 10 年作为一个时间切片，对 1991~2000 年、2001~2010 年和 2011~2020 年进行高级检索，分别检索出科技论文 79923 篇、108415 篇和 140621 篇。

（一）以色列论文国际合作概况

从以色列科技论文的国际合作国家情况（见表 3-6）可知，美国一直以来都是以色列学者论文合作的重要国家。1991~2020 年，以色列—美国两国合作论文数量逐年增长，明显高于其他合作国家，且以色列—美国合作论文占以色列发表总论文数的比例也始终位居第一。由此可见，美国是以色列国际科技合作的重要伙伴，且两国科技合作关系建立较早，合作在近年来愈加紧密。

除美国外，以色列与德国、英国、法国、意大利、加拿大等欧美发达国家也建立了较紧密的论文合作关系，这些国家始终处于以色列学者论文合作国家排名的前几位。

表 3-6　以色列科技论文的国际合作国家情况

单位：%

排名	1991~2000 年		2001~2010 年		2011~2020 年	
	国家	占比	国家	占比	国家	占比
1	美国	29.527	美国	32.282	美国	38.375
2	德国	5.446	德国	7.039	德国	10.949
3	法国	3.181	法国	4.079	英国	7.825
4	英国	2.855	英国	3.866	意大利	7.054
5	加拿大	2.474	加拿大	3.248	法国	6.7
6	意大利	2.145	意大利	3.174	加拿大	6.187
7	日本	1.602	荷兰	2.007	中国	5.191

续表

排名	1991~2000 年		2001~2010 年		2011~2020 年	
	国家	占比	国家	占比	国家	占比
8	瑞士	1.439	西班牙	1.886	西班牙	5.036
9	俄罗斯	1.415	日本	1.848	荷兰	4.606
10	荷兰	1.232	俄罗斯	1.804	瑞士	4.085

注：该部分占比为该国与以色列合作发文量占以色列总发文量的比例。

从演化的视角出发，对 1991~2000 年、2001~2010 年与 2011~2020 年与以色列学者合著论文数排名前十位国家的柱状图（见图 3-2、图 3-3 和图 3-4）分析可见，在与以色列开展国际科技合作的国家中，作为发展中国家的中国与以色列之间的合作愈加紧密。

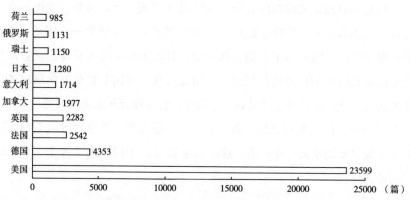

图 3-2　1991~2000 年与以色列合著论文数排名前十位国家

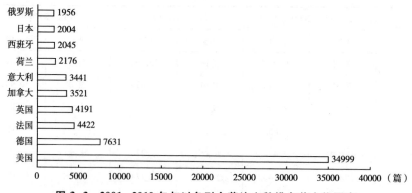

图 3-3　2001~2010 年与以色列合著论文数排名前十位国家

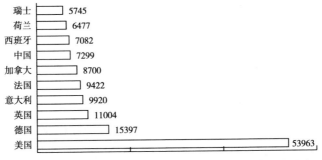

图 3-4 2011~2020 年与以色列合著论文数排名前十位国家

从表 3-7 可见，中国在与以色列论文合作数量的国家排名从 1991~2000 年的第 23 名，上升到 2011~2020 年的第 7 名，中国和以色列合作论文数量占总合作论文数量的比例也于 2011~2020 年阶段提高到了 5.19%，中国跃升成为以色列前十名的重要合作国之一。此外，以色列论文合著国家或地区的覆盖数量从 1991~2000 年的 136 个，提升到 2011~2020 年的 203 个。各地区知识禀赋不同、优势资源差异化和科研需求强等因素的作用，促使以色列新增众多合作国家，努力建立长期信任合作关系，形成资源互补优势。在新增合作国的同时，以色列也极为重视同重点合作国家的合作关系，与合作数量最多的前十位合作国的论文合作占比的总和在 2011~2020 年已达到 96.01%，与前十位合作国的合作不断加深。

表 3-7 以色列论文合著总体情况

	1991~2000 年	2001~2010 年	2011~2020 年
合作国或地区数量	136 个	153 个	203 个
前十位合作占比总和	51.316%	61.233%	96.01%
中国排名及占比	23 名（0.282%）	13 名（1.297%）	7 名（5.19%）

（二）以色列的国际科技合作模式

本书依据国际合作论文所属的学科领域在各自合作的国家中是属于弱势学科还是强势学科来判断国际科技合作模式。例如，以色列—美国的学者合作论文所属的学科领域既是美国的强势学科也是以色列的强势学科，则将这种合作判断为"强强合作"。鉴于国家间科研合作学科往往集中在合作双方的优势领域，其次为单方的优势领域，极少在两国弱势领域进行合作。① 因此，我们将国际科技合作模式划分为"强强合作"和"强弱合作"两种类型。

为了从国际合作论文视角深入了解以色列的国际科技合作情况，本部分具体选取 1991~2020 年与以色列合作最为密切的美国和论文合著关系快速升温的中国作为研究对象，深入探讨以色列的国际科技合作模式。为此，本书首先确定以色列与美国、以色列与中国论文合作的重点学科领域，然后分别找到以色列、美国和中国各自的优势学科领域，最后再根据上述分析结论判断其合作模式。

1. 以色列与美国、以色列与中国论文合作的重点领域

本部分利用 Web of Science 的核心合集数据库中的 SCI-Expanded 子库，以 10 年作为一个时间切片（1991~2000 年、2001~2010 年、2011~2020 年），分别输入指令"地址=Israel AND 地址=USA"和"地址=Israel AND 地址=China"，文章类型为：Article，共进行 6 次检索。利用 Web of Science 数据库中的"分析检索结果"功能，获取以色列与美国、以色列与中国的论文合作领域与方向。

本部分为更加合理地分析以色列论文的国际科技合作的重点领域，参照了我国国内图书馆使用最广泛的《中国图书馆分类法》的分类方法和编号。《中国图书馆分类法》共有 5 个基本部类、22 个大类，采用汉语拼音字母与阿拉伯数字相结合的混合号码，其中一个大写字母代表一个大类。本部分所用到的类别见表 3-8。本部分采用大类编号的方法，分门别类地对从 WOS 中导出文献的研究方向依据表 3-8 的编号说明，分三个时间阶段进行归类和编号，形成以色列与美国合著论文研究方向演化表（见表 3-9）和以色列与中国合著论文研究方向演化表（见表 3-10）。

从表 3-9 可见，以美间论文合作的学科领域主要集中在医学、生物学、数理科学与化学等。其中医学、卫生类最为密切的论文合作研究方向有：神经科学、心血管系统学、肿瘤学、外科学；生物科学类最为密切的论文

---

① Michel, Z., Elise, B., & Yoshiko, O., "Shadows of the Past in International Cooperation: Collaboration Profiles of the Top Five Producers of Science", *Scientometrics*, Vol. 47, No. 3 (2000): 627-657.

合作研究方向有生物化学与分子生物学、细胞生物学；数理科学与化学类最为密切的论文合作研究方向有数学、物理。该 8 个研究方向在 1991~2020 年始终处于以美合作的前十大方向中，双方建立了稳定且深入的合作关系。从演化视角来看，医学、卫生，生物科学，数理科学与化学领域是以美间论文合作的稳定领域，而天文学、地球科学和自然科学这些领域的合作在一段时间较为弱化。

表 3-8　部分《中国图书馆分类法》的大类编号说明

编号	大类名称	编号	大类名称
N	自然科学总论	R	医学、卫生
O	数理科学与化学	S	农业科学
P	天文学、地球科学	T	工业技术
Q	生物科学		

表 3-9　以色列与美国合著论文研究方向及其演化

排名	1991~2000 年		2001~2010 年		2011~2020 年	
	研究方向	占比（%）	研究方向	占比（%）	研究方向	占比（%）
1	物理（O）	9.418	物理（O）	11.112	物理（O）	9.28
2	科学技术及其相关主题（N）	8.561	神经科学（R）	8.183	科学技术及其相关主题（N）	8.782
3	神经科学（R）	8.382	生物化学与分子生物学（Q）	8.152	神经科学（R）	8.381
4	心血管系统学（R）	6.447	数学（O）	6.68	心血管系统学（R）	6.543
5	生物化学与分子生物学（Q）	5.333	心血管系统学（R）	5.683	肿瘤学（R）	5.234
6	肿瘤学（R）	5.202	计算机科学（T）	5.526	生物化学与分子生物学（Q）	5.187
7	天文物理学（P）	4.651	肿瘤学（R）	4.494	天文物理学（P）	4.637
8	外科学（R）	4.514	细胞生物学（Q）	4.332	外科学（R）	4.581
9	数学（O）	4.496	工程学（T）	4.172	数学（O）	4.383
10	细胞生物学（Q）	4.018	外科学（R）	4.114	细胞生物学（Q）	3.976
总计	4R、2O、2Q、P、N		4R、2O、2Q、2T		4R、2O、2Q、P、N	

从表 3-10 可见，以中间论文合作的学科领域主要集中在数理科学与化学、工业技术、生物科学等领域。随着两国合作的发展，以中两国在物理、化学、数学、工程学、材料科学、计算机科学等研究方向建立了稳固的合作关系。值得关注的是，以色列利用先进农业技术，在沙漠这片土地上创造了属于自己的农业奇迹。20 世纪末至 21 世纪初，处于农业发展与技术改革关键时期的中国，与以色列在农业领域建立了合作关系，此后农业逐渐成为两国的重点合作领域。

表 3-10   以色列与中国合著论文研究方向及其演化

排名	1991~2000 年		2001~2010 年		2011~2020 年	
	研究方向	占比（%）	研究方向	占比（%）	研究方向	占比（%）
1	化学（O）	14.667	物理（O）	25.391	物理（O）	25.099
2	物理（O）	13.778	化学（O）	9.957	科学技术及其相关主题（N）	10.234
3	生物化学与分子生物学（Q）	7.556	农业科学（S）	6.615	天文物理学（P）	9.851
4	天文学与天体物理学（P）	7.111	数学（O）	6.401	化学（O）	8.864
5	材料科学（T）	6.222	天文物理学（P）	6.046	工程学（T）	7.371
6	计算机科学（T）	5.778	材料科学（T）	5.903	材料科学（T）	6.672
7	工程学（T）	5.333	植物科学（Q）	5.832	生物化学与分子生物学（Q）	4.535
8	植物科学（Q）	5.333	生物化学与分子生物学（Q）	5.121	数学（O）	3.918
9	农业科学（S）	4.889	工程学（T）	5.05	计算机科学（T）	3.754
10	遗传学与遗传（Q）	4	光学（O）	3.912	神经科学（R）	3.754
总计	2O、 3T、 3Q、S、P		4O、 2T、 2Q、S、P		3O、3T、Q、R、P、N	

2. 以色列、美国和中国的学科世界排名

本部分借助基本学科指标（Essential Science Indicators，简称 ESI）的学

科世界排名来判断这三个国家的优势学科。其将 SCI 和 SSCI 所收录的全球
11000 多种学术期刊分为 22 个学科门类，分别利用高影响论文（Top
Paper）①、高被引论文（Highly Cited Paper）② 和热点论文（Hot Paper）③ 对
各学科进行世界范围排序。

　　本部分于 2021 年 1 月在 ESI 数据库检索了美国、中国和以色列的 22 个
学科的世界排名。从表 3-11 可见，无论是从高影响论文、高被引论文，还
是热点论文，美国的位次均保持在世界前两名，22 个学科中有 18 个学科处
于世界第一，具有较强的学术影响力。根据高影响论文的排名情况看，中
国在农业科学、化学和工程学领域均处于世界第一，但在精神病学与心理
学、社会科学、空间科学的位次为 9 名、7 名、12 名，跌出世界前 5。而以
色列或出于人口数量原因整体位次较低，本书以以色列在 22 个学科中的排
名中位数（25 名）作为判断标准，25 名前的学科即为以色列的相对优势学
科，反之亦然。以色列相对优势学科有精神病学与心理学（14 名）、分子生
物学和遗传学（18 名）、神经科学与行为学（20 名）、生物化学与生物学
（21 名）、免疫学（21 名）、物理学（23 名）、微生物学（23 名）、数学
（24 名）和空间科学（24 名）。

表 3-11　美国、中国和以色列学科世界排名

研究方向	高影响论文排名			高被引论文排名			热点论文排名		
	美国	中国	以色列	美国	中国	以色列	美国	中国	以色列
农业科学	2	1	41	2	1	41	2	1	41
生物化学与生物学	1	2	21	1	2	21	1	2	21
化学	2	1	33	2	1	33	2	1	33
临床医学	1	4	25	1	4	25	1	4	25
计算机科学	1	2	34	2	1	34	1	2	34

① 高影响论文是指高被引论文以及发表在世界著名期刊和顶尖期刊上的论文。
② 高被引论文数据源于汤森路透编制的"基本科学指标"（ESI）。根据汤森路透公司的定义，
　　以 10 年作为统计时间段来计算所有论文被引用次数，高被引论文是指被引用次数排在各学
　　科前 1%的论文。
③ 热点论文数据也源于汤森路透编制的 ESI。根据汤森路透公司的定义，计算最近两年内发
　　表的论文在同时间段内的被引用次数，热点论文就是被引用次数排在各学科前 0.1%的
　　论文。

研究方向	高影响论文排名			高被引论文排名			热点论文排名		
	美国	中国	以色列	美国	中国	以色列	美国	中国	以色列
经济学与商学	1	4	29	1	4	29	1	4	29
工程学	2	1	39	2	1	39	2	1	39
环境科学	1	2	38	1	2	38	1	2	38
地理科学	1	2	37	1	2	37	1	2	37
免疫学	1	4	21	1	4	21	1	4	21
材料科学	2	1	30	1	2	30	1	2	30
数学	1	2	24	1	2	24	1	2	24
微生物学	1	2	23	2	3	23	1	2	23
分子生物学和遗传学	1	2	18	1	2	18	1	2	18
多学科	1	2	26	1	2	26	1	2	26
神经科学与行为学	1	5	20	1	5	20	1	5	20
药理学与毒理学	1	2	33	1	2	33	1	2	33
物理学	1	2	23	1	2	23	1	2	23
植物与动物学科	1	2	33	1	2	33	1	2	33
精神病学与心理学	1	9	14	1	9	14	1	9	14
社会科学	1	7	25	1	7	25	1	7	25
空间科学	1	12	24	1	12	24	1	12	24

3. 以色列—美国和以色列—中国的科技论文合作模式

结合表 3-9 和表 3-10 的结果，根据以色列与美国、以色列与中国论文合作的重点领域（见表 3-11），我们分析发现：以色列与美国在神经科学与行为学、生物化学与分子生物学等学科的合作均属于"强强合作"模式，因为以色列与美国在这些领域均具有较强的科研影响力；以色列与中国在数学、物理学等基础学科领域的合作为"强强合作"模式，在农业科学、工程学、材料科学等中国优势学科领域，以中合作为单方优势合作模式，即"强弱合作"模式。

（三）以色列科技论文国际合作网络及其演化

本书选择以色列相对优势和相对劣势学科为代表，深入分析其科技论文国家层面的国际合作网络及其演化。具体而言，结合以色列各学科发文数量、ESI 世界高影响力论文学科排名等指标，分别选取以色列具有代表性的相对优势领域"生物化学与分子生物学"（Biochemistry and Molecular Biology）和相对劣势领域"工程学"（Engineer）学科展开分析。

1. 以色列相对优势领域的论文国际合作网络及其演化

以色列"生物化学与分子生物学"学科是以色列 1991～2020 年发文数量最多的 WOS 类型，且其在以色列高影响论文数排名较高，是以色列国际科技合作较为有代表性的领域。

本部分利用 Web of Science 的核心合集数据库中的 SCI-Expanded 子库，以 10 年作为一个时间切片（1991～2000 年、2001～2010 年、2011～2020 年），输入指令"地址 = Israel"，选择研究方向为"Biochemistry and Molecular Biology"，文章类型为：Article 进行检索，以 Refworks 的方式导出数据，共发表 20918 篇论文，共与 137 个国家与地区建立合作关系。

本部分利用功能强大、图谱清晰易懂的 VOSviewer 分析软件对科研文献数据开展分析、挖掘和绘制图谱。为了研究以色列在合作国家的变化趋势，本文借助 VOSviewer 软件中的"国家"（Country）分析功能，分别生成 1991～2000 年、2001～2010 年、2011～2020 年国际合作网络图谱（见图 3-5、图 3-6 和图 3-7）。

国际合作网络图谱展现了以色列科技论文的国际合著呈现"极化到扩散"的发展趋势。具体表现为如下几个合作演化阶段。

合作初始阶段（1991～2000 年）：美国是以色列初期最主要的论文合著国家，同时，德国是仅次于美国的同以色列论文合著的国家，以色列的合作国家主要集中在发达的欧美国家。

合作开拓阶段（2001～2010 年）：这一阶段，以色列同主要的欧美发达国家的合作更加密切，同时也拓展了论文合作的国家，例如以色列和西班牙在生物化学和生物学领域进行了论文合著。

合作深化阶段（2011～2020 年）：以色列对外合作网络呈现多元化发展的趋势，除了与美、德、英、法、日等发达国家深化合作关系外，同时也与中国、印度等新兴发展中国家建立合作关系，对外科技合作得到进一步拓展。

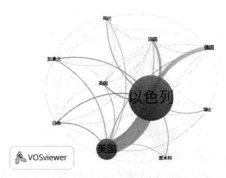

图 3-5　1991~2000 年以色列生物化学与生物学国际合作网络

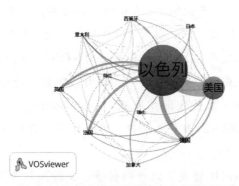

图 3-6　2001~2010 年以色列生物化学与生物学国际合作网络

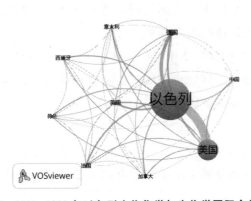

图 3-7　2011~2020 年以色列生物化学与生物学国际合作网络

2. 以色列相对弱势领域的论文国际合作网络及其演化

以色列"工程学"（Engineering）学科在 ESI 中的高影响论文数排名世界 39 名，相比于其医学、生物学等领域，世界排名较后，属于以色列的相对弱势领域。

本部分利用 Web of Science 的核心合集数据库中的 SCI-Expanded 子库，以 10 年作为一个时间切片（1991～2000 年、2001～2010 年、2011～2020 年），输入指令"地址＝Israel"，选择研究方向为"Engineering"，文章类型为：Article，进行检索，以 Refworks 的方式导出数据，共与 106 个国家建立合作关系。

与上一节的处理方式相同，本部分利用功能强大、图谱清晰易懂的 VOSviewer 分析软件中的"国家"（Country）分析功能，分别生成 1991～2000 年、2001～2010 年、2011～2020 年国家层面的国际合作网络图谱。

从图 3-8、图 3-9 和图 3-10 可见，以色列在其相对弱势领域的国际科研论文合著的发展趋势与其相对强势领域的发展趋势一致，均呈现"极化到扩散"的趋势，从以色列与美国的"一家独大"的合作模式，逐渐向多元化和分散化的合作模式演化，与德、英、法、日等国家的合作也不断深化。但以色列在其相对弱势领域的演化速度比在相对强势领域的演化速度慢。

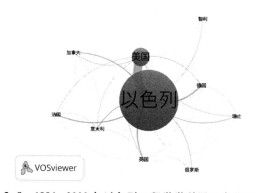

图 3-8 1991～2000 年以色列工程学学科国际合作网络

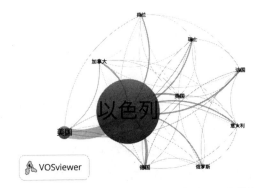

图 3-9　2001~2010 年以色列工程学学科国际合作网络

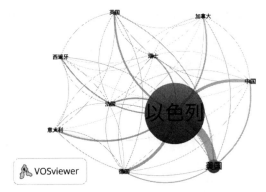

图 3-10　2011~2020 年以色列工程学学科国际合作网络

三　从专利国际合作视角探究以色列开放式国家创新体系的特征与演化

本部分主要是利用专利计量方法，从国家层面分析以色列的国际科技合作。相关专利数据主要源于 IncoPat 数据库。IncoPat 数据库收录了全球 120 个国家/组织/地区 1 亿余件专利信息。在本节的分析中，检索专利时限定类型为"申请"、申请专利的国家或地区为"WIPO"、申请人国别为"IL"（即以色列）。本书以 10 年作为一个时间切片，分别对 1991~2000 年、2001~2010 年、2011~2020 年进行高级检索，各检索出 4508 件、17472 件和 19108 件申请专利。

（一）以色列专利国际合作概况

1991～2020 年以色列专利的国际合作国家情况（见表 3-12）可知，美国一直是以色列专利合作的重要国家，其合作申请专利数量在 2001～2010 年达到峰值。尽管 2011～2020 年，两国合作申请的专利数量相比前十年有所减少，但以美两国的专利申请数量仍然远远高于同一时间段内以色列与其他国家合作申请专利的数量。可见，美国是以色列合作申请专利的主要国家。除美国外，荷兰、英国、德国、法国、瑞士、比利时、加拿大等发达国家早早与以色列建立了专利申请合作关系，且这些国家也一直是以色列合作申请专利的重点国家。

表 3-12　以色列国际专利申请的合作国家情况

单位:%

排名	1991～2000 年		2001～2010 年		2011～2020 年	
	国家	占比	国家	占比	国家	占比
1	美国	17.5	美国	20.65	美国	12.52
2	荷兰	2.88	英国	2.26	英国	0.96
3	英国	2.51	德国	0.93	德国	0.89
4	德国	1.86	荷兰	0.82	瑞士	0.73
5	法国	0.87	瑞士	0.72	中国	0.63
6	俄罗斯	0.78	法国	0.54	荷兰	0.53
7	加拿大	0.62	加拿大	0.48	西班牙	0.36
8	比利时	0.51	俄罗斯	0.43	加拿大	0.33
9	日本	0.51	英属维尔京群岛	0.43	法国	0.31
10	瑞士	0.35	中国	0.42	新加坡	0.3

注：该部分占比为该国与以色列合作申请专利数量占以色列总申请专利数量的比例。

从演化的视角出发，分析三个时间段共同申请专利数量排名前十位的国家（见图 3-11、图 3-12 和图 3-13）可知，在与以色列开展专利国际合作申请的国家中，作为发展中国家的中国与以色列之间的合作愈加紧密。

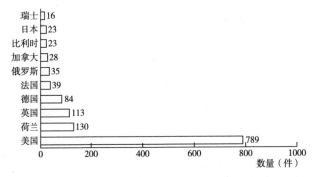

图 3-11　1991～2000 年与以色列共同申请专利数量排名前十位国家

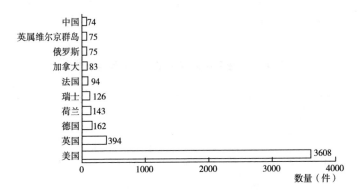

图 3-12　2001～2010 年与以色列共同申请专利数量排名前十位国家

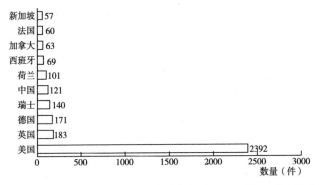

图 3-13　2011～2020 年与以色列共同申请专利数量排名前十位国家

从表 3-13 可见，中国在与以色列合作申请专利数量的国家排名中，从 1991～2000 年的第 20 名，上升到 2011～2020 年的第 5 名，中以合作申请专利数量占以色列总申请专利数量的比例不断提高。现阶段，中国已成为以色列重要的合作申请专利国家之一。此外，以色列合作申请专利的前十大国家与以色列合作申请专利的数量合计占以色列总申请专利数量的比例在降低。可能的原因是，以色列申请的专利总数量在不断提升，或者是以色列的专利合作国家越来越多，与以色列合作申请专利的国家越来越分散化。

表 3-13 以色列专利合作总体情况

	1991~2000 年	2001~2010 年	2011~2020 年
中国排名及占比	20 名（0.09%）	10 名（0.42%）	5 名（0.63%）
前十位合作国占比总和	25.97%	25.6%	15.9%

（二）以色列的国际科技合作模式

对于以色列专利的国际合作模式的分析，本书依据国际合作申请专利所属技术领域在各自合作的国家中是属于专利技术弱势领域还是专利技术强势领域来判断国际科技合作模式。例如，以色列—美国合作申请的专利技术所属的领域既是美国的强势技术领域也是以色列的强势技术领域，则将这种合作判断为"强强合作"。

为了从专利合作视角深入了解以色列的国际科技合作情况，本部分具体选取 1991~2020 年与以色列合作最为密切的美国和专利合作关系日益密切的中国作为研究对象，深入探讨以色列国际科技合作模式和演化趋势。为此，本部分首先找出以色列与美国、以色列与中国专利合作的重点技术领域，然后分别找出以色列、美国和中国各自的专利技术优势领域，最后根据上述结论综合判断其合作模式。

1. 以色列与美国、以色列与中国专利合作的重点领域

本部分的专利数据源于 IncoPat 数据库。以 10 年作为一个时间切片（1991~2000 年、2001~2010 年、2011~2020 年），类型为"申请"，申请专利的国家或地区为"WIPO"、申请人国别为"IL"和"US"（即以色列和美国）以及申请人国别为"IL"和"CN"（即以色列和中国），分别进行 6 次检索，从而获得以色列与美国、以色列与中国在专利上的合作领域情况。为更加合理地分析以色列在专利上的重点合作领域，本部分根据国际专利分类进行领域分析。国际专利分类一共八个大部（见表 3-14），一个

大写字母代表一个大部。大部下面设大类、小类、大组、小组这几个级别，本部分采用大类编号的方法，分门别类地对以美、以中的合作专利申请领域进行编号，编号结果见表3-15和表3-16。

从表3-15可见，以色列与美国合作申请专利主要集中在物理、电学、化学和冶金领域。其中物理领域最为密切的合作申请专利方向有：计算、推算或计数、测量、测试、信息储存、光学；电学领域最为密切的合作申请专利方向有：基本电气元件、电通信技术、基本电子电路；化学和冶金领域最为密切的合作申请专利方向有：有机化学、生物化学。两个国家在这些技术领域进行了长期且稳定的合作。

表3-14　国际专利分类（IPC分类）编号说明

编号	大类名称
A	人类生活必需品
B	作业、运输
C	化学、冶金
D	纺织、造纸
E	固定建筑物
F	机械工程、照明、加热、武器、爆破
G	物理
H	电学

资料来源：国际专利分类（IPC），https：//www.wipo.int/classifications/ipc/zh。

表3-15　以色列与美国合作专利申请领域及其演化

排名	1991~2000 年		2001~2010 年		2011~2020 年	
	技术领域	占比（%）	技术领域	占比（%）	技术领域	占比（%）
1	医学或兽医学；卫生学（A61）	45.5	医学或兽医学；卫生学（A61）	29.24	计算；推算或计数（G06）	32.38
2	有机化学（C07）	22.18	计算；推算或计数（G06）	21.67	医学或兽医学；卫生学（A61）	25.21

续表

排名	1991~2000 年		2001~2010 年		2011~2020 年	
	技术领域	占比（%）	技术领域	占比（%）	技术领域	占比（%）
3	生物化学；啤酒；烈性酒；果汁酒；醋，微生物学；酶学；突变或遗传工程（C12）	16.6	电通信技术（H04）	16.99	电通信技术（H04）	18.06
4	计算；推算或计数（G06）	15.46	有机化学（C07）	15.27	测量；测试（G01）	7.02
5	电通信技术（H04）	13.31	测量；测试（G01）	6.51	有机化学（C07）	5.39
6	测量；测试（G01）	12.55	生物化学；啤酒；烈性酒；果汁酒；醋，微生物学；酶学；突变或遗传工程（C12）	5.88	基本电气元件（H01）	5.23
7	农业；林业；畜牧业；狩猎；诱捕；捕鱼（A01）	6.08	基本电气元件（H01）	4.24	生物化学；啤酒；烈性酒；果汁酒；醋，微生物学；酶学；突变或遗传工程（C12）	3.6
8	基本电气元件（H01）	4.82	摄影术；电影术；利用率光波以外其他的类似技术；电记录术；全息摄影术（G03）	2.74	基本电子电路（H03）	1.88
9	信息储存（G11）	3.8	印刷；排版机；打字机；模印机（B41）	2.41	农业；林业；畜牧业；狩猎；诱捕；捕鱼（A01）	1.59
10	光学（G02）	2.53	农业；林业；畜牧业；狩猎；诱捕；捕鱼（A01）	2.36	光学（G02）	1.46
总计	2A、2C、4G、2H		2A、1B、2C、3G、2H		2A、2C、3G、3H	

从表 3-16 可见,早期,以色列与中国合作申请专利主要集中在人类生活必需品,化学、冶金这两个领域,且合作申请专利的数量较少;随着两国合作的加深,21 世纪,两国合作申请专利的主要领域扩展到了作业、运输,物理,电学领域。中国发展起步较晚,在 2001 年才加入世界贸易组织。2001 年后,不断开放的中国与以色列的国际科技合作也越来越多,这体现在:2001 年以前,中国不在以色列主要合作申请专利的国家中;2001 年后,中国成为以色列合作申请专利的主要国家之一。

表 3-16 以色列与中国合作专利申请领域及其演化

排名	1991~2000 年		2001~2010 年		2011~2020 年	
	技术领域	占比(%)	技术领域	占比(%)	技术领域	占比(%)
1	医学或兽医学;卫生学（A61）	50	计算;推算或计数（G06）	24.32	计算;推算或计数（G06）	36.36
2	有机化学（C07）	50	医学或兽医学;卫生学（A61）	17.57	电通信技术（H04）	21.49
3	生物化学;啤酒;烈性酒;果汁酒;醋、微生物学;酶学;突变或遗传工程（C12）	50	有机化学（C07）	17.57	医学或兽医学;卫生学（A61）	7.44
4	其他类不包含的食品或食料;及其处理（A23）	25	测量;测试（G01）	6.76	生物化学;啤酒;烈性酒;果汁酒;醋、微生物学;酶学;突变或遗传工程（C12）	5.79
5	家具;家庭用的物品或设备;咖啡磨;香料磨;一般吸尘器（A47）	25	基本电气元件（H01）	6.76	测量;测试（G01）	5.79
6			电通信技术（H04）	6.76	基本电气元件（H01）	4.13
7			农业;林业;畜牧业;狩猎;诱捕;捕鱼（A01）	5.41	有机化学（C07）	3.31

续表

排名	1991~2000 年		2001~2010 年		2011~2020 年	
	技术领域	占比（%）	技术领域	占比（%）	技术领域	占比（%）
8			生物化学；啤酒；烈性酒；果汁酒；醋；微生物学；酶学；突变或遗传工程（C12）	5.41	一般车辆（B60）	2.48
9			一般喷射或雾化；对表面涂覆流体的一般方法（B05）	2.7	输送；包装；贮存；搬运薄的或细丝状材料（B65）	2.48
10			输送；包装；贮存；搬运薄的或细丝状材料（B65）	2.7	鞋类（A43）	1.65
总计	3A、2C		2A、2B、2C、2G、2H		2A、2B、2C、2G、2H	

2. 以色列、美国和中国的各自专利技术的强势领域

专利被引证次数是衡量专利质量的重要指标[1]，被引证的次数越多，表明该专利的质量越高。专利被引证次数的数据源于 IncoPat 数据库。结合 IncoPat 数据库中专利被引证的次数的分类情况，本部分定义：在 IPC 分类号（大类）细分领域下，某项专利被引证的次数大于 81 次时，是高影响专利；当某项专利的被引用次数位于 41~80 时，是高被引专利；当某项专利的被引证次数位于 21~40 时，是热点专利。检索的主要字段为：申请人国别"IL"，类型为"申请"，申请国家或地区为"WIPO"；申请人国别"US"，类型为"申请"，申请国家或地区为"WIPO"；申请人国别"CN"，类型为"申请"，申请国家或地区为"WIPO"；IPC 分类号分别为表 3-15 和表 3-16 中的编号，被引证次数分别按照（［21-30］OR［31-40］）、（［41-50］OR［51-60］OR［61-70］OR［71-80］）、［81+］进行检索整理得到表 3-17。

从表 3-17 可见，无论是高影响专利数、高被引专利数还是热点专利

---

[1] 葛焱等：《全球"农业+新一代信息技术"领域专利发展态势分析》，《中国科技论坛》2022 年第 5 期。

数，美国、中国、以色列这三个国家的数据大小差异都呈现一致性。单从高影响专利来看，美国在主要合作领域的高影响专利数均远大于以色列，显然美国在主要合作技术领域的专利技术均具有强势性；在主要合作领域，中国只有有机化学（C07）、家具/家庭用的物品或设备/咖啡磨/香料磨/一般吸尘器（A47）这两个领域的高影响专利数略大于以色列，具有一定的强势性，而在其他所有的主要合作领域的高影响专利数均小于以色列，以色列在这些领域具有优势。

表 3-17　美国、中国和以色列在专利主要合作领域各自专利技术的强弱情况

申请领域	高影响专利（81+）			高被引专利（41~80）			热点专利（21~40）		
	美国	中国	以色列	美国	中国	以色列	美国	中国	以色列
医学或兽医学/卫生学（A61）	7860	80	282	15518	244	611	28698	550	1158
有机化学（C07）	4450	69	43	7996	186	108	13817	437	291
生物化学/啤酒/烈性酒/果汁酒/醋/微生物学/酶学/突变或遗传工程（C12）	2827	36	44	5062	55	100	9337	158	235
计算/推算或计数（G06）	1314	15	76	2770	31	167	6306	127	303
电通信技术（H04）	1417	52	64	3141	170	130	7326	523	253
测量/测试（G01）	1285	8	38	2938	16	96	6639	78	234
农业/林业/畜牧业/狩猎/诱捕/捕鱼（A01）	646	20	27	1253	27	33	2735	60	83
基本电气元件（H01）	511	7	19	1347	19	32	3661	93	99
信息储存（G11）	141	1	9	217	0	15	541	0	16
光学（G02）	247	1	14	607	7	31	1540	24	78
摄影术/电影术/利用率光波以外其他的类似技术/电记录术/全息摄影术（G03）	87	0	6	203	2	14	546	0	25
印刷/排版机/打字机/模印机（B41）	39	0	2	130	2	0	375	0	36
基本电子电路（H03）	71	0	0	189	2	10	474	5	9

续表

申请领域	高影响专利数（81+）			高被引专利（41~80）			热点专利（21~40）		
	美国	中国	以色列	美国	中国	以色列	美国	中国	以色列
其他类不包含的食品或食料/及其处理（A23）	132	0	6	372	6	14	1042	23	40
家具/家庭用的物品或设备/咖啡磨/香料磨/一般吸尘器（A47）	44	2	1	131	49	4	485	35	8
一般喷射或雾化/对表面涂覆流体的一般方法（B05）	66	0	2	196	0	4	624	9	12
输送/包装/贮存/搬运薄的或细丝状材料（B65）	73	1	2	317	2	9	1067	16	25
一般车辆（B60）	64	0	4	246	5	11	813	11	24

3. 以色列—美国和以色列—中国的专利合作模式

结合表 3-15 和表 3-17 可知，以色列与美国之间的专利合作大多为强强合作。例如，在医学或兽医学/卫生学（A61）、计算/推算或计数（G06）、测量/测试（G01）、电通信技术（H04）、基本电气元件（H01）这些领域，以色列与美国的高影响专利、高被引专利、热点专利数量均较高。

结合表 3-16 和表 3-17 可知，以色列与中国之间的合作大部分是强弱合作。例如，在计算/推算或计数（G06）、测量/测试（G01）、基本电气元件（H01）、光学（G02）、信息储存（G11）这些领域，以色列的高影响专利、高被引专利、热点专利数量均高于中国，表明以色列在这些领域的专利质量较高。中国与以色列在上述领域进行专利合作，有利于中国学习以色列先进的技术，不断提升自身的科技实力。

（三）以色列专利国际合作网络及其演化

专利一方面作为创新产出的重要形式之一，能衡量国家的创新能力与水平①，另一方面，专利也是能给企业带来商业价值的资产。② 而企业作为最重要的技术创新和专利申请的主体③，对企业专利合作的情况的分析能反映出国家的国际科技合作情况。因此，本部分以网站④公布的市值排名前90的以色列企业作为初始研究样本，再依据英为财情官网⑤和 Wind 数据库对公司所属行业的分类，从国家层面，以 ICT 产业、医疗设备和生物医药行业的企业的专利合作网络情况为分析对象，探讨以色列专利国际合作网络及其演化。

1. ICT 产业

ICT 产业是以色列科技创新发展中不可忽视的一个产业，并且，以色列在该产业积累了一定的技术优势。⑥ 本部分基于 Derwent 数据库，以 "Assignee 为 90 家企业中属于 ICT 产业的企业"⑦ 为检索字段进行检索，检索时间为 2022 年 11 月 18 日，入库时间设定为 1991~2020 年，并将结果以纯文本文件的格式导出。

本部分利用 VOSviewer 网络分析软件对上述以色列企业属于 ICT 产业的企业专利数据展开分析和绘制图谱。选择共同发明人作为分析类型，"Organizations" 作为分析单元，设定组织的最低专利数量为 1，手动剔除组织单位为个人的，最终得到企业间的专利合作网络图（见图 3-14）。

从图 3-14 可见，ICT 产业中企业专利一部分是以自主研发的形式申请，一部分是以合作的形式申请，如以康特有限责任公司（Camtek Ltd.）、Nova Measuring Instruments Ltd 和 Stratasys Ltd 公司为代表的合作集群。ICT 产业中企业的专利合作对象主要是以色列国内的企业、美国企业和中国企业。例如，以色列的 Check Point Software Technologies Ltd 同诺基亚美国公司（Nokia Inc.）进行了专利合作。以色列的康特有限责任公司（Camtek Ltd.）

---

① 温军、张森：《专利、技术创新与经济增长——一个综述》，《华东经济管理》2019 年第 8 期。
② 马天旗、赵星：《高价值专利内涵及受制因素探究》，《中国发明与专利》2018 年第 3 期。
③ 邢瑞淼、闫文军、张亚峰：《中国专利政策的演进研究》，《科学学研究》2021 年第 2 期。
④ https://companiesmarketcap.com/israel/largest-companies-in-israel-by-market-cap/.
⑤ https://cn.investing.com/.
⑥ 朱兆一、李沛、段云鹏：《碳中和目标下以色列绿色经济发展的实践经验及其对中国的启示》，《国际贸易》2022 年第 2 期。
⑦ 本部分涉及的企业所属的行业具体指软件行业、互联网行业、半导体与半导体设备、通信设备、电信服务、电子设备、信息技术服务。

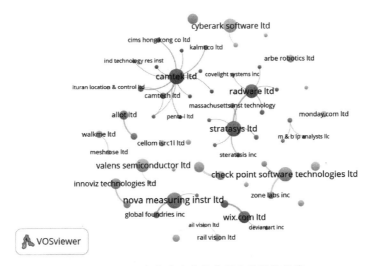

图 3-14 ICT 产业中企业的专利合作网络示意

和中国的康代影像技术方案香港有限公司（Cims Hong Kong Co Ltd.）进行
了专利合作。

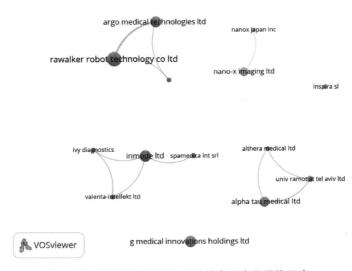

图 3-15 医疗设备行业中企业的专利合作网络示意

2. 医疗设备行业

以色列在医疗设备领域是公认的引领者，共有 725 家医疗设备公司，是全球第二大医疗设备供应国。① 同时，在市值排名前 90 的企业中共有 6 家企业属于医疗设备行业，也表明以色列的医疗设备行业发展前景向好。本部分基于 Derwent 数据库，以"Assignee 为 90 家企业中属于医疗设备行业的企业"为检索字段进行检索，检索时间为 2022 年 11 月 18 日，入库时间设定为 1991~2020 年，并将结果以纯文本文件的格式导出。

选择共同发明人作为分析类型，"Organizations"作为分析单元，设定组织的最低专利数量为 1，手动剔除组织单位为个人的，最终得到企业间的专利合作网络图（见图 3-15）。

从图 3-15 可见，医疗设备行业中企业的专利大多数是以合作的形式申请，其中以 Alpha Tau Medical Ltd.、InMode Ltd.、Rewalk Robot Technology Co Ltd. 为核心的合作集群较大，表明这些企业同其他企业的技术交流和专利合作较多。专利合作对象主要是以色列本国内的企业和日本的企业，例如以色列的 Nano-X Imaging Ltd. 同日本的 Nano-X Japan Inc. 进行了专利合作。

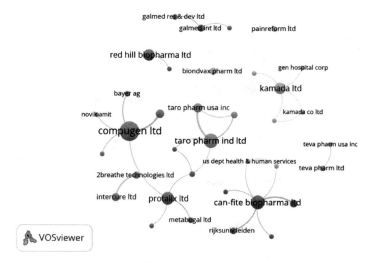

图 3-16　生物医药行业中企业的专利合作网络示意

① 《以色列突出的五大杰出成就》，百度网，https：//baijiahao. baidu. com/s？id＝1691917155758000484&wfr＝spider&for＝pc。

3. 生物医药行业

以色列已经成为药物开发的重点国家。[①] 2020 年以色列生命科学产业报告显示，2020 年以色列约有 1750 家生命科学公司，其科研实力不容小觑。本部分基于 Derwent 数据库，以"Assignee 为 90 家企业中属于生物医药行业的企业"为检索字段进行检索，检索时间为 2022 年 11 月 18 日，入库时间设定为 1991～2020 年，并将结果以纯文本文件的格式导出。

本部分利用 VOSviewer 网络分析软件对上述以色列企业中属于生物医药行业的企业专利数据展开分析和绘制图谱。选择共同发明人作为分析类型，"Organizations"作为分析单元，设定组织的最低专利数量为 1，手动剔除组织单位为个人的，最终得到企业间的专利合作网络图（见图 3-16），其中包含 12 个集群、31 个连接，总连接强度为 60。

从图 3-16 可见，生物医药行业中企业的专利大多数是以合作的形式申请，其中以塔罗制药工业（Taro Pharmaceutical Industries Ltd）、Compugen 医疗有限公司（Compugen Ltd.）、灿菲特生物制药（Can-Fite BioPharma Ltd.）为核心的合作集群较大，表明这些企业同其他企业的技术交流和专利合作较多。其中专利合作对象主要是以色列国内企业、美国企业和德国企业，一方面表明美国是以色列生物医药行业不可或缺的合作伙伴国家，另一方面，也意味着美国在生物医药研发领域具有较高的科技水平。例如，以色列的 Taro Pharm Ind Ltd. 同美国的 Taro Pharm Usa Inc. 进行了专利合作。

结合图 3-14、图 3-15 和图 3-16 来看，以色列的医疗设备和生物医药行业相对于 ICT 产业来说专利合作情况更加常见。总体来看，这三大领域中企业的专利合作都存在跨国合作的情况，其中合作的国家主要是美国、中国、日本和德国等科技大国。

---

① 张黎、杨立秋：《解码以色列生物医药行业快速发展之谜》，《精细与专用化学品》2015 年第 3 期。

第四章　以色列和中国的科研教育体系比较研究

科研教育体系是开放式国家创新系统的重要组成部分。国家科研教育体系包括研究与开发机构、以高等学校为代表的教育机构和数量众多的企业，其核心是促进相关主体进行知识创造和交流。为了对以色列开放式国家创新体系展开跨国比较，本章将从科研教育体系的构成主体、科研人员、科研经费以及科研成果这四大方面对以色列和中国的科研教育体系展开比较研究。

一　构成主体对比

研究与开发机构、以高等学校为代表的教育机构和企业这三大主体构成了一国的科研教育体系。研究与开发机构服从政府宏观科技管理政策的指导，践行国家发展战略，发挥公共科技服务的作用；高等学校不仅积极开展基础的科学研究，还为社会发展提供源源不断的人才，通过产学合作推进知识转化；企业在盈利和生存的推动下，通过与大学、科研院所的积极合作，在高新技术研发活动中发挥着主要作用。每个主体在科研教育体系中都是不可或缺的，他们承担起各自的责任，发挥各自的优势，相互交流与合作，以保证国家创新体系的正常运作。

（一）研究与开发机构的对比

这里的研究与开发机构具体指政府财政支持的、带有为公共利益服务性质的科研机构。研究与开发机构是整个科研教育体系基础知识的创造、积累、发展的重要源泉。① 它致力于基础知识的研究与应用，同时也培养创新型人才。这类机构在提升创新水平方面发挥着长期的基础作用。

---

① 侯伟强：《科研体系与科技创新》，《科技管理研究》2014 年第 5 期。

1. 以色列的研究与开发机构

以色列的研究与开发机构作为国家创新体系的关键主体，是知识创造与技术创新的重要源泉。以色列科研机构主要有政府直属科研机构、高校科研机构和其他科研机构三大类。现阶段，以色列的研究与开发机构涉足农业、海洋、物理和生物等多个领域，以政府直属的科研机构为代表，共同攻关重大科研项目。以色列的研究与开发机构在以色列创新驱动型经济发展模式下扮演着重要角色。

以色列研究与开发机构的典型代表是魏兹曼科学研究院（The Weizmann Institute of Science）。魏兹曼科学研究院于 1934 年在雷霍沃特建立。魏兹曼科学研究院拥有 5 大学院，分别颁授生物化学、生物学、化学、物理学和数学与计算机科学，以及一些跨学科课程的理学硕士及哲学博士学位，下设学院与研究方向（见图 4-1）。2011 年，该研究所被 *The Scientist* 杂志评为非美国院校中学术界最佳工作地方。[①]

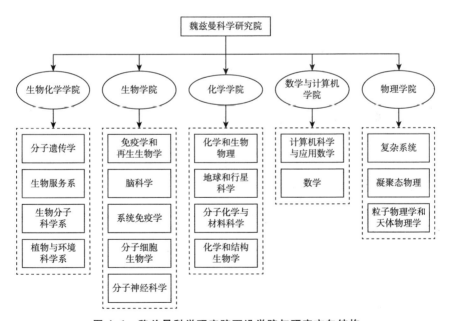

图 4-1　魏兹曼科学研究院下设学院与研究方向结构

---

① 参见魏兹曼科学研究院官网，http://www.weiziman.ac.il/。

此外，以色列魏兹曼科学研究院设魏兹曼科学工业园和耶达研究院，大学与企业紧密互通，形成了独具一格的"产—学"合作机制，为高校人才提供了专门的输出渠道，实现了专业的对口衔接。

2. 中国的研究与开发机构

中国科研院所是对实施科学研究的研究院和研究所的统称，是国家培养高层次科技人才、促进高科技产业发展的基石。根据中华人民共和国科技部公布的名单，中国现有科研院所可分为中央级科研院所、国家级科研院所和重点科研院所三大类，分别以政府、高校和企业为承载主体设立。例如中国科学院、中国农业科学院、中国中医科学院、中国林业科学院、中国安全生产科学研究院之下所设立的研究中心或研究所。以及国家卫生健康委员会、民政部、交通运输部、农业农村部等众多政府直属的大型综合性科研机构。

中国研究与开发机构的典型代表是中国科学院（Chinese Academy of Sciences，简称"中科院"）。中科院成立于1949年11月，为中国自然科学最高学术机构、科学技术最高咨询机构、自然科学与高技术综合研究发展中心。根据2021年11月中国科学院官网可知，全院共设立了100多家科研院所，130多个国家级重点实验室和工程中心，20个国家科技资源共享服务平台，承担30余项国家重大科技基础设施的建设与运行，正式职工6.9万余人，在校研究生7.9万余人；建成了完整的自然科学学科体系，物理、化学、材料科学、数学、环境与生态学、地球科学等学科已具备进入世界第一方阵的良好态势。[1] 在解决关系国家长远发展的重大问题上，中科院已成为不可替代的国家战略科技力量。

根据中国科学院官网的组织结构图（见图4-2），中科院主要分成了院属机构、科研业务部门、综合职能部门以及学部这4个大类。中国科学院涉及的单位和部门较多，涉及学科范围较广。这些部门既存在分工又存在合作，共同助力中国科学院科研水平的提高，进而促进整个国家科研水平的提高。

---

① 参见中国科学院官网，https：//www.cas.cn/。

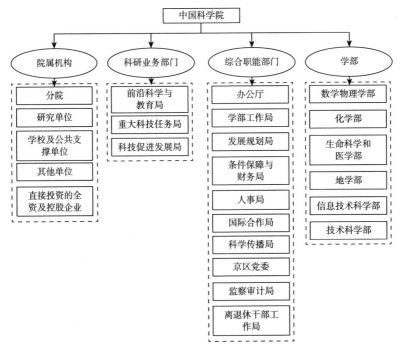

图 4-2 中国科学院组织结构

资料来源：参见《组织机构图》，中国科学院网站，https：//www.cas.cn/jzzky/zzjg/。

（二）以高等学校为代表的教育机构的对比

作为与研究与开发机构共同提供科学研究的主体之一，高等学校在整个科研教育体系中不可或缺。高等学校不仅承担了公共基础研究的任务，还承担了培养科研创新的各类专业人才的任务，为社会发展提供源源不断的后备军。[①]

1. 以色列的教育机构

知识型人才资本是关系国家科技和经济发展的重要资源，教育工作和人才培养是促进创新发展的重要途径。[②] 教育机构作为以色列人才培养的主要载体，优质的高等教育机构成为孕育人才的核心。据以色列高等教

---

① 侯伟强：《科研体系与科技创新》，《科技管理研究》2014年第5期。
② 张倩红、刘洪洁：《国家创新体系：以色列经验及其对中国的启示》，《西亚非洲》2017年第3期。

育委员会官方披露，2022~2023 年，以色列共拥有 58 所高等教育机构，包括 26 所学院、10 所大学（其中包括 1 所开放大学）和 22 所教育师范学院。

目前以色列的高等学校①包括希伯来大学、以色列理工学院、魏兹曼科学研究院、巴伊兰大学、特拉维夫大学、海法大学和本-古里安大学。

希伯来大学（The Hebrew University of Jerusalem）于 1918 年筹建，1925 年建成。该大学目前设有文学院、社会科学院、理学院、农学院、医学系、牙医学院和法学院等，开设的学科覆盖艺术史到动物学的几乎所有学术领域。②

以色列理工学院（Technion-Israel Institute of Technology）为以色列海法市的一所公立大学。学校于 1912 年开始建造，1924 年开始招生。理工科、建筑和医学是该校重点专业。以色列理工学院培养的毕业生发明了许多世界"第一"，包括无线微处理器、胶囊内视镜、世界最大反渗透海水淡化厂、可嗅出疾病的纳米技术"鼻子"、仿生机器腿等。谷歌、雅虎、英特尔和 IBM 等国际大公司为了聘请到以色列理工学院培养出来的科学家，都在海法设立了研发中心。③

特拉维夫大学（Tel-Aviv University）于 1956 年由特拉维夫法经学院、自然科学院、犹太研究中心有关专业合并创建而成。发展至今已成为以色列规模最大的大学，学科数目众多，给予基础和应用科学研究高度的重视。该大学还拥有专门的研究所，主要从事医疗保健系统管理、技术预测和能源研究等。④

海法大学（University of Haifa）建于 1963 年，是以色列北部地区高等教育的中心。现有 1300 多名教职员工和 1.8 万名学生。该大学为进一步推动跨学科研究设立了跨系中心和研究所。此外，海法大学还设立了专门研究基布兹（集体农场）的机构。⑤

---

① 这里所提到的以色列的高等学校主要是指研究型大学。
② 刘素莉、莫亮达：《谁来资助你的留学计划？——留学以色列之奖学金篇》，《求学》2014 年第 16 期。
③ 参见以色列理工学院官网，http：//www1. technion. ae. il/en。
④ 参见特拉维夫大学官网，http：//english. tau. ac. il/。
⑤ 参见海法大学官网，http：//www. haifa. ac. il/index_ eng. html。

本-古里安大学（Ben-Gurion University of the Negev）于1967年建立，地点位于贝尔谢巴，其服务对象主要是以色列南部地区的居民，其推动了沙漠地区的科学发展。该校的医学院在全国率先建立起面向社区的医疗卫生事业。[①]

巴伊兰大学（Bar-Ilan University）于1955年在拉马特甘建立，其独特的综合教学特色在以色列高等教育学校中独树一帜。其教学特色体现在它结合了犹太遗产的强化课程和普通教育，结合了传统和现代技术。此外，巴伊兰大学还设立了医用化学、数学、物理学、经济学、犹太教律法等研究所。[②]

高等学校是推动以色列科技发展的主力军。高等学校重视基础理论的研究，近年来也开始重视面向应用的技术研发工作。以色列的高等学校都成立了研究开发领导机构，并设有研究管理办公室来帮助教师申请科研基金。以色列的研究型大学除完成教学和科研任务外，还充分发挥社会服务功能，积极参与到社会活动中（如土地垦殖活动等）。为移民运动和以色列建国提供文化支持；承揽军工科技研究，为民族和国家军事安全提供保障。

除了高等教育之外，以色列还建立起了学前教育、中小学教育、成人教育、移民教育等各类教育机构。值得注意的是，犹太复国主义教育和国防教育是贯穿以色列各层次教育的两大主题。[③]

2. 中国的教育机构

根据2019年中华人民共和国教育部公布的普通高等学校的名单[④]，按照承办大学的属性可将中国的大学分为四类，分别为公立、民办、中外合作办学、内地与港澳台地区合作办学。

从表4-1可见，中国的高等学校共有2688所，其中公立大学有1920所，所占比重为71.43%；民办大学有756所，所占比重为28.13%；中外合作办学大学有10所，所占比重为0.37%；内地与港澳台地区合作办学大学

---

① 参见本-古里安大学官网，http：//in. bgu. ac. il/en/Pages/default. aspx。
② 参见巴伊兰大学官网，http：//www1. biu. ac. il/indexE. php。
③ 陈腾华：《为了一个民族的中兴：以色列教育概览》，华东师范大学出版社，2005。
④ 参见《2019年全国高等学校名单》，中国教育部网站，http：//www. moe. gov. cn/jyb_ xxgk/s5743/s5744/A03/201906/t20190617_ 386200. html。

有 2 所，所占比重为 0.07%。因此，中国的绝大多数高等学校都属于公办类型，表明中国政府十分重视教育事业的发展。中外合作办学大学和内地与港澳台地区合作办学大学的数量很少，说明中国的高等教育仍然是以中国内地的大学为主。

表 4-1 中国的普通高等教育机构的基本情况

单位：所

分类标准	数量	代表性大学
公立	1920	清华大学，北京大学
民办	756	北京城市学院，首都师范大学科德学院
中外合作办学	10	西交利物浦大学，广东以色列理工学院
内地与港澳台地区合作办学	2	北京师范大学-香港浸会大学联合国际学院，香港中文大学（深圳）

除高等教育之外，中国也已建成涵盖学前教育、中小学教育、成人教育等各阶段完备的教育体系。上述各类教育机构在中国国家创新体系中发挥着人才培养和知识传播的重要作用。

（三）企业情况的对比

从科研教育体系视角来看企业，重点在于企业的研发部门（或研发中心）。与高等学校、研究与开发机构主要致力于探索和发现新知识和新规律不同，企业更注重产品创新和工艺流程创新，旨在将新技术使用到生产环节，发挥创新的经济价值。[1] 为通过技术创新提高其核心竞争力以及获取更多的利润，企业常常会成立专门的研发中心，其研发中心的主要任务是研究开发新产品，其目的是顺应市场新需求，通过技术应用创新形成产品竞争力。一些科技类企业在选址时，往往选在高校及科研机构附近，以期充分实现企业与高校及科研机构之间的创新资源共享，从而增强创新能力。

1. 以色列的企业

企业是以色列产学研体系中的关键主体之一，企业的发展对科研创新成果的转化起着重要作用。以色列的大型企业为更好地促进其发展设立了

---

① 侯伟强：《科研体系与科技创新》，《科技管理研究》2014 年第 5 期。

研究与开发机构,在以色列的创新发展中扮演着重要的角色。[1] 例如,以色列耐特费姆公司对农业科研进行投资并获取了相关的知识产权。其研究领域主要集中在农药、化肥、种子、灌溉设备等方面。由此可见,以色列的企业将生产活动同科学研究紧密结合,这一做法激励企业充分发挥创新能动性,促进以色列科技水平的提高。

尤其值得关注的是,在特定领域内相互联系、在地理位置上相对集中而形成的企业与机构之间相互协助的企业集群,可以帮助企业提高创新能力。[2] 在企业集群中,大学和科研机构与企业之间的资源共享、知识外溢、技术转移等创新资源分享影响着集群的整体创新能力。

以色列的大学和科研机构具有基础设施完备、技术转移机制健全等优势,再加上其自身较强的技术创新能力,吸引了一大批中小企业,形成大学科技园。而相近领域的企业为了方便交流与合作,聚集在一起形成企业集群。在集群中,企业通过与大学及科研机构之间的合作,有机会将科研创新成果进行试验、开发、应用、推广以形成新产品、新技术等,最终实现企业对大学和科研机构创新成果的商业化发展。同时,大学、科研机构与企业之间相互联系也有助于企业了解学术界的最新技术趋势和研究前沿,紧跟技术发展的步伐。最后,企业集群内的大学及科研机构的毕业生可以在科技园中选择合适的企业就业或者在科技园中开办企业,这将进一步密切大学、科研机构和企业之间的联系与交流。

在以色列,企业集群的形成,除了受大学及科研机构的影响外,还受跨国公司入驻、风险投资机构发展、政府政策的影响。在这些因素的作用下,近几年以色列的新创企业数量平均在 50000 家以上。[3] 现阶段,以色列已形成了多个产业集群,如特拉维夫集群、耶路撒冷集群、海法集群、赫兹利亚集群、雷霍沃特集群、贝尔谢巴集群(见表4-2),涵盖27个各行各业的创新高科技园。[4] 世界知识产权组织公布的《2021年全球创新指数报

① 潘光、汪舒明:《以色列:一个国家的创新成功之路》,上海交通大学出版社,2018。

② 王山等:《众创背景下企业集群创新的案例研究——以荣事达集团为例》,《管理学报》2019年第5期。

③ 以色列中央统计局官网,https://www.cbs.gov.il/he/pages/default.aspx。

④ 张倩红、刘洪洁:《国家创新体系:以色列经验及其对中国的启示》,《西亚非洲》2017年第3期。

告》显示，全球排名前 100 位的科技集群中，以色列的"特拉维夫-耶路撒冷"集群排名第 27 位，人均（每百万人）PCT 申请量为 1130 件，人均（每百万人）科学出版物为 4980 篇。

表 4-2　以色列主要的技术集群区

集群名称	大学及科研机构	主要企业
特拉维夫集群	特拉维夫大学，巴伊兰大学，拉帕波特家族医学研究所	谷歌、Facebook 等国际企业分支机构；Amdocs、耐斯系统等公司
耶路撒冷集群	希伯来大学，耶路撒冷技术学院	IBM、亮源能源设备跨国企业的分支机构，NDS 条件接收系统公司和众多初创企业
海法集群	以色列理工学院，海法大学	英特尔、谷歌、雅虎、NDS 集团等跨国企业的研发中心；Lumenis、美满技术等企业
赫兹利亚集群	赫兹利亚跨学科研究中心	苹果、西门子、微软等跨国企业；Verint、Matrix 等科技公司
雷霍沃特集群	魏兹曼科学研究院	D-Pharm、Collplant 等公司
贝尔谢巴集群	本-古里安大学，索罗卡医疗中心	德国电信、甲骨文、奥科语音等企业

资料来源：〔以色列〕莱昂内尔·弗里德费尔德、马飞聂：《以色列与中国：从丝绸之路到创新高速》，彭德智译，人民出版社，2016，第 105~107 页。

2. 中国的企业

在中国，科技工业园区包括高新技术开发区、经济技术开发区、特色工业园区、自主创新示范区、大学科技园、科技城等。前瞻产业研究院发布的数据显示，截至 2021 年末，中国国家高新技术产业开发区总数达 168个，国家级经济技术开发区的数量达 230 个，分布在 31 个省份。[①] 世界知识产权组织公布的《2021 年全球创新指数报告》显示，2021 年，全球排名前 100 位的科技集群中，中国大陆共有 18 个集群上榜（见表 4-3）。除北京外，这 18 个集群的人均（每百万人）PCT 申请量均低于以色列的"特拉维夫-耶路撒冷"集群。在实现创新驱动发展战略的背景下，提高集群的创新能力对中国高新科技产业的发展具有重要作用。

① 《2022 年中国科技工业园区市场现状及发展趋势分析 高端化、多功能化、特色化发展》，前瞻经济学人网站，https://www.qianzhan.com/analyst/detail/220/220209-c1a57030.html。

表4-3　2021年中国大陆集群排名情况

集群名称	排名	人均（每百万人）PCT申请量	人均（每百万人）科学出版物	大学及科研机构	主要企业
北京	2	1442	13441	北京大学，清华大学，中国人民大学，北京交通大学，中国科学院，等等	首钢集团、中国石化集团、国家电网等企业；施耐德电气（中国）软件研发中心等
上海	8	595	5388	复旦大学，同济大学，上海交通大学，华东理工大学，等等	上汽集团、绿地控股等企业；雅诗兰黛全球研发中心、凯米拉亚太区研发中心等机构
南京	18	320	13467	南京大学，东南大学，南京航天航空大学，南京理工大学，等等	苏宁总部、华为南京研究所、中兴、中国移动江苏运营中心、字节跳动等企业；微软、IBM、甲骨文等外国企业
杭州	21	907	7524	浙江大学，浙江工业大学，杭州电子科技大学，等等	阿里巴巴、网易、吉利控股等企业；华为杭州研究所等机构
武汉	25	317	8991	武汉大学，华中科技大学，中国地质大学，武汉理工大学，华中农业大学，等等	东风汽车公司、武汉钢铁（集团）公司等企业；中冶集团武汉勘察研究院、中国船舶重工集团公司第719研究所等研究机构
西安	33	152	11490	西安交通大学，西安电子科技大学，西北工业大学，西北大学，西北农林科技大学，等等	陕汽集团、华润万家等企业；西安机电信息技术研究所、陕西应用物理化学研究所、西安空间无线电技术研究所等研究机构
成都	39	165	5812	四川大学，电子科技大学，西南财经大学，西南交通大学，四川农业大学，等等	新希望集团有限公司、戴尔（成都）有限公司、成都建工集团有限公司等企业；中国电建集团成都勘测设计研究院有限公司、中国电子科技集团公司第三十研究所等研究机构

续表

集群名称	排名	人均（每百万人）PCT申请量	人均（每百万人）科学出版物	大学及科研机构	主要企业
天津	52	110	6018	天津大学，南开大学，天津工业大学，天津科技大学，中国民航大学，等等	紫光、联想云、猫眼天津、bilibili 影业（天津）等企业；国家超级计算天津中心、清华大学高端智能装备研究院等研究机构
青岛	53	691	6541	中国海洋大学，山东科技大学，中国石油大学，青岛科技大学，等等	海尔集团、青岛啤酒等企业；中国电子科技集团公司第四十一研究所青岛分部、中车青岛四方车辆研究所有限公司等研发机构
长沙	59	158	11127	湖南大学，中南大学，长沙理工大学，湖南农业大学，等等	腾讯云、芒果TV、中联重科等企业；中机国际工程设计研究院有限责任公司等研究机构
苏州	63	594	2771	苏州大学，苏州科技大学，等等	中新集团、苏州三星电子电脑有限公司、德国西门子集团等企业
重庆	69	166	6098	重庆大学，西南大学，西南政法大学，重庆工商大学，重庆医科大学，等等	龙湖集团、隆鑫控股、智飞生物等企业
合肥	73	171	7776	中国科学技术大学，安徽大学，合肥工业大学，等等	佳通轮胎、德国马牌轮胎、泰国正大饲料、美国 3M 等企业
哈尔滨	75	41	8451	黑龙江大学，哈尔滨工业大学，哈尔滨理工大学，等等	哈尔滨飞机制造公司、哈尔滨轴承厂、哈尔滨汽轮机厂等企业
济南	76	205	8349	山东大学，济南大学，山东建筑大学，等等	华电国际、中国重汽、华明装备等企业

集群名称	排名	人均（每百万人）PCT申请量	人均（每百万人）科学出版物	大学及科研机构	主要企业
长春	81	70	9587	吉林大学，长春理工大学，长春工业大学，等等	一汽集团、欧亚集团、亚泰集团等企业
沈阳	90	81	5042	辽宁大学，沈阳工业大学，沈阳理工大学，等等	沈阳机床集团、沈阳飞机工业集团、沈阳黎明航空发动机等企业
大连	97	203	6895	大连理工大学，大连交通大学，大连海洋大学，等等	大商集团、恒力石化大连炼化、福佳集团、中石油大连石化分公司等企业

资料来源：世界知识产权组织：《2021年全球创新指数报告》。

（四）以色列和中国的科研教育体系构成主体的异同

以色列科研教育体系主要由研究与开发机构、以高等学校为代表的教育机构和企业这三大主体构成。其中，研究与开发机构的典型代表是以色列魏兹曼科学研究院，该科研机构共设立5大学院，18个部门，250个实验室，并且每个部门都提出对应的专项计划。高等学校以7所研究型大学为代表，分别是希伯来大学、以色列理工学院、魏兹曼科学研究院、特拉维夫大学、海法大学、本-古里安大学、巴伊兰大学。企业在促进科技成果的转化和应用过程中发挥着重要作用。以色列的这三大主体构成了以色列的科研教育体系，为以色列的科技创新事业提供源源不断的人才、资金等相关资源，有助于提高以色列整体的科技创新水平。

综合以色列和中国科研教育体系的构成主体来看，两国科研教育体系的主体基本一致。从高等学校这一主体的数量来看，以色列仅有7所高等学校，而中国有2688所高等学校。虽然以色列高等学校的数量远少于中国，但是根据世界经济论坛（WEF）全球竞争力报告（见表4-4）的数据，以色列的创新和成熟度因素整体表现优于中国，以色列的百万人口的专利数量远超过中国，以色列的每百万人口有更多的创新成果产出；从典型的研究与开发机构来看，以色列魏兹曼科学研究院在科学研究和科技成果的转移方面具有重要影响力，中国最为典型的研究与开发机构是中国科学院，中国科学院相比于以色列魏兹曼科学研究院组织规模更庞大，涉及更多的分部和院部；从两国的初等和中等教育情况来看，以色列的移民教育是其一大特色。同时，以色列相比中国更加注重国防教育，其可能的原因是它面临着更加复杂的外部环境。

表 4-4　以色列和中国在 WEF 全球竞争力报告中的创新和成熟度因素相关情况

指标名称	2016~2017 年		2017~2018 年	
	以色列	中国	以色列	中国
创新和成熟度因素整体表现	5.41	4.22	5.53	4.33
企业成熟度支柱指标	5.10	4.41	5.26	4.51
集群发展	4.23	4.66	4.42	4.58
创新支柱指标	5.73	4.04	5.80	4.14
创新能力	5.87	4.38	5.94	4.46
科研机构的水平	6.21	4.48	6.31	4.63
企业研发投资水平	5.69	4.44	5.79	4.55
产学研合作	5.60	4.32	5.68	4.39
国家对高新产品的购买	4.44	4.43	4.44	4.53
科学家与工程师人才	5.30	4.68	5.34	4.68
专利权，申请/百万人口	246.56	15.25	247.08	17.69

资料来源：世界经济论坛官网，https：//www.weforum.org/。

二　科研人员对比

科研人员是科研体系建设的核心。本节从科研人员的角度出发来展示以色列和中国科研教育体系的发展情况，选取 2016~2020 年《中国科技统计年鉴》[①] 以及以色列中央统计局[②]的研发人员数据，形成以色列和中国研发人员数量对比表（见表 4-5）和研发人员人口密度对比图（见图 4-3）。

本书选择 2016~2020 年这一时间段的原因是，2016 年以色列国家科技

---

① 参见中国经济社会大数据研究平台，https：//data.cnki.net/Yearbook。

② 参见以色列中央统计局网站，https：//www.cbs.gov.il/he/Pages/search/yearly.aspx。

与创新总局得以建立，出台了一系列包括孵化激励计划、磁石计划等在内的各种创新政策，使得以色列的科研教育体系得到进一步完善;① 与此同时，中国出台了一系列政策和措施，逐步推进科技发展战略的实施，科研人员的数量也得到大幅度提升。

从表 4-5 可见，以色列和中国的研发人数总量都呈现不断增长的趋势。中国的研发人数总量大约是以色列研发总人数的 20 倍。因为两国人口基数有较大差异，中国的总人口大约是以色列总人口的 150 倍，我们需要结合研发人员人口密度来分析两国研发人员的数量特征。结合图 4-3 可知，以色列的研发人员约占总人口的 3.67%，中国的研发人员约占总人口的 0.47%，说明以色列参与研发工作的人口密度相对更大。从研发人员总量的增速来看，以色列研发人员总量的增速总体呈上升趋势，中国研发人员总量的增速略微波动，但总体比较平稳。从研发人员总量的平均增速来看，以色列的平均增速为 2.92%，中国的平均增速为 6.69%，表明中国研发人员的平均增速要比以色列研发人员的平均增速更快。其中，两国研发人员总量增长最快的年份都是 2019 年，以色列研发人员总量增速在该年达到 7.92%，中国研发人员总量增速在该年达到 8.49%。该现象出现的原因可能是，2019 年第二季度以色列科技公司融资 23.2 亿美元，科技投资同比增长 44%，创历史新高;② 同年中国的新兴产业得到不断壮大，出现了大众创业万众创新的新局面，企业数量日均净增 1 万户以上。③

表 4-5　以中研发人员数量对比

年份	以色列			中国		
	研发总人数（人）	总人口（人）	增速（%）	研发总人数（人）	总人口（人）	增速（%）
2016	297170	8546000	—	5830741	1392320000	—
2017	302729	8713300	1.87	6213627	1400110000	6.57

---

① 张倩红、刘洪洁：《国家创新体系：以色列经验及其对中国的启示》，《西亚非洲》2017 年第 3 期。

② 《2019 年 Q2 以色列科技投资同比增长 44%，创历史新高》，思达派，http://www.startup-partner.com/12010.html。

③ 《第十三届全国人民代表大会第三次会议关于政府工作报告的决议》，中国政府网，http://www.gov.cn/xinwen/2020-05/28/content_5515748.htm。

续表

年份	以色列			中国		
	研发总人数（人）	总人口（人）	增速（%）	研发总人数（人）	总人口（人）	增速（%）
2018	321395	8882800	6.17	6571372	1405410000	5.76
2019	346856	9054000	7.92	7129256	1410080000	8.49
2020	359799	9216900	3.73	7552986	1412120000	5.94
平均	325590	8882600	2.92	6659596	1404008000	6.69

资料来源：以色列中央统计局的年度统计摘要和《中国科技统计年鉴》。

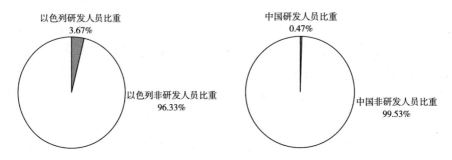

图 4-3   以色列和中国研发人员占总人口比重

注：图中数据根据表 4-5 中的平均值计算得出。

总而言之，两国研发人员的情况体现了以色列和中国研发人员数量总体呈现增长的趋势，说明两国愈加重视发展科研，都将科技创新摆在推动国家发展的重要位置。

三　科研经费对比

科研活动是一个长期并且耗费资金的过程。因此，研发支出对推动科学技术的创新尤为重要。本节根据以色列中央统计局[①]和《中国科技经费投入统计公报》[②] 中 2005~2019 年的相关数据绘制了以色列和中国人均研发支出以及研发强度情况表（见表 4-6）。可见，以色列和中国的研发支出都呈现逐年上升的趋势，表明两国对创新的重视程度日益提升；从两国人均研

---

① 参见以色列中央统计局网站，https：//www.cbs.gov.il/he/Pages/search/yearly.aspx。
② 参见国家统计局网站，http：//www.stats.gov.cn/tjsj/tjgb/rdpcgb/。

发支出的增长速度来看，中国的研发支出增速相比于以色列增速更快，说明中国对创新活动发展的投入力度更大。

研发强度是衡量一个国家研发水平的重要指标。根据联合国教科文组织的统计数据，研发强度的世界均值一般在 2% 左右。[1] 从表 4-6 可见，2005~2019 年，以色列研发强度至少为世界平均水平的两倍，体现出以色列高度重视科学研究事业。而在 2005~2012 年，中国的研发强度均低于世界平均水平，表明当时中国的科研投入水平在国际上处于较低水平。但是自 2013 年之后（含 2013 年），中国的研发强度已追赶上世界平均水平。从研发强度变动的趋势来看，两国的研发强度都呈稳中上升的趋势，但中国的研发强度增幅更大，其原因是中国初始研发水平较低，具有更大的增长空间。

表 4-6 以色列和中国人均研发支出以及研发强度情况

年份	以色列			中国		
	人均研发支出（美元）	增速（%）	研发强度（%）	人均研发支出（元）	增速（%）	研发强度（%）
2005	1175	—	4.40	180000	—	1.34
2006	1101	-6.30	4.50	200000	11.11	1.42
2007	1259	14.35	4.80	214000	7.00	1.49
2008	1292	2.62	4.70	235000	9.81	1.54
2009	1222	-5.42	4.50	254000	8.09	1.70
2010	1153	-5.65	4.30	277000	9.06	1.76
2011	1175	1.91	4.00	301000	8.66	1.84
2012	1303	10.89	4.20	317000	5.32	1.98
2013	1335	2.46	4.10	335000	5.68	2.08
2014	1453	8.84	4.30	351000	4.78	2.05
2015	1559	7.30	4.30	377000	7.41	2.07
2016	1645	5.52	4.40	404000	7.16	2.11
2017	1873	13.86	4.80	436000	7.92	2.13
2018	1951	4.16	4.80	449000	2.98	2.19
2019	2174	11.43	5.20	461000	2.67	2.23
平均	1444.67	4.71	4.49	319400	6.97	1.86

资料来源：以色列中央统计局和《中国科技经费投入统计公报》。

---

[1] 李晔梦：《以色列科研管理体系的演变及其特征》，《阿拉伯世界研究》2021 年第 4 期。

为了更好地了解以色列和中国研发支出的结构,我们依据科研体系的主要构成主体进行进一步的结构分析。以色列和中国的创新活动都是由研究与开发机构、高等学校以及企业这三大主体主导推进的,本节根据以色列中央统计局[①]和《中国科技统计年鉴》[②]的相关数据得到两国三大主体的研发支出比重情况。[③]

从表4-7可见,三大主体的研发支出比重在各个年份中的大小排序都是稳定的。其中,企业研发支出占比在两国都是三大主体中最高的,说明企业在推动创新发展中发挥着最主要的作用。而以色列企业的研发支出占比的平均水平高于中国企业,反映出以色列企业相对中国企业承担了更多推动创新发展的任务,并且更加注重科学技术的实际应用。以色列高等学校的研发支出占比位居第二,而中国高等学校的研发支出占比位居第三,说明以色列的高等学校在创新发展中扮演了更重要的角色,反映出两国推动创新发展所依赖的主体存在差异。

表4-7　以色列和中国三大主体研发支出比重情况

单位:%

年份	企业		研究与开发机构		高等学校		其他	
	以色列	中国	以色列	中国	以色列	中国	以色列	中国
2005	76.52	68.32	5.48	20.94	14.23	9.89	3.77	0.85
2006	78.60	71.08	4.67	18.89	13.76	9.22	2.96	0.82
2007	80.76	72.28	4.38	18.54	12.09	8.48	2.77	0.69
2008	79.70	73.26	3.81	17.58	13.50	8.45	3.00	0.71
2009	79.58	73.23	3.82	17.17	13.08	8.07	3.52	1.54
2010	83.29	73.42	1.86	16.80	13.64	8.46	1.21	1.32
2011	84.03	75.74	1.85	15.04	12.97	7.93	1.15	1.29
2012	84.71	76.15	1.73	15.04	12.44	7.58	1.12	1.23
2013	84.82	76.61	1.78	15.04	12.31	7.23	1.09	1.12

---

① 参见以色列中央统计局网站,https://www.cbs.gov.il/he/Pages/search/yearly.aspx。
② 参见中国经济社会大数据研究平台,https://data.cnki.net/Yearbook。
③ 本书为进一步提升两国主体研发支出的可比性,将以色列政府部门的研发支出视作研究与开发机构的大类,将以色列的私人非营利机构的研发支出视作其他的大类。

年份	企业		研究与开发机构		高等学校		其他	
	以色列	中国	以色列	中国	以色列	中国	以色列	中国
2014	84.67	77.30	1.85	14.80	12.49	6.90	0.99	1.00
2015	85.17	76.79	1.66	15.08	12.15	7.05	1.02	1.08
2016	85.63	77.46	1.59	14.42	11.79	6.84	0.99	1.28
2017	86.08	77.59	1.59	13.83	11.39	7.19	0.94	1.39
2018	88.30	77.42	1.55	13.68	9.21	7.41	0.94	1.50
2019	89.65	76.42	1.38	13.91	8.13	8.11	0.84	1.56
2020	90.29	76.55	1.32	13.97	7.64	7.72	0.74	1.75

资料来源：数据依据以色列中央统计局和《中国科技统计年鉴》整理而成。

四 科研成果对比

科研成果的表现形式多样，其中最为常见的是论文或者专利。本书选择中国和以色列各自的论文和专利相关数据对两国科研教育体系进行更深入的比较研究。

（一）以中论文情况对比

本书以 Web of Science 核心合集①为数据源进行文献检索，以"地址＝Israel"和"地址＝China"分别为检索字段，文章类型为：Article，检索时间跨度设置为 2013~2021 年，检索时间为 2022 年 2 月 20 日。最终检索得到以色列和中国发表科技论文合计分别为 152684 篇和 3388633 篇②，整理得到以色列、中国两国科技论文发表情况（见表4-8）。本节选取 2013~2021 年这一时间段的原因是，2013 年 9 月和 10 月，中国国家主席习近平先后提出建设"新丝绸之路经济带"和"21 世纪海上丝绸之路"的合作倡议。③ 而"一带一路"倡议的提出进一步促进了中国和以色列的合作交往，同时为中

---

① Web of Science 核心合集包括 SCI-EXPANDED、SSCI、A&HCI、CPCI-S、CPCI-SSH、ESCI、CCR-EX-PANDE。

② 参见 Web of Science 网页，https：//www.webofscience.com/wos/alldb/basic-search。

③ 《"一带一路"让世界搭乘务实共赢的"中国快车"》，百家号·央广网，https：//baijiahao.baidu.com/s？id=1631487125147482526&wfr=spider&for=pc。

国和国际的联系搭建了沟通的桥梁。

从表4-8可见，从两国的论文总量来看，中国的论文总量远超过以色列，大约为以色列论文总量的22倍；从两国论文总量的发展趋势来看，以色列和中国都呈现逐年上升的趋势，但中国的增长幅度相比于以色列更大，其可能的原因是中国人口基数大，其从事科学研究的人数具有更大的增长空间。

表4-8　以色列、中国两国科技论文发表情况（2013~2021年）

年份	以色列		中国	
	论文总数（篇）	增速（%）	论文总数（篇）	增速（%）
2013	14143	—	217488	–
2014	14564	2.98	250985	15.40
2015	15292	5.00	280792	11.88
2016	16124	5.44	308178	9.75
2017	16333	1.30	342398	11.10
2018	16942	3.73	392234	14.55
2019	18506	9.23	480475	22.50
2020	20111	8.67	534865	11.32
2021	20669	2.77	581218	8.67
合计	152684	—	3388633	–

资料来源：根据 Web of Science 核心合集整理而成。

为进一步深入研究两国科研论文的情况，本节将基于 Web of Science 数据库，进一步分析两国论文的研究方向。从表4-9可见，以色列和中国发表最多的论文方向是工程学方向，其次是化学方向。这说明以色列和中国都针对工程学和化学方向进行了深入的研究，显示出两国对这两个研究方向的重视。但两国的研究方向也存在差异，以色列更加偏向能源燃料方面的研究，中国更加偏向医学方面的研究。从医学方向的研究来看，中国有3个，分别为生物化学与分子生物学、基因遗传学、药理学；而以色列仅有1个，即生物化学与分子生物学，反映出中国更加重视医学方向的研究。总体而言，两国的论文研究方向的一致性较高，因此，两国间具有继续加强同一领域合作的潜力。

表 4-9　以中论文前十的研究方向情况

单位：篇

以色列		中国	
论文研究方向	数量	论文研究方向	数量
工程学	630441	工程学	1254817
化学	591022	化学	916098
材料科学	475424	生物化学与分子生物学	851932
物理学	367215	物理学	810908
科学和技术，其他课题	289098	材料科学	797090
计算机科学	199580	科学和技术，其他课题	698219
环境生态学	192639	数学	663783
数学	148899	基因遗传学	549499
生物化学与分子生物学	139355	环境生态学	475816
能源燃料	124255	药理学	465572

（二）以中专利情况对比

专利授权相对于专利申请在时间上具有一定的滞后性，因此本节使用包括发明专利、实用新型专利和外观设计专利这些专利申请数据，以便及时、准确地反映以色列和中国国家层面的专利情况。本节基于 WIPO 数据库[①]进行专利检索，检索字段分别为"申请人地址所在国家为 IL"和"申请人地址所在国家为 CN"，时间跨度设置为 2013~2021 年，检索时间为 2022 年 2 月 19 日。根据检索结果整理得到以中专利年度总量和增速情况。

从表 4-10 可见，以色列专利总量为 17252 件，中国的专利总量为 359702 件，中国的专利总量大约是以色列专利总量的 21 倍，表明中国专利规模更加庞大。同两国论文总量相比，专利总量的量级更小，其可能的原因是将知识研究转化为实际应用具有一定的难度。

---

① 参见 WIPO 数据库，https：//patentscope. wipo. int/search/zh/search. jsf。

表4-10　以中专利年度总量和增速情况

年份	以色列		中国	
	专利总数（件）	增速（%）	专利总数（件）	增速（%）
2013	2007	—	18961	—
2014	1818	-9.42	22335	17.79
2015	1744	-4.07	24501	9.70
2016	1765	1.20	29632	20.94
2017	1846	4.59	38347	29.41
2018	1871	1.35	47180	23.03
2019	1987	6.20	51939	10.09
2020	2124	6.89	59848	15.23
2021	2090	-1.60	66959	11.88
合计	17252	—	359702	—

为更清晰地展现以色列和中国各自专利数量以及增速的特征，本节绘制图4-4。从图中可见，以色列的专利数量呈现略微上升的趋势，而中国的专利数量则呈现更大幅度且明显的上升趋势。说明中国高度重视知识研究的成果转化，并且取得了一定的成效。从专利总量的增速情况来看，中国的平均增速高于以色列的平均增速，中国的平均增速大约在17.26%，以色列的平均增速为0.64%，说明中国知识转化水平具有更大的提升空间。以色列的专利总量增速呈现逐年上升的趋势，中国的专利总量增速具有波动性。其中，中国专利增长速度最快的是2017年，增速达到29.41%。其可能的原因是中国在2017年出台的《关于深化科技奖励制度改革的方案》和《关于强化实施创新驱动发展战略进一步推进大众创业万众创新深入发展的意见》等相关政策，极大地调动了科研人员创新的积极性。

为进一步揭示以色列和中国两国研发领域的情况，本节采用国际专利分类代码（IPC）来表示专利所属的领域。根据WIPO数据库以及专利的分类标准[①]，整理得到以色列和中国两国各自的专利技术重点领域（专利申请

---

① 参见 WIPO 官网，https：//ipcpub.wipo.int/？notion=scheme&version=20210101&symbol=none&menulang=en&lang=en&viewmode=f&fipcpc=no&showdeleted=yes&indexes=no&headings=yes&notes=yes&direction=o2n&initial=A&cwid=none&tree=no&searchmode=smart。

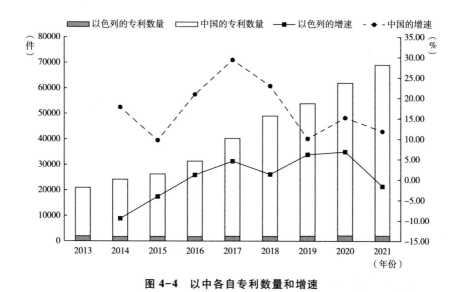

图 4-4　以中各自专利数量和增速

数量前十）。从表 4-11 可见，以色列在医疗、牙科的准备工作领域的专利
申请数量最多，其占比达到 19.69%。而中国在无线通信网络领域的专利申
请数量最多，其占比达到 21.23%。这一现象说明两国专利成果突出的领域
存在差异。

　　根据 IPC 分类标准，A 大类是人类生活必需品，C 大类是化学、冶金，
G 大类是物理；H 大类是电学。从表 4-11 可见，在人类生活必需品的大类
里，以色列有 5 个不同的细分领域，并且该大类专利数量是最多的，其占比
达到 55.96%。而中国有 2 个不同的细分领域，该大类的专利总数较少，其
占比为 14.74%。表明以色列相较于中国而言更加注重人类生活必需品这一
大类，同时也反映出以色列在医疗领域拥有更多的专利成果；在化学、冶
金这一大类中，以色列有 2 个不同的细分领域，该大类专利数量占比为
11.34%，而中国专利数量前十的领域中没有这一大类的细分领域，相比于
中国，以色列在化学领域取得了更多的专利成果。在物理这一大类中，中
国有 3 个不同的细分领域，这一大类专利数量占比为 26.37%，而以色列有
2 个不同的细分领域，这一大类专利数量占比为 25.03%；由此可见，虽然
两国专利的细分领域数目不同，但两国在这一大类的专利数占比基本相当，
表明两国都重视物理这一大类的应用型研究。在电学这一大类中，中国有

5个不同的细分领域，并且该大类专利占比最高，达到58.88%；而以色列仅有1个细分领域，即数字信息的传输，其专利数量占比为7.68%，说明近年来中国大力促进电学领域的发展，该领域的专利数量得以增加。

表4-11　以中两国各自专利申请数量前十的领域及其分布情况

单位：个，%

以色列				中国			
IPC代码	名称	数量	占比	IPC代码	名称	数量	占比
A61K	医疗、牙科的准备工作	5079	19.69	H04W	无线通信网络	51649	21.23
G06F	电子数据处理	4474	17.34	H04L	数字信息的传输	44180	18.16
A61B	诊断；手术；鉴别	4391	17.02	G06F	电子数据处理	43721	17.98
G01N	通过确定材料的化学或物理特性来研究或分析材料	1983	7.69	A61K	医疗、牙科的准备工作	19979	8.21
H04L	数字信息的传输	1980	7.68	H01L	半导体器件	19064	7.84
A61P	化学化合物或药物制剂的特定治疗活性	1935	7.50	H04N	图像交流	17930	7.37
C12N	微生物或酶的组成传播、保存或维持微生物；突变或基因工程	1576	6.11	A61P	化学化合物或药物制剂的特定治疗活性	15885	6.53
A61F	可植入血管的过滤器；假肢	1519	5.89	G02F	光学装置	11110	4.57
A61M	将设备引入身体的装置	1511	5.86	H04B	传输	10421	4.28
C07K	肽或者蛋白质	1349	5.23	G06K	数据识别；数据的呈现；记录载体；处理记录载体	9288	3.82

注：此处的占比是指该领域专利申请数量占前十领域中专利申请总数的比重。

第五章 以色列与中国产业体系
比较研究

产业体系是以产业为边界，包含企业与非企业类主体以及围绕这些主体的外部产业环境的动态系统。①尽管在不同的分类标准中，产业的划分有所不同，但在宏观层面上，通常分为第一产业、第二产业和第三产业。②1935年，费希尔在他的书《进步与安全的冲突》中谈到，从社会发展阶段来看，第一产业是指与初级生产相关的传统行业，主要是农业和畜牧业；第二产业是指与工业生产大规模发展相关的行业，以纺织业、钢铁和其他制造业为主；第三产业是指更高一级生产阶段的相关行业，在这一阶段劳动力和资本等要素大量流入旅游业、服务业等。通俗地说，第一产业即农业，第二产业即工业，第三产业即服务业。③

产业体系与一个国家或地区的产业类型、产业所处的环节、产业的构成要素及其相互关系密不可分。④ 在一国的产业体系内，第一产业是国民经济发展的基础；第二产业是国民经济发展的支柱；第三产业则是为第一产业和第二产业提供服务，促进一、二产业向更高层次发展。产业体系将所有产业连接在一起，与产品供给、产品流通和产品消费密不可分，与整个社会所有的要素投入品和成果产出品相联系，是经济社会发展的核心。⑤ 产

① Malerba, F., "Sectoral Systems of Innovation and Production", *Research Policy*, Vol. 31, No. 2 (2002): 247-264；梁正、李代天：《科技创新政策与中国产业发展40年——基于演化创新系统分析框架的若干典型产业研究》，《科学学与科学技术管理》2018年第9期。

② 陈国伟：《非独立经济体现代产业体系的基本框架——兼论山西现代产业体系的构建》，《经济问题》2020年第7期。

③ Fisher, A. G., *Clash of Progress and Security* (London: Macmillan and Co. Limited, 1935).

④ 付保宗、周劲：《协同发展的产业体系内涵与特征——基于实体经济、科技创新、现代金融、人力资源的协同机制》，《经济纵横》2018年第12期。

⑤ 芮明杰：《构建现代产业体系的战略思路、目标与路径》，《中国工业经济》2018年第9期。

业体系的整体运行涉及产业体系内的产业结构、组织以及其业态的整合与发展。[①] 产业体系内部经济主体的行为方式决定着社会生产方式，从而影响全社会的发展。[②] 产业体系的发展推动着社会进步，反过来，经济社会的发展又推动着产业体系不断深入发展。产业分工的深化，产业要素、结构和功能的不断优化推动着产业体系的发展。[③] 产业体系是一个随着经济社会发展而动态变化的大系统，人们所有的经济活动都在这个系统框架内进行。[④] 在这个大体系内，参与者基于已有的知识与技术，进行沟通、交流、合作、竞争和学习，参与者之间的互动交流受到制度环境的影响。[⑤]

"现代产业体系"是中国特有的关于产业体系的新概念，而不是现有经济学理论体系下的一个固有概念。[⑥] 现代产业体系中的"现代"是一个随时代变迁而变化的观点，因此，现代产业体系是一个在当前具有明显竞争优势、在未来具有发展前景的产业体系。[⑦] 虽然现代产业体系的概念主要形成于中国，但是其广泛借鉴了发达国家产业体系概念的内涵，如资源节约、环境保护、经济效益高等。现代产业体系是相较于传统产业体系而言的，在要素投入、产业结构和业态上与传统产业体系有很大的不同。传统产业体系盲目追求经济发展，忽视了对环境的保护；同时存在供需不平衡、产能过剩等问题。因此，传统产业体系难以促进社会经济持续而健康地发展。而现代产业体系强调产业发展低碳绿色化、高度信息化，同时催生了许多新的业态，推动经济发展持续向好。本章详细介绍了以色列和中国产业体系的现状及差异。

一 第一产业体系的比较分析

（一） 以色列第一产业体系分析

以色列依靠先进的农业技术，创造了沙漠农业的奇迹。先进的农业技

---

① 王国平：《产业体系运行的新态势与发展新空间》，《学术月刊》2011 年第 9 期。
② 张耀辉：《传统产业体系蜕变与现代产业体系形成机制》，《产经评论》2010 年第 1 期。
③ 刘钊：《现代产业体系的内涵与特征》，《山东社会科学》2011 年第 5 期。
④ 龚绍东：《产业体系结构形态的历史演进与现代创新》，《产经评论》2010 年第 1 期。
⑤ Malerba, F., "Sectoral Systems of Innovation and Production", *Research Policy*, Vol. 31, No. 2 (2002): 247-264.
⑥ 龚绍东：《产业体系结构形态的历史演进与现代创新》，《产经评论》2010 年第 1 期。
⑦ 刘明宇、芮明杰：《全球化背景下中国现代产业体系的构建模式研究》，《中国工业经济》2009 年第 5 期。

术使得以色列在极度干旱的自然条件下也能生产出许多农产品。以色列政府十分重视农业科技的创新与应用;① 同时合理控制国内生产生活用水额度,节约宝贵的水资源。以色列 60% 的国土属于干旱地区,水资源严重缺乏。由于水资源严重缺乏,以色列政府从多方面采取措施进行开源节流,号召本国农业生产者合理利用稀缺的水资源进行农业生产。

Knoema 官网显示,2019 年以色列可耕土地面积为 37.8 万公顷,农业灌溉区面积为 28.61 万公顷,有机农业总面积为 5000 公顷。② 以色列中央统计局的数据显示,2020 年以色列农业总产值为 308 亿新谢克尔,以色列发达的农业与先进的科学技术相联系,与科研人员、推广人员以及农民之间密切联系;同时发达的农业也离不开以色列政府的政策支持、资金支持以及对人才的大力培养。

在主体上,以色列的农业生产主要依靠基布兹和莫沙夫。基布兹作为以色列集体社区的主体之一,早期以农业生产为主;③ 随着时代的变迁和经济的发展,现在的基布兹也从事工业和高科技产业。基布兹的成员之间地位平等,共同享有集体的财富和物质资料④,大家共享餐厅、图书馆、住房、诊所等场所。⑤ 莫沙夫是一种以家庭农场为基础的农业合作组织。家庭农场大小不一,彼此之间不可分割。莫沙夫的土地属于国有土地,定居者向国家租赁土地,租期一般为 49 年。每个莫沙夫的土地面积及其所含的农场数量通常在成立时就确定了。随着经济社会的发展,莫沙夫的组成人员和功能都发生了巨大的改变。在组成人员上,莫沙夫不再是以单一的农业人员为主。如今,莫沙夫由多个不同利益群体组成,包括农民、从事多种事业的兼职者、非农业居民等。⑥ 在功能上,莫沙夫从单一的农业生产功

---

① 杨丽君:《以色列现代农业发展经验对我国农业供给侧改革的启示》,《经济纵横》2016 年第 6 期。

② 参见 Knoema 官网,https：//cn. knoema. com/atlas/%E4%BB%A5%E8%89%B2%E5%88%97/topics/%E5%9C%9F%E5%9C%B0%E4%BD%BF%E7%94%A8/%E5%86%9C%E4%B8%9A%E9%9D%A2%E7%A7%AF%E4%B8%8E%E5%8F%AF%E8%80%95%E5%9C%9F%E5%9C%B0/%E5%86%9C%E4%B8%9A%E9%9D%A2%E7%A7%AF。

③ 狄青:《阅读的准备(外一篇)》,《文学自由谈》2021 年第 3 期。

④ 肖宪:《以色列纪行》,《西亚非洲》1989 年第 6 期。

⑤ 程恩富、孙业霞:《以色列基布兹集体所有制经济的发展示范》,《经济纵横》2015 年第 3 期。

⑥ Sofer, M., & Applebaum, L., "The Rural Space in Israel in Search of Renewed Identity：The Case of the Moshav", *Journal of Rural Studies*, Vol. 22, No. 3 (2006)：323-336.

能转向农业生产与消费功能并行，功能不断增加。[①] 以色列 2017 年的农业普查结果显示[②]，以色列农场数量为 17338 个，其中，莫沙夫的农场 10780 个，阿拉伯地区的农场 4468，犹太区（莫沙夫以外）的私人农场 1782 个，基布兹和农民合作社 308 个。如今，莫沙夫已经成为以色列最流行的农业社区模式，生产了全国近一半的粮食，其生产的农产品占全国农业出口的 50%。[③]

在政策上，以色列政府制定了许多政策和方案来提高农业生产效率。政策主要集中在对农民农业生产支持和农业研发支持上。在农民农业生产方面，以色列政府通过提供农业生产所需的基础设施、开展农业生产技术培训等措施帮助和支持农民进行农业生产；[④] 此外，以色列政府给那些无力支付高昂农业器械费用的人提供援助，降低农民对农业额外投入（如化肥和杀虫剂、块茎和育种材料等）的关税，以此降低农民农业生产的成本。在农业研发上，以色列政府为农业技术创新、农业良种研究提供了大量的资金支持。如以色列政府在 "农业产业创新的实践、建立农业人工智能研究中心、精简和简化农村地区农产品的海外促销的流程、支持原产于以色列的农产品品牌推广和营销活动" 上投入了大量的资金。[⑤] 此外，由于以色列的土地资源和水资源十分稀缺，以色列相关政府部门通过制定相应的法律法规，限制居民对土地资源和水资源的使用。

在科技上，以色列已经形成了比较完善和先进的农业研究和推广体系。以色列的农业研究和推广体系是由政府相关部门、与农业有关的科研机构和农业合作组织共同建立起来的。农业科研课题来自农业生产实践，科研经费和实验基地由农业生产部门提供，具体的农业科研任务由政府、大学

---

① Applebaum, L., & Sofer, M., "The Moshav in Israel: An Agricultural Community in a Process of Change-A Current View", *Horizons in Geography*, Vol. 79-80 (1990): 194-209.

② 资料来源于以色列中央统计局官网，参见 https://www.cbs.gov.il/he/pages/default.aspx。

③ 蔡素星、张伟利：《以色列农民合作社 "莫沙夫" 的政府支持体系及经验借鉴》，《南方农业》2013 年第 8 期。

④ Abraham, D. A. N. I. E. L. L. E., Ngoga, T. H. I. E. R. R. Y., Said, J. O. N. A. T. H. A. N., & Yachin, M. E. R. A. V., *How Israel Became a World Leader in Agriculture and Water* (London: Tony Blair Institute for Global Change, 2019).

⑤ 资料源于以色列农业和农村发展部，参见 https://www.gov.il/he/Departments/ministry_of_agriculture_and_rural_development/govil-landing-page。

和企业下属的研究机构承担。[①] 以色列举世闻名的农业科技当属灌溉技术。其中，滴灌技术不受自然气候的影响，同时对地形地势、土壤土质和自然环境的适应性强[②]，极大地促进了农业的发展。除了滴灌技术，以色列每年都在开发其他的灌溉技术，如埋藏式灌溉、喷洒式灌溉、散布式灌溉，这些新技术也在逐步走向国际市场。[③] 除了灌溉技术，以色列其他的农业技术也世界领先，如育种技术、温室技术、水资源及污水处理技术、特种肥料技术、奶牛养殖技术以及设施水产养殖技术。在培育良种上，以色列善于利用生物遗产基因和其他高新技术开发研制作物新品种，培育品质优良、抗病虫害、适宜当地自然条件的种苗。优质的良种不仅供国内农业生产使用，还远销世界各国，以色列每年的种子出口额高达 3000 万美元。以色列许多作物具有优质高产的品质，如玉米和棉花，玉米单产高达34098 千克/公顷，为世界平均水平的 6 倍以上，棉花单产同样位居世界前列。[④]

在进出口上，以色列主要进口粮食作物，出口蔬菜水果。联合国粮农组织（FAO）的数据显示（见表 5-1），1961~2020 年，以色列谷物播种面积呈下降趋势，从 1961 年的 15.4875 万公顷减少到了 2020 年的6.4388 万公顷，减少了 58.4%。以色列谷物播种面积减少，可能的原因是以色列高新技术产业的发展、城市化进程的加快，原来的农业用地转为非农业用地。从单产来看，整体上单产呈增加趋势。但 2011~2020年这十年间谷物的单位面积产量变化不大，比较稳定。其中，2016 年以色列谷物的单产每公顷达到最高，为 4.8349 吨。从总产量来看，谷物总产量很不稳定，变化较大。其中，1983 年谷物总产量最高，为43.71 万吨。之后谷物总产量呈现下降的趋势。直至 2019 年及以后，谷物产量才逐步上升。

---

① 潘光、刘锦前：《以色列农业发展的成功之路》，《求是》2004 年第 24 期。
② 邓启明、黄祖辉、胡剑锋：《以色列农业现代化的历程、成效及启示》，《社会科学战线》2009 年第 7 期。
③ 《以色列：沙漠上的农业大国》，半月谈网站，http://www.banyuetan.org/gj/detail/20180528/1000200033136201527471589181446572_1.html。
④ 《乡村振兴国际经验借鉴 以色列农业发展令人意外》，前瞻经济学人网站，https://www.qianzhan.com/analyst/detail/220/181015-0b4b0a2c.html。

表 5-1　以色列部分年份粮食生产情况

年份	谷物播种面积（万公顷）	单产（吨/公顷）	总产量（万吨）
1961	15.4875	1.108	17.16
1966	13.0234	1.0527	13.71
1972	14.594	2.6425	38.565
1979	12.139	1.2497	15.17
1983	13.403	3.2612	43.71
1987	11.5416	3.5667	41.165
1991	10.4882	2.6441	27.732
1996	9.4445	2.797	26.4167
2001	9.8436	2.4548	24.164
2006	10.2192	2.3985	24.5106
2011	7.4543	3.6693	27.352
2016	5.4248	4.8349	26.2284
2017	5.4381	3.1959	17.3789
2018	6.1231	2.4611	15.0693
2019	5.0813	3.6234	18.4118
2020	6.4388	3.8168	24.5755

资料来源：联合国粮农组织官网，https://www.fao.org/faostat/en/。

以色列除了种植小麦玉米等饲料作物以外，还种植番茄、甜椒、西瓜、向日葵、草莓等经济作物以及经济林木。以色列的农产品不仅满足国内消费，还大量出口国外，出口目的地主要是欧洲各国；欧洲40%的瓜果和蔬菜都来自以色列，以色列具有"欧洲果篮"之称。[①] 2020年以色列农业总产值为308亿新谢克尔，与2019年相比小幅增长0.2%。其中，动物产值增加了2.8%，而植物产值下降了1.5%。新种植的农产品产值增加了16.4%，

① 易小燕等：《以色列水土资源高效利用经验对我国农业绿色发展的启示》，《中国农业资源与区划》2018年第10期。

酿酒葡萄种植增加了 36.4%，亚热带种植园种植增加了 22.1%。[1] 受全球范围内的疫情影响，2020 年以色列农业出口额为 42 亿新谢克尔，比 2019 年下降了 10.7%。以色列 2021 年的农业统计数据显示（见表 5-2），2016~2020 年这五年间以色列出口的农产品主要是：鲜花类，水果类，蔬菜、土豆和瓜类，棉、绒类。其中，鲜花出口较多，附加值较高，出口规模比较稳定；水果类出口值增加最明显的是牛油果，2016 年出口额仅为 0.472 亿美元，到了 2019 年，牛油果出口额达到 0.692 亿美元；土豆出口明显减少，出口额从 2016 年的 2.2189 亿美元下降到 2019 年的 1.835 亿美元。受疫情影响，2020 年这几种农产品的国际贸易都有着不同程度的减少。

表 5-2　以色列特定农产品出口值

单位：百万美元

| 年份 | 鲜花 | 水果 | | | 蔬菜、土豆和瓜类 | | | 棉、绒 |
		其他水果	牛油果	柑橘	西瓜和其他瓜类	土豆	蔬菜	
2016	96.2	66.1	47.2	159	0.8	221.89	305.5	14
2017	94.3	61.1	65.3	189	0.3	203.6	277.4	10.3
2018	96.8	56.1	57.7	163	0.77	184.7	266.1	9.2
2019	90.4	57.2	69.2	162	0.61	183.5	255.9	8.5
2020	66.98	54.8	60.37	159	0.45	149.77	185.56	5.77

资料来源：以色列中央统计局，参见 https://www.cbs.gov.il/he/pages/default.aspx。

在以色列生产的水果品种中，声誉最高的是柑橘，其在欧洲享有盛誉，也是出口最多的，尤其是 Jaffa Orri 沃柑。以色列所有的柑橘，全部使用 "Jaffa"（雅法）的品牌向全球销售。品牌命名为 "Jaffa" 的灵感主要源于以色列柑橘的主产区雅法，Jaffa 是以色列柑橘的国家品牌，只有符合相应的质量标准才能使用该品牌。Jaffa Orri 沃柑皮薄、味道鲜美、少核甚至无核，深受消费者的喜爱。Jaffa Orri 沃柑在全球市场上畅销，主要消费市场在欧洲，欧洲市场占总出口的 78%，18% 出口到北美市场，剩余 4% 出口亚太市场。随着消费市场的不断扩大，Jaffa Orri 沃柑成为以色列柑橘出口中名列

---

[1]　资料源于以色列中央统计局，参见 https://www.cbs.gov.il/EN/Pages/default.aspx。

前茅的产品。[①]

(二) 中国第一产业体系分析

中国的农业发展历史久远，有着古老的农业文明。但传统的农业经营主体、生产方式和经营方式在如今的经济社会状态下难以为继，农业发展需要及时转型。如今，中国各地都在加快现代农业产业体系建设的步伐。[②]现代农业产业体系具有产业链更长、价值更高、经营主体更加多元化、生产更加集约化和规模化等特点，融合了土地、劳动力、科技、资金、政策等多种要素[③]，涵盖了实现农民富裕、农村美丽等多重目标。

在主体上，中国自古以来一直是小农户自给自足进行农业生产。但随着经济的发展，越来越多的农村人口流入城市务工，大量的土地撂荒。在城市的周边出现了许多新型农业经营主体，他们整合城市周边的土地资源，把闲置的土地资源充分利用起来，建立家庭农场、农业企业、农民合作社等多种新型农业组织。这些新型农业组织的领头人相比于传统的农户，具有更高的知识水平和文化素养，他们懂经营、善管理，其中大部分人都有很好的经商思维。于是，如今中国的农业生产主体除了传统的小农户，还有大量的新型农业组织。这些新型农业组织大多位于城市周边，为城市居民提供新鲜的蔬菜；同时将家庭农场、农民合作社等休闲化发展，提高了农业经营的效益。近年来，新型农业经营主体规模不断扩大。2021年，中国家庭农场达到390万家[④]，依法登记的农民合作社达到221.9万家，其中县级及以上示范合作社达16.8万家。[⑤] 截至2021年8月，中国县级以上龙

---

① 《以色列柑橘，全国只做一个品牌，照样征服世界》，搜狐网，https：//www.sohu.com/a/427414843_ 120166013。

② 周丹丹：《新常态下农村一二三产业融合发展探索与实践——以四川蒲江县为例》，《安徽农业科学》2018年第1期。

③ 万俊毅、曾丽军、周文良：《乡村振兴与现代农业产业发展的理论与实践探索——"乡村振兴与现代农业产业体系构建"学术研讨会综述》，《中国农村经济》2018年第3期。

④ 《〈2022中国农业农村发展趋势报告〉发布》，搜狐网，https：//www.sohu.com/a/522605897_ 243993。

⑤ 《国家农民合作社示范社发展指数（2020）研究报告在京发布 国家示范社2020年经营收入均值1514万元》，中华人民共和国农业农村部网站，http：//www.moa.gov.cn/xw/zwdt/202201/t20220122_ 6387449.htm。

头企业 9 万家、联合体 7000 多个, 辐射带动农户 1700 万户。[①] 未来, 新型农业经营组织规模还将不断扩大, 新型农业经营组织在促进中国农业生产发展中的地位和作用将会越来越重要。

在政策上, 中国是一个传统的农业大国, 农业的发展需要解决好三农问题, 而三农问题的解决依靠政府政策的支持。中共中央一号文件多年聚焦三农问题, 体现了中共中央对三农问题的重视。1982~1986 年, 中共中央连续发布五个关于农业农村的一号文件。2004~2022 年 (见表 5-3), 中央一号文件已经连续 19 年聚焦三农问题。近年来, 中央一号文件关于农业方面, 主要内容包含农业供给侧结构性改革、高标准农田建设、藏粮于地、藏粮于技、现代农业设施、乡村振兴等。中国农业生产的主要问题是需求端与供给端不匹配, 农产品的供给无法满足人民群众的需求。因此, 大量的农业政策倾向于从供给侧方面发力。

表 5-3　中国 2004~2022 年历年中央一号文件关键词

年份	关键词
2004	促进农民增收
2005	农业综合生产能力、农业税免征
2006	社会主义新农村
2007	现代农业、新农村
2008	农业基础设施建设
2009	农业稳定发展、土地流转承包
2010	统筹城乡发展、社会主义新农村
2011	水利改革发展、农田水利建设
2012	农业科技创新、农产品供给保障
2013	家庭农场、农民合作社
2014	农村金融、加强农村基础设施建设

---

① 《关于政协第十三届全国委员会第四次会议第 0165 号 (农业水利类 009 号) 提案答复的函》, 中华人民共和国农业农村部网站, http://www.moa.gov.cn/govpublic/XZQYJ/202108/t20210824_6374771.htm。

续表

年份	关键词
2015	法治农村建设、一二三产业融合发展
2016	新发展理念、全面小康
2017	农业供给侧结构性改革
2018	乡村振兴
2019	农业农村优先发展
2020	如期全面实现小康
2021	全面推进乡村振兴、加快推进农业农村现代化
2022	全面推进乡村振兴

资料来源：根据历年发布的中央一号文件整理。

在科技上，中国传统农业生产投入的技术较少，生产的农产品技术含量不高。随着现代农业的不断发展，中国农业科技水平在不断提升。农业科学技术现代化是农业农村现代化的战略核心①，只有不断促进农业科技进步和创新，才能不断推动农业发展转型。农业科技研发的主体在促进农业科技进步方面具有重要作用，中国农业科学与技术研发的主体主要是农业类大学和涉农科研机构，它们的主要任务是农业科技成果研发供给、培养农业科技人才、提供农业科技服务。

中国农业科学技术的进步主要体现在农业机械化水平的提高和良种培育这两个方面。全国农业机械化发展统计公报的数据显示（见图5-1），2020年中国农作物耕种收综合机械化率达71.25%，机耕率、机播率、机收率分别达到85.49%、58.98%、64.56%。反映出中国农业机械化耕地普及率较高。耕种收综合机械化相比于机械化播种和机械化收割的使用率更高，这与中国的地形地势相关。中国的东北平原、华北平原、长江中下游平原等地区地势平坦，便于机械化播种和机械化收割。但是，在西南、东南丘陵等地区，土地较为分散、不集中成块分布，难以进行机械化操作。随着技术的发展，越来越多的小型耕地机出现。小

① 高旺盛：《我国农业科技自立自强战略路径与政策取向研究》，《农业现代化研究》2021年第6期。

型耕地机具有使用方法简单、价格相对便宜、适用范围广等优势，在广大的山地、丘陵地区得到了推广，提高了农业机械化耕地率。此外，农业科技服务组织在促进农业科技的传播与发展方面有着非常重要的作用。中国农业科技服务组织涵盖涉农企业、农业科技中介服务机构、基层供销合作社、农业专业技术协会和一些公共机构（包括中央、省、市、县、乡镇五级农技推广机构以及植保、水产技术推广站、林业技术推广站、气象局等政府部门及事业单位）。① 这些农业科技服务组织的农业技术服务范围广，极大地促进了农业技术的传播，有利于提高农业机械化水平。在农业良种培育上，到 2021 年初中国已拥有 52 万份种质资源，是全球第二种质资源大国。

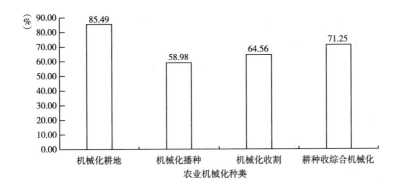

图 5-1　2020 年中国农业机械化水平

资料来源：《2020 年全国农业机械化发展统计公报》，中华人民共和国农业农村部网站，http://www.njhs.moa.gov.cn/nyjxhqk/202109/t20210908_6376013.htm。

在进出口上，中国主要进口大豆、玉米等农产品。中国粮食供需的基本格局是谷物基本自给、口粮绝对安全。从主要谷物的市场情况来看，中国小麦和大米等食用粮食的供需基本平衡。然而，随着人们对肉蛋奶、家禽等产品需求的增加，对玉米、大豆等饲料粮食和工业用粮的需要也在不断增加。中国的玉米、大豆等饲料粮食和工业用粮的供给存在一定的缺口，需要进口满足需求。2021 年，中国全年大米进口量、小麦进口量、玉米进

---

① 郑小玉、刘冬梅、曹智：《农业科技社会化服务体系：内涵、构成与发展》，《中国软科学》2020 年第 10 期。

口量分别为国内产量的 2%、6%、10% 左右。① 在大豆进口上，中国进口大豆主要用于工业压榨，直接用于食用的较少。2021 年大豆进口 9652 万吨，占粮食进口总量近六成。② 在出口方面，2021 年，中国出口农产品金额达（一般贸易）4647.5 亿元，与上年累计同期相比增长 4.3%。其中，粮食一般贸易出口 304 万吨，与上年累计同期相比减少 2.7%。③

如今，中国是一个粮食生产大国。然而，在中国历史上有一段时期，大部分国人的温饱问题都难以解决。为了解决中国人民的吃饭问题，中国的科学家们开始研究高产水稻的种植，其中最为出名的是"杂交水稻"。在此过程中，"杂交水稻之父"袁隆平为中国乃至世界的粮食生产发展做出了巨大贡献。中国对杂交水稻的研究始于 20 世纪 60 年代。1964 年，袁隆平及其团队进行了水稻杂交优势利用研究，攻破了杂交水稻中的一些难题，育成了强优势杂交稻"南优 2 号"等一批组合，使得水稻的产量逐渐提高。为了继续提高水稻的产量，提高水稻抵御病虫害和恶劣天气的能力，袁隆平团队又开展了超级杂交稻研究，并在 21 世纪初取得了可喜的成果，分别在 2000 年、2004 年和 2012 年实现了中国超级稻第一期亩产 700 公斤、第二期亩产 800 公斤、第三期亩产 900 公斤的目标。④ 随着杂交水稻技术水平的不断提升，我国水稻的产量大大增加。中国稻谷产量从 1960 年的 5973.30 万吨增加到 2020 年的 21185.96 万吨（见图 5-2），稻谷的产量大幅增加。其中，1960~1990 年，随着杂交水稻品种的推广，稻谷的产量快速提高，从 5973.30 万吨增加到 18933.14 万吨，翻了 3 倍多。1990~2005 年，稻谷的产量较为稳定。2005~2020 年，随着小面积超级稻的种植，稻谷产量有一定的增加。总的来说，从第一代杂交水稻到第二代杂交水稻再到现在的第三代杂交水稻，解决了很多技术上的问题，同时，杂交水稻抵抗自然灾害的能

① 《2022 中国农业农村发展趋势报告——保障农业农村优先发展》，求是网，http://www.qstheory.cn/qshyjx/2022-01/21/c_1128285688.htm。
② 《减少进口大豆依赖 夯实养殖业发展基础——农业农村部有关司局负责人谈饲用豆粕减量替代》，中国政府网，http://www.gov.cn/xinwen/2022-02/16/content_5674069.htm。
③ 《2021 年 1 至 12 月部分出口商品主要贸易方式量值表（人民币值）》，中华人民共和国海关总署，http://gdfs.customs.gov.cn/customs/302249/zfxxgk/2799825/302274/302277/302276/4128258/index.html。
④ 《超级杂交水稻》，百度网，https://baike.baidu.com/item/%E8%B6%85%E7%BA%A7%E6%9D%82%E4%BA%A4%E6%B0%B4%E7%A8%BB/994884。

力在不断增强，水稻产量稳步提高。

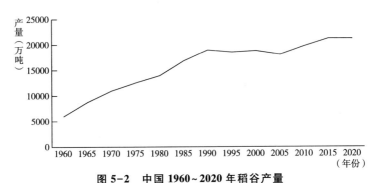

图 5-2　中国 1960~2020 年稻谷产量

资料来源：中国国家统计局《统计年鉴》，参见 https：//data. stats. gov. cn/easyquery. htm？ cn
＝C01。

（三）以中第一产业体系对比分析

在主体上，以色列农业生产的主体主要是基布兹和莫沙夫，而中国农业生产的主体则是小农户和新型农业经营组织。以色列的农业用地极其有限，因此以色列政府会合理规划农业用地、鼓励统一生产，督促农业生产主体较好地利用稀缺的土地资源。而中国的国土面积广，可播种土地面积多，农民们可以自由安排自己承包的土地。就中国而言，尽管新型农业经营组织的规模在不断扩大，但农业生产的主体仍以小农户为主。在地势平坦的地区，便于进行农业的大规模和高集约化生产，新型农业经营组织在农业生产中占主导地位；但是在许多地势崎岖的丘陵和山区，由于难以实现规模化和集约化生产，农业生产仍以小农户经营为主。

在政策上，以色列政府和中国政府都会针对农业发展的现状及时调整农业生产政策，主要的不同点是，以色列政府在法律上和经济手段上对农业生产的规定和限制更多，而中国在立法上对农业生产的约束则很少。主要体现在：以色列政府通过立法对稀缺的土地和水资源的使用进行规范，但是中国在这方面的约束则较少。

在科技上，以色列与中国在农业科技领域各自有各自的优势。以色列较为出名的农业技术有滴灌技术、喷灌技术和育种技术。以色列的灌溉技术和灌溉设备出口到世界上许多水资源稀缺的国家，解决了这些国家农业生产水资源不足的问题，极大地促进了当地农业的生产发展。而中国较为出名的农业技术则是杂交水稻技术，中国的杂交水稻技术传播到马达加斯加、印度、菲律宾、印度尼西亚等发展中国家，为这些发展中国家的粮食生产发展做出了巨大的贡献。

在农产品进出口上，以色列具有优势的农产品主要是蔬菜和水果，因此以色列出口大量的蔬菜、水果和花卉。但以色列的粮食生产较少，谷物自给率在5%左右，大量的粮食源于进口。而中国的粮食生产较多，谷物基本上能自给；水产品、蔬菜和水果出口占农产品出口的主导地位。

二　第二产业体系的比较分析

（一）以色列第二产业体系分析

以色列的工业经济高度发达，以知识和技术密集型产业为主。工业的发展拉动了以色列经济的发展，以色列的工业制造能力居世界前列，其化学工业、钻石工业和军事工业高度发达。20世纪60年代末开始，以色列的工业生产便可以满足国内的市场需求，并且还有多余的工业制成品出口国外。90年代后，劳动力成本不断提高，使得工业生产的成本增加，于是一些依靠低廉劳动力生产的劳动密集型产业便难以继续生存，逐步退出市场。技术含量高的产业逐步成为工业发展的重点，之后国家便开始重视技术密集型产业和资本密集型产业的发展。以色列主要的工业部门有机械制造、军工、飞机制造、化工、机密仪器和医用激光器材、钻石加工。①

在主体上，以色列工业的发展，主要依靠高科技企业、制造业企业和钻石加工企业的带动，同时以色列还设立了众多的工业园区和高新技术孵化区，这些园区和孵化区对以色列工业经济的发展起到了非常重要的促进作用。近年来，制造业企业数量不断增加，制造业对工业经济的发展越来越重要。2018年，以色列制造业企业达到21000个。受全球范围内疫情的影响，2020年以色列制造业企业数量减少到12288个。虽然制造业企业的数量在减少，但是制造业企业的质量在不断提高。2016~2020年，以色列制

---

① 《"一带一路"沿线国家基本情况风险分析——以色列》，中国国际贸易促进委员会湖州市委员会官网，http://ccpithz.huzhou.gov.cn/ydyl/ydylyxgjjbqkfxfx/20180530/i859306.html。

造业按科技强度分类的企业和机构（见表 5-4），不包括采矿和采石业，中高技术企业和高技术企业个数在呈增加趋势，中低和低技术的制造业企业个数呈减少趋势，说明制造业企业只有不断提高科技实力才能在激烈的竞争中生存。同时，说明以色列制造业的科技投入在不断增加，制成品技术含量也在不断提升。但总的来说，在制造业中占主导地位的仍是中低技术和低技术企业。

表 5-4　以色列 2016~2020 年制造业按科技强度分类的企业和机构

单位：个

年份	低技术	中低技术	中高技术	高技术	总数
2020	6210	3953	1542	583	12288
2019	6480	4221	1539	581	12821
2018	6763	4288	1533	550	13134
2017	6961	4364	1537	580	13442
2016	6754	4331	1477	563	13125

资料来源：以色列中央统计局，参见 https：//www.cbs.gov.il/EN/Pages/default.aspx。

在政策上，政府政策在促进产业发展、技术创新和推动以色列成为高科技强国的道路上有着重要的作用。[1] 以色列政府对工业研发的支持主要体现在：为技术研发相关行业提供专项资金；[2] 成立首席科学家办公室，以产业创新为重点，在原部门的应用研发基础上，鼓励新的研发。[3] 政府对新兴产业的支持体现在：出台相应的补贴政策，推动新兴产业的发展，如出台太阳能、风能发电补贴政策，推动新能源行业发展。政府对高新科技产业发展的支持体现在：鼓励海外移民和在工程及高科技领域受过职业培训的人返回以色列，新移民要接受工程和高科技

---

① Wonglimpiyarat, J., "Government Policies towards Israel's High-Tech Powerhouse", *Technovation*, Vol. 52 (2016)：18-27.

② 参见中华人民共和国商务部网站，http：//il.mofcom.gov.cn/。

③ Avidor, J., "Building an Innovation Economy：Public Policy Lessons from Israel", *Northwestern Law & Econ Research Paper*, (2011)：11-18.

领域的职业培训。根据以色列创新、科学和技术部的消息，以色列将成立一个由总理办公室总干事领导的首席执行官小组，该小组成员来自创新、科学和技术部、财政部等，他们将致力于制定行动计划，鼓励新移民在工程领域和高科技领域接受职业培训。①

在科技上，以色列高度发达的工业离不开科技的支撑。以色列的工业以知识密集型产业和技术密集型产业为主，生化、电子、军工等部门技术水平较高，许多工业产品具有较高的技术含量，在国际上十分具有竞争力。以色列的高新技术产业在全球处于领先地位，有着很强的学科基础建设、丰富的军事和民事研发经验，同时政府为高新技术产业的发展提供了大量的资金支持。以信息通信产业和医疗器械产业为例，以色列具有完整的信息通信产业链。② 以色列在医疗器械方面是全球公认的引领者，共有725家医疗器械公司，是全球第二大医疗器械供应国。③ 以色列的高新技术企业、高等院校和科研机构，给以色列创造了许多高新科技产品。如以色列吉文成像公司（Given Imaging），研发了胶囊内窥镜检查技术，该技术目前广泛用于小肠检查；④ 以色列理工学院开发出了纳米电线——由一串微小的银颗粒制成的导电线，比人的头发细一千倍，具有优良的导电性能。

在出口上，以色列工业产品和机械设备的技术含量高，在国际市场上极具竞争力，工业产品和机械设备远销世界各国。以色列2021年对外贸易报告的数据显示，钻石出口是以色列对外出口的一大订单，2020年，受疫情影响，钻石出口大幅减少，2021年，钻石出口恢复到疫情前的出口额。2017~2021年除去钻石的对外出口，以色列的制造业、采矿和采石业（不包括加工钻石）对外出口数量和金额最多（见表5-5）。2017~2021年，高技术和中高技术的制造业出口占据主导地位。2020年高技术产品出口占制成品出口的28.2%，高技术产品指具有高研发强度的产品，如应用于航空、电脑、药物、科学仪器和电力机械中的产品。

---

① 参见以色列创新、科学和技术部网站，https：//www. gov. il/he/departments/ministry_ of _ science_ and_ technology/govil-landing-page。
② 《以色列的优势产业》，中以商务网，http：//www. zhongyibiz. com/Web/Articles/5714. html。
③ 《以色列突出的五大杰出成就》，百度网，https：//baijiahao. baidu. com/s？id = 1691917155758000484&wfr=spider&for=pc。
④ 参见天眼查，https：//www. tianyancha. com/brand/b6a9f317390。

表 5-5   以色列 2017~2021 年按商品类别出口情况

单位：百万美元

年份	钻石	农业、林业、畜牧业	制造业、采矿和采石业
2021	5314	1129	50166
2020	3099	1039	43641
2019	4844	1125	46070
2018	6823	1145	46347
2017	6726	1217	45231

资料来源：以色列中央统计局，https：//www.cbs.gov.il/EN/Pages/default.aspx。

图 5-3 展示了 2021 年以色列制造业不同技术程度出口的情况。高技术的制造业出口占比达到 40%，中高技术的制造业出口占比达到 37%，低技术的制造业出口仅占 8%，说明以色列的制造业科技化程度较高，发达的科技使得以色列的制造业对国际的吸引力较高。

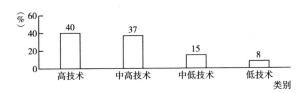

图 5-3   2021 年以色列制造业按技术程度分类出口情况（排除钻石及相关）

在进口方面，以色列主要进口一些工业原料和初级钻石。表 5-6 列出了 2017~2021 年以色列不同商品类别的进口情况。以色列初级钻石的进口整体上在不断减少，燃料进口需求波动不大。2020 年受疫情影响，以色列的钻石和燃料进口大大减少。2019 年以色列燃料进口占商品进口的8.1%，因为以色列国内能源较为稀缺，而国内工业发展需要大量的能源，所以能源进口量较大。尽管以色列通过研发新能源以及探索新技术提高能源利用率等措施初步缓解了能源紧缺的问题[①]，但国内的能源供给仍无法

① 《以色列：重点/特色产业》，中华人民共和国商务部网站，http：//www.chinagermany.org/CountryProfiles2/Country_ Industriy.aspx？ CountryID = 89。

满足国内需求。

表 5-6　2017~2021 年以色列按商品类别进口情况

单位：百万美元

年份	钻石	燃料	投资品	消费品	原材料
2017	5754	7451	11465	14673	28119
2018	5684	9714	12021	16337	30436
2019	3879	9155	11263	17307	31230
2020	2432	5528	10843	17962	31384
2021	3414	9003	13884	23338	39259

资料来源：以色列中央统计局，https：//www.cbs.gov.il/he/pages/default.aspx。

图 5-4 是 2021 年以色列原材料进口类别比重。2021 年，以色列进口的原材料中，适用于机械和电子行业的占比为 35%；其次是化学品，占比为 15%；生的食品、橡胶和塑料、钢铁这三种类型的商品占比均为 9%，其他商品进口占比为 23%。

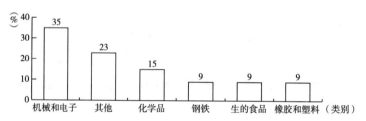

图 5-4　2021 年以色列原材料进口类别比重

以色列是世界上最主要的宝石级钻石加工和交易中心之一，其钻石加工业十分发达。尽管以色列本身并不盛产钻石，但凭借其在钻石加工领域突出的技术优势和产业配套，成为全球宝石级钻石的主要出产国。[①] 例如，以色列拥有 3000 名钻石交易所会员，1300 多个私人工作间，先进的钻石加工工厂、一流的钻石加工技术，以及经验丰富的钻石加工工匠。此外，以色列还在钻

———————————

① 《以色列：重点/特色产业》，中华人民共和国商务部网站，http：//www.chinagermany.org/CountryProfiles2/Country_ Industriy.aspx? CountryID = 89。

石原产地（如非洲、印度等）建立生产基地①，充分利用国外的成本优势生产初级钻石，然后将粗加工钻石送到本国进行深加工，最后经国内钻石工厂打磨后由钻石公司将钻石销往美国、欧盟等国家和地区，赚取高额利润。以色列的出口贸易中，钻石贡献较大，达到所有工业品出口的 1/4 以上。② 美国、中国香港和比利时是以色列抛光钻石的三大主要出口市场。③

《以色列发展报告（2020）》指出，21 世纪以来，以色列钻石出口额平均每年达 80 亿美元，约占以色列商品出口额的 12%。④ 从图 5-5 可见，2017~2021 年，以色列的初级钻石进口额都比较高，同时钻石出口额也较高，钻石出口额高于钻石进口额。以色列中央统计局的数据显示，2019 年，钻石出口额为 48.44 亿美元，与 2018 年相比，下降 29%。钻石出口在减少的同时，钻石进口也在不断减少。2020 年钻石净出口额仅为 6.67 亿美元，2021 年，钻石净出口额为 19 亿美元，增长了 185%。2019 年以色列钻石在亚洲的销售额占其钻石总出口额的 30%，中国香港市场约占 22%。以色列钻石主要出口美国、中国香港、瑞士、比利时、英国等市场。

图 5-5　以色列 2017~2021 年钻石进出口额
资料来源：以色列中央统计局，参见 https：//www.cbs.gov.il/EN/Pages/default.aspx。

---

① 《以色列：重点/特色产业》，中华人民共和国商务部网站，http：//www.chinagermany.org/CountryProfiles2/Country_ Industriy.aspx？CountryID=89。
② 《中以经贸瞄准技术创新》，中国联合商报网，http：//www.cubn.com.cn/portal/article/index/id/14123.html。
③ 参见中华人民共和国商务部网站，http：//il.mofcom.gov.cn/。
④ 《以色列是世界重要的钻石加工和交易中心之一 钻石行业在国民经济中占较大比重》，皮书网，https：//www.pishu.cn/psgd/562520.shtml。

（二）中国第二产业体系分析

随着中国经济的发展，中国"制造"正逐步向中国"智造"转变。改革开放后，中国传统的劳动密集型产业迅速发展起来，因为中国的劳动力丰富且低价，大部分发达国家向中国转移劳动密集型产业。进入21世纪以来，中国人口生育率持续走低，老龄化趋势日益严重，各类型的产业也在不断转型升级。劳动密集型产业在不断减少，资本密集型和技术密集型产业在逐渐增加。改革开放初期的中国，传统低端制造业大多依靠劳动力投入来发展，在国际市场上缺乏竞争力；也有少许的高新技术企业，但一般是外国企业。外国企业为了利用中国廉价的劳动力，会选择在中国投资建厂，将一些产业转移到中国。但在这个过程中，中国企业很难学到国外先进的技术，处于生产链的底端，赚取的利润也极其微薄，大量的利润被提供核心技术的外国企业拿走。为了改变传统工业发展的模式，中国企业不得不加快自主研发的步伐，提高科技实力，生产具有竞争力的产品。

在主体上，中国工业生产发展的主体是各种各样的工业企业。根据工信部在2019年的统计数据，截至2018年底，中国中小企业的数量已经超过了3000万家，个体工商户数量超过7000万户。[1] 根据国家统计局的数据（见图5-6），2016~2020年，规模以上工业企业数量总体上在增加，数量都在37万个以上。国家统计局划定规模以上工业统计范围的工业企业起点标准为年主营业务收入达到2000万元。2021年，全国规模以上工业企业实现利润总额87092.1亿元，比上年增长34.3%（按可比口径计算），比2019年增长39.8%，两年平均增长18.2%。[2] 总而言之，第二产业的发展离不开各种各样工业企业的发展。

在政策上，新中国成立后的很长一段时间内，在一定程度上忽视了环境保护、资源节约。在认识到保护环境、节约资源的重要性后，中国开始意识到不能盲目追求GDP的高速增长，要保持经济增长在一个合理的范围

---

[1] 参见朱文龙《中小企业破产重整的困境与突破》，《广西政法管理干部学院学报》2020年第6期。

[2] 邱越：《数字资讯》，《中国保险》2022年第3期。

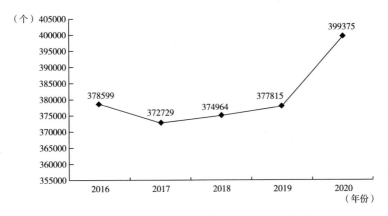

图 5-6　2016～2020 年规模以上工业企业数量

资料来源：《中国统计年鉴》，参见 http：//www.stats.gov.cn/tjsj/ndsj/2021/indexch.htm。

内；于是提出要调整经济结构，推动经济从高速增长向中高速增长转变，同时产业结构要从制造业为主向服务业为主转变。[①] 近年来，中共中央以创新促进经济发展为战略导向，倡导节能减排，提倡经济的发展要绿色、循环和低碳。[②] 党的十六大提出要走新型工业化道路，该道路是一条科技含量高、资源节约、经济效益好、环境污染少、可持续发展的道路[③]，与原来优先发展重工业的传统工业化道路完全不一样。随着互联网、物联网、人工智能等高新科技的发展，中国也越来越重视大数据在推动工业发展中的作用。习近平总书记指出，要"构建以数据为关键要素的数字经济""系统推进工业互联网基础设施和数据资源管理体系建设，发挥数据的基础资源作用和创新引擎作用"[④]，为中国数字经济的发展指明了方向。此外，《促进大数据发展行动纲要》《关于深化"互联网+先进制造业"发展工业互联网的指导意见》等政策文件均提出要促进工业大数据的发展和应用。伴随着人工智能、5G 技术和工业互联网平台的发展，工业大数据的发展速度将会加

① 《深刻认识我国经济发展新趋势——深入学习贯彻习近平同志关于经济发展新常态的重要论述》，中国共产党员网，https：//news.12371.cn/2014/11/03/ARTI1414968740921403.shtml。
② 《深刻认识我国经济发展新趋势——深入学习贯彻习近平同志关于经济发展新常态的重要论述》，中国共产党新闻网，http：//theory.people.com.cn/n/2014/1103/c40531-25960320-2.html。
③ 李时椿：《新型工业化道路：传统产业必须把握好五个关系》，《经济管理》2006 年第18 期。
④ 《习近平关于网络强国论述摘编》，中央文献出版社，2021，第 134 页。

快且发展更加深入。① 未来，为了促进工业大数据的进一步发展，中国政府政策将会向工业大数据发展领域倾斜。

在科技上，在大众创业、万众创新的推动下，中国科技发展的步伐不断加快。随着科技的发展，相关产业不断转型升级。"十三五"时期，中国高新技术成果显著。尤其是新能源汽车、移动通信、第三代半导体、新型显示等领域取得了新突破，极大地促进了中国新兴产业的发展。随着经济的发展，人们的收入不断提高，几乎每家都有一辆小轿车。为了节约能源、保护环境，越来越多的新能源汽车被推广。在新能源汽车方面，通过对电池、电机和电控等重点领域的研发布局，推动新能源汽车产业链不断完善。中国在新能源汽车产销量上连续五年居世界第一位。截至 2020 年 10 月 21 日，中国新能源汽车总保有量超过 400 万辆，占全球的 50% 以上。② 中国的移动通信技术发展也较快，从 4G 到 5G，不断突破技术难题。手机的发展越来越大众化，价格越来越亲民。如今的中国，几乎人手一个智能手机，无论是信息沟通交流、移动支付还是看视频等休闲娱乐都能通过智能手机实现。中国工业和信息化部的统计数据显示，截至 2021 年底，中国累计建成并开通 5G 基站 142.5 万个。截至 2021 年底，全球的 5G 基站中，中国占比高达 60%；而中国国内的 5G 网络遍布所有的地级市城区，县城城区覆盖率达到 98%、乡镇镇区覆盖率达到 80%。③ 每万人拥有 5G 基站数达到 10.1 个，比 2020 年末提高近一倍。④

在进出口上，电力机械、器具及其电气零件在中国工业制品进出口中占主导地位。根据中国海关统计的进出口数据，2021 年 1~9 月中国工业制品进口达到 810169179.8 万元，出口达到 1489304722.7 万元。表 5-7 和表 5-8 分别列出了 2021 年 1~9 月中国出口和进口的前十大工业制品。从中可见，中国工业制品进出口都是电力机械、器具及其电气零件占主导地位，

---

① 《工信部解读〈关于工业大数据发展的指导意见〉》，电子信息产业网，http://www.cena.com.cn/industrynews/20200515/106566.html。
② 《我国新能源汽车总保有量超四百万辆；蔚来有意自研自动驾驶芯片》，腾讯网，https://new.qq.com/rain/a/20201025A011X300。
③ 《新闻》，《通信世界》2022 年第 4 期。
④ 《2021 年通信业统计公报解读：行业发展向好 新型信息基础设施加快构建》，中华人民共和国工业和信息化部网站，https://wap.miit.gov.cn/jgsj/yxj/xxfb/art/2022/art_b6578e7993bf4c999b28e88b53037044.html。

但不同的是，出口中纺纱、织物、制成品及有关产品和服装及衣着附件、杂项制品、金属制品、家具及其零件，褥垫及类似填充制品较为独特，而进口中，专业、科学及控制用仪器和装置，陆路车辆（包括气垫式）、有色金属、特种工业专用机械、有机化学品、初级形状的塑料较为独特。在出口方面，中国出口的纺纱、服装等工业制品属于轻工业产品，生产这些轻工业产品需要充足的劳动力，而中国劳动力相对充裕，具有生产轻工业产品的条件。相比于发达国家，中国服装在价格上具有优势。

表5-7　2021年1~9月中国出口排名前十大工业制品

单位：万元

商品构成（按SITC分类）	出口额
电力机械、器具及其电气零件	244448800
电信及声音的录制及重放装置设备	161168522.4
杂项制品	118969838
办公用机械及自动数据处理设备	118492893.8
服装及衣着附件	81960872.03
通用工业机械设备及零件	78210498.28
纺纱、织物、制成品及有关产品	68268237.17
金属制品	66234662.56
陆路车辆（包括气垫式）	65374572.33
家具及其零件，褥垫及类似填充制品	40708946.88

资料来源：中国海关总署，http://www.customs.gov.cn/customs/302249/zfxxgk/2799825/302274/302277/3512606/index.html。

在进口方面（见表5-8），在资源上，有色金属资源位于中国进口的前十大工业制品里面，说明中国的有色金属资源较为稀缺，需要进口满足工业生产需要。在科学技术上，尽管近年来中国科技取得了不错的发展，但是与发达国家相比还相差甚远，需要进口先进的科学仪器来展开相关研究。同时，随着人民群众收入水平的提高，对进口车辆的需求不断提升，车辆成为工业制品进口的前十大产品之一，进口的车辆主要满足人民群众的差异化需求。

表 5-8　2021 年 1~9 月中国进口排名前十大工业制品

单位：万元

商品构成（按 SITC 分类）	进口额
电力机械、器具及其电气零件	273779938.9
陆路车辆（包括气垫式）	43226863.02
有色金属	40304898.11
专业、科学及控制用仪器和装置	40164112.44
电信及声音的录制及重放装置设备	36775480.23
办公用机械及自动数据处理设备	34880763.16
特种工业专用机械	33941143.98
初级形状的塑料	29380294.01
有机化学品	29121331.16
通用工业机械设备及零件	28779791.67

资料来源：中国海关总署，参见 http://www.customs.gov.cn/customs/302249/zfxxgk/2799825/302274/302277/3512606/index.html。

（三）以中第二产业体系对比分析

虽然以色列和中国两个国家工业发展的主体都是各种类型的企业，但是以色列制造业企业的技术水平总体上高于中国。在科技上，两个国家各有自己的独特优势，以色列有很多先进的技术，如医疗器械技术、钻石抛光技术等，而中国的通信技术在世界上也具有一定的影响力。在出口上，以色列出口的工业产品大多是科技含量高的工业制成品，如航空仪器、电脑、科学仪器和电力机械产品，而中国出口较多的则是机械及运输设备和一些轻工业纺织品。在进口上，以色列进口较多的是机械和电子、化学品、橡胶等一些工业生产所需的动力和原料，而中国进口较多的则是先进的科学仪器、有色金属资源和汽车等比较先进的技术、稀缺的工业资源和工业产品。

三　第三产业体系的对比分析

（一）以色列第三产业体系分析

以色列的第三产业十分发达，包含金融和商业服务业、餐厅和宾馆业、交通和电信业、旅游业、运输服务业等行业。其中旅游业一直是以色列最主要的外汇收入来源。① 以色列虽然国土面积小，但是境内有许多著名的旅游景点，如内盖夫沙漠和雷蒙天坑、巴哈伊阶梯花园、特拉维夫和雅法古城、马萨达、凯撒利亚等历史遗迹。旅游业的发展必然会带动住宿服务、餐饮服务、交通运输服务等产业的发展。由于以色列地处战争不断的中东地区，社会安定极为重要；旅游业的发展很好地体现了以色列社会、经济、政治的平稳运行。以色列的出入境旅游是其经济和安全局势的"晴雨表"，旅游业对以色列经济的贡献主要是基于住宿、餐饮和交通服务。近几年，归功于经济社会的发展、人们的可支配收入不断增加、社会局势的安稳以及交通价格的降低，以色列的旅游业发展态势较好，入境和出境旅游的人数在不断增加。以色列的第三产业中，旅游业的贡献极大。

在主体上，旅游业的主体包含游客、旅游企业等组织。本章主要阐述旅游企业等组织对以色列旅游业的带动作用。以色列旅游服务业的发展，带动了许多相关产业的发展，其中最主要的是住宿产业、餐饮产业和交通服务产业的发展。2016 年，以色列的旅游酒店共有 388 个，到 2020 年，以色列旅游酒店的数量增加到了 426 个，增长了 9.8%。旅游酒店的客房入住率一直在 60% 以上（除 2020 年外）。

在政策上，以色列旅游部为了促进本国旅游业的发展，出台了许多相关政策、方案和计划，如以色列的旅游孵化器计划。2018~2020 年，旅游孵化器计划为小型旅游企业的咨询服务发展提供了许多援助。② 以色列政府除了鼓励城市旅游业的发展，还鼓励乡村农业旅游的发展。以色列旅游部致力于将以色列的旅游业延伸到国内的各个地区，出台了一些促进和鼓励农村旅游业发展的政策。这些政策有利于帮助农村地区打造良好的形象、突出展示当地的旅游产品、开展旅游营销活动，促进乡村农业旅游的发展。③ 2020 年，受全球范围内疫情的影响，以色列许多酒店和餐饮店面临倒闭的

① Stock, R., "Political and Social Contributions of International Tourism to the Development of Israel", *Annals of Tourism Research*, Vol. 5 (1977): 30-42.
② 资料源于以色列旅游部，参见 https://www.gov.il/he/departments/ministry_of_tourism/govil-landing-page。
③ 资料源于以色列旅游部，参见 https://www.gov.il/he/departments/ministry_of_tourism/govil-landing-page。

困境,以色列政府出台旅游业救助计划,帮助处于困境中的餐饮和旅游企业重新开业和运营。①

在科技上,以色列的科学技术在世界上处于领先地位,服务业的数字化程度也较高。"科技+旅游"融合发展的模式越来越普遍,也提升了旅游本身的价值。从休闲娱乐到体验科技的美妙,这一模式既丰富了旅游的形式,也增加了旅游业的附加值。以色列"旅游+科技"发展的典型是 Mada Tech 国家科学博物馆,该馆在世界上享有盛誉。国家科学博物馆里收藏了许多科学技术类的古董,如显微镜、望远镜、各种电报机、手表、双筒望远镜、医疗和气象仪器。博物馆里除了科技古董展览外,还有许多高新技术展厅,如绿色能源展厅、航空展厅、口腔医学展厅、化学展厅②,这些展厅里的展览品可以使游客们近距离地感受科学。以色列国家科学博物馆吸引了海内外许多游者的观赏。

在供需上,近几年以色列旅游业蓬勃发展,入境旅游和出境旅游的人数激增。从表5-9可见,以色列的旅游消费总量在不断增加,从2016年的436亿新谢克尔增加到2019年的548亿新谢克尔,增加了25.7%。同时以色列旅游酒店的数量也在不断增加,客房入住率也逐渐提高。以色列入境旅游的人数呈现不断上升的趋势,从2016年的310万人次到2019年的490万人次,增加了58%;同时,以色列出境旅游的人数也在不断增加,从2016年的680万人次到2019年的920万人次,增加了35.3%。2020年,全球范围内暴发疫情,为了阻止疫情的传播,许多国家都关闭了国际航线,因此2020年以色列的出境和入境旅游人数与2019年相比,直线下降。

表5-9 以色列 2016~2020 年旅游业基本情况

年份	旅游消费总量 (亿新谢克尔)	旅游酒店 (个)	旅游酒店客房 入住率(%)	入境旅游人数 (万人次)	出境旅游人数 (万人次)
2016	436	388	62.40	310	680
2017	—	407	66.60	390	760

① 《以色列出台8500万美元旅游业救助计划》,新华网,http://m.xinhuanet.com/2020-06/02/c_1126064209.htm。
② 资料源于以色列 Mada Tech 国家科学博物馆官网,参见 https://www.madatech.org.il/en。

续表

年份	旅游消费总量（亿新谢克尔）	旅游酒店（个）	旅游酒店客房入住率（%）	入境旅游人数（万人次）	出境旅游人数（万人次）
2018	504	414	68	440	850
2019	548	426	69.50	490	920
2020	157	426	24.80	88	150

资料来源：根据以色列中央统计局整理而来，参见 https：//www.cbs.gov.il/he/pages/default.aspx。

注：2017 年以色列旅游消费总量数据未公布。

（二）中国第三产业体系分析

中国第三产业涵盖旅游业、交通运输服务业、批发和零售业、住宿和餐饮业、金融业、房地产业、租赁和商业服务等行业。起初，中国第三产业的发展主要依靠房地产拉动，因为房地产涉及房屋销售、物业服务以及相应基础设施的完善，给许多普通人提供了大量的就业机会；同时，政府通过拍卖城市土地，提高了财政收入。但近年来房地产对经济发展的拉动作用在降低。第三产业的发展还是要依靠旅游、金融等其他行业才能长久而持续。

在主体上，中国旅游业的发展，离不开国内各个旅行社的带动。2016年，中国的旅行社个数为 27939 个，2019 年达到 38943 个，增加了 39.4%（见表 5-10）。

表 5-10　中国 2016~2020 年旅游业发展情况

年份	旅行社数（个）	星级饭店数（个）	入境游客（万人次）	国内居民出境人数（万人次）	国内游客（亿人次）	国际旅游收入（亿美元）	国内旅游收入（亿元）
2016	27939	11685	13844.38	13513	44.35	1200	39389.82
2017	29717	9566	13948.24	14272.74	50.01	1234.17	45660.77
2018	37309	8962	14119.83	16199.34	55.39	1271.03	51278.29
2019	38943	10130	14530.78	16920.54	60.06	1312.54	57250.92
2020	31074	8423	—	—	—	—	22286.3

资料来源：《国家统计年鉴》，参见 http：//www.stats.gov.cn/tjsj/ndsj/2021/indexch.htm。

注：2021 年国家统计年鉴对 2020 年的数据尚未披露，所以 2020 年数据未知。

在政策上，旅游业的发展耗费资源少，提供的就业机会多，在扩大内需、促进国内消费等方面具有重要作用，中共中央出台了许多政策促进旅游业的发展。如 2009 年出台的《文化产业振兴规划》，2011 年出台的《中共中央关于深化文化体制改革、推动社会主义文化大发展大繁荣若干重大问题的决定》，2014 年出台的《国务院关于推进文化创意和设计服务与相关产业融合发展的若干意见》，2015 年出台的《关于进一步促进旅游投资和消费的若干意见》，等等，这些政策为旅游业的发展指明了方向，同时有利于刺激国内旅游业的投资发展、居民的旅游消费。

在科技上，中国政府越来越看重旅游业数字化的发展，大力推动国内各个景区加强智慧化管理。现有的景区智慧化管理形式多样，如景区售票实行网上售票，采用网络制预约；景区内有电子地图导览、智慧语音导航；游客大厅内有自助服务机器人，为进入景区游玩的旅客提供许多线上辅助服务体验。景区还可以利用大数据分析平台对景区的人流量进行实时监控。把科技融入旅游业，是旅游业未来发展的一个大方向。为了促进旅游业与科技发展密切结合，中共中央提出要大力发展"互联网+旅游"，推动景区展馆数字化转型，推动景区道路建设、旅游公厕建设等数字化发展。如黑龙江的五大连池风景区，将科技与旅游业紧密联系在一起，通过大数据、人工智能、数字平台等新兴科学技术，为游客提供全方位、全流程的智慧科技旅游服务。[①]

在供需上，旅游业对中国经济发展的促进作用越来越重要。随着中国经济社会的发展、对外交通便捷度的提高、人民生活水平的提高、人民群众可支配收入增加，选择旅游的人越来越多。出境游可以体验不同国家的风土人情、文化差异、生活习俗等，增长自己的见识，拓宽视野。中国地域辽阔，不同的民族、区域具有不同的特色，加上国内游相对境外游而言更便宜，大部分中等收入家庭更愿意选择国内游。表 5-10 体现了 2016~2020 年中国旅游业的发展情况。2016~2019 年，中国旅行社的数量在不断增加，从 2016 年的 27939 个增加到 2019 年的 38943 个。出入境旅游的人数也在不断增加，2019 年入境游客达到 14530.78 万人次，国内居民出境人数达到 16920.54 万人次。

---

① 张建友：《黑龙江五大连池风景区：满满的科技范儿》，《中国文化报》2021 年 12 月 7 日。

（三）以中第三产业体系对比分析

以色列第三产业的发展与中国第三产业的发展相比有很大的不同。以色列第三产业对 GDP 的贡献率高达 70%，但是中国第三产业对 GDP 的贡献率仅为 47.3%。以色列的第三产业发展中，金融及商业服务和旅游业的贡献极大；而中国第三产业的发展则主要依靠房地产业（不包括建筑业）和旅游业的带动。[①] 以色列的金融业十分发达，金融业和风投的蓬勃发展为以色列吸引了大量的国际资金；金融业的发展消耗资源少，报酬率高，可持续性强。而中国第三产业的发展依靠房地产和服务业的带动，如房地产的销售、物业管理和宣传等，持续性有待进一步提升。在旅游业方面，虽然中国出入境旅游的人次远远高于以色列，但是中国人口基数大，以色列人口基数小，以色列的出入境旅游人次占以色列总人口的比重高于中国的同类型指标。2020 年，以色列人均 GDP 为 4.36 万美元，而中国人均 GDP 为 1.14 万美元，以色列人均 GDP 高于中国人均 GDP，以色列人有更多的可支配收入用于旅游消费，以促进旅游业的发展。

---

① 根据国家统计局三次产业划分规定：建筑业属于第二产业，房地产业属于第三产业。参见《三次产业划分规定》，国家统计局网站，http：//www.stats.gov.cn/tjsj/tjbz/201301/t20130114_ 8675. html。

第六章　以色列与中国的制度环境
比较研究

　　开放式国家创新体系是国家创新体系和开放式创新的融合。为更好地建立本国的开放式国家创新体系，各国政府往往会制定相应的政策进行战略布局和系统设计。

　　以色列是高度发达的亚洲国家，科技创新实力突出，为世界科技发展做出了巨大贡献。以色列开放式国家创新体系制度建设有效推动了以色列国内科技与经济的发展。如今，中国将创新驱动发展制定为国家重大战略，这一战略的实施推动了我国开放式国家创新体系的发展，有助于优化中国对国际创新资源的利用，增强中国科技创新的国际竞争力。根据 WIPO 发布的 2021 年度全球创新指数（Global Innovation Index），中国排名世界第 12 位，以色列居于第 15 位。虽然以色列先天自然资源不足，但在技术研发方面有着突出的表现，无论是研发强度、技术能力，还是人才规模，都走在全球前列。这在很大程度上与以色列的开放式国家创新体系相关。中国作为世界上最大的发展中国家，其国家创新体系的发展也呈现日益开放的趋势。以色列建设开放式国家创新体系的经验对中国具有重要的借鉴意义。因此，本章针对两国开放式国家创新体系的制度环境展开比较分析。

一　开放式国家创新体系政策推行的相关机构部门

（一）以色列推行开放式国家创新体系政策的相关机构部门

　　以色列本土市场较小，因此采取开放式国家创新体系是其发展的必然选择，而现实正是如此。以色列政府围绕开放式创新体系的发展重点实施相应的国家战略、推行相关科技政策[①]，并依托相关机构和部门推动这些战

[①]　董洁等：《以色列科技创新体系对中国创新发展的启示》，《科技管理研究》2020 年第 24 期。

略和政策的实施。

开放式国家创新体系的建立和相关政策的实施离不开科研管理机构的高效运行。长期以来，以色列政府不仅在教育和科技领域投入巨资，积极实施科教兴国战略，还设立相关科研管理机构和部门推进创新政策的实施。以色列前总理大卫·本-古里安（David Ben-Gurion）在以色列建国初期就强调科技创新的重要性，并着手设立科研管理机构以推动科技创新发展战略的实施。因此本节重点研究分析以色列推行开放式国家创新体系政策的相关机构部门。

以色列科研管理机构的高效运行和职能规划管理是开放式国家创新体系的重要推动力量。从表6-1可见，1949年，以色列政府建立了科学委员会（Scientific Council of Israel），科学委员会的组成成员是12位顶尖的科学家，他们主要负责以色列科技体制的建设，管理推动以色列科研体系的发展。1959年，以色列政府建立全国研究和发展委员会（National Council for Research and Development），委员会由25名科学家与公务员组成，主要职能是为国家创新体系建设制定政策，在政府与科研机构之间创建更好的沟通机制。1960年，部长级科学技术委员会（Ministerial Committee for Science and Technology）建立，允许部门联合授权为跨学科技术研发创造条件，这实现了不同科研部门的合作协同发展。1961年，科学与人文科学院（The Israel Academy of Sciences and Humanities）得以设立，该机构主要是与国外的科研机构合作完成科学研究。1968年，以色列政府分别在内阁的13个（后增至14个）部门设立首席科学家办公室（Office of the Chief Scientist），每个办公室的最高负责人除了需要制定本部门的政策之外，还需要监督管理地方研究机构和政府的科研资金的拨款使用。以色列外向型经济推动了以色列的国际科技合作的进程，提升了以色列开放式国家创新体系的建设水平。1992年，以色列成立"国家研究与发展基础建设论坛"（The Forum for National and Development Infrastructure），实际上此论坛是由以色列国家层级的主要研究部门负责人组成的机构，目的是推动国家科研战略的发展。2002年，以色列政府成立的"国家民用研究与开发委员会"主要是为国家科技研发提供政策咨询。2016年1月成立的以色列创新局强化了以色列的科研创新管理体系，为以色列科技出口创造了更加适宜的制度环境。

表 6-1　以色列推动开放式国家创新体系的相关机构部门情况

名称	设立时间	主要职责
科学委员会	1949 年	负责以色列科技体制的建设，管理推动以色列科研体系的发展
全国研究和发展委员会	1959 年	主要职能是为国家创新体系建设制定政策，在政府与科研机构之间创建更好的沟通机制
部长级科学技术委员会	1960 年	联合教育和文化部（Ministry of Education and Culture），卫生部（Ministry of Health），工业与商务部（Ministry of Commerce and Industry），司法部（Ministry of Justice）和不管部（Minister Without Portfolio），直接向总理负责，研发委员会主席担任执行秘书
科学与人文科学院	1961 年	主要是与国外的科研机构合作完成科学研究
首席科学家办公室	1968 年	除了需要制定本部门的政策之外，还需要监督管理地方研究机构和政府的科研资金的拨款使用
国家研究与发展基础建设论坛	1992 年	推动国家科研战略的发展
国家民用研究与开发委员会	2002 年	主要是为国家科技研发提供政策咨询
以色列创新局	2016 年	强化了以色列的科研创新管理体系，为以色列科技出口创造了更加适宜的制度环境

资料来源：李晔梦：《以色列科研管理体系的演变及其特征》，《阿拉伯世界研究》2021 年第 4 期。

以色列的科技创新部门委员会主要由科学家组成，如以色列科学委员会、首席科学家办公室。因为科学家对科研的敏感性高于普通公务员，所以这种人员组成结构可以提升国家科技创新方向的前沿性。不仅如此，以色列政府的科学技术研发资金投入也会相应提升。因此，这种设置机制可以保障以色列对科研投入的力度，更加有效地实现以色列与国际高水平科技接轨，对以色列开放式国家创新体系建设具有更为重要的战略性意义。

（二）中国推行开放式国家创新体系政策的相关机构部门

中国开放式国家创新体系政策的制定机构包括国务院、国家科技体制改革和创新体系建设领导小组、中华人民共和国科学技术部等。[①]

相关机构部门推动国家创新体系建设的具体职能细节见表 6-2。国务院

① 曹璇、任维德：《新时代科技创新治理体系构建研究》，《科学管理研究》2022 年第 1 期。

根据宪法和法律制定相应的政策制度推进科技创新和国际科技合作；国家科技体制改革和创新体系建设领导小组负责组织科技体制改革和创新体系建设等；[①] 中华人民共和国科学技术部则是组织实施相关政策等，推动创新发展。其中，科学技术部内设机构中关于开放式国家创新体系建设的机构有：①外国专家服务司，主要承担重点外国专家服务工作，完善外国专家来华的服务体系，帮助科研交流；②引进国外智力管理司，主要负责引进国外智力规划和政策等，引进国外新技术、新设备和新的管理经验，利用国外智力建设我国的开放式国家创新体系；③国际合作司（港澳台办公室），"拟订科技对外交往、科技交流及创新能力开放合作的规划、政策和措施并推动落实，实施'一带一路'科技创新合作行动计划，协调推进国际大科学计划和大科学工程等"[②]。

中国在全世界共设立了 75 个驻外科技机构。[③] 在驻外使馆中设立相关科技机构，可以进一步增强中国与所驻国家或地区的国际科技合作。驻外科技机构充分发挥中国与外国的科技联络中介作用，紧密关注国外科技的新政策、新动向，利用地理位置优势加强与中国科学技术部的对接，为中国科技创新发展提供服务。中国驻外科技机构利用科技资源集聚优势，主动与国外高科技人才对接，产生知识溢出效应，对中国引进资金、技术、人才和先进的管理经验具有巨大作用。

表 6-2　中国推动开放式国家创新体系建设的部门及相关职能

部门	推动建设开放式国家创新体系的相关职能
国务院	根据宪法和法律，规定行政措施，制定科技创新、国际科技合作等行政法规，领导科技部的工作等
国家科技体制改革和创新体系建设领导小组	国务院由 26 个部门和单位组成负责组织领导科技体制改革和创新体系建设工作，审议相关重大政策措施，统筹协调有关重大问题，总结推广工作经验

① 袁磊、牛丰、何艳青：《落实央企技术创新政策 提升创新驱动发展能力——我国"十二五"支持央企创新政策综述》，《石油科技论坛》2015 年第 5 期。
② 《科技部职能》，中华人民共和国科学技术部网站，http：//www. most. gov. cn/zzjg/。
③ 《驻外科技机构》，中华人民共和国科学技术部网站，http：//www. most. gov. cn/zzjg/zwkjjg/201903/t20190327_ 145883. html。

部门	推动建设开放式国家创新体系的相关职能
中华人民共和国科学技术部	贯彻落实党中央关于科技创新工作的方针政策和决策部署。(一)拟订国家创新驱动发展战略方针以及科技发展、引进国外智力规划和政策并组织实施。(二)统筹推进国家创新体系建设和科技体制改革,会同有关部门健全技术创新激励机制。(三)拟订科技对外交往与创新能力开放合作的规划、政策和措施,组织开展国际科技合作与科技人才交流。(四)负责引进国外智力工作。拟订国家重点引进外国专家总体规划、计划并组织实施,建立外国顶尖科学家、团队吸引集聚机制和重点外国专家联系服务机制。拟订出国(境)培训总体规划、政策和年度计划并监督实施

资料来源:中国政府网,https://www.gov.cn/;中华人民共和国科学技术部网站,http://www.most.gov.cn/zzjg/。

注:中华人民共和国科学技术部的内设机构有:办公厅,战略规划司,政策法规与创新体系建设司,资源配置与管理司,科技监督与诚信建设司,重大专项司,基础研究司,高新技术司,农村科技司,社会发展科技司,成果转化与区域创新司,外国专家服务司,引进国外智力管理司,国际合作司(港澳台办公室),人事司。

(三) 以色列与中国的比较

国家政府部门和机构是建设开放式国家创新体系的推动力量。以色列政府根据本国国情与世界科技创新局势的变化,不断调整相关机构的职能规范,并先后设立一些专业的管理部门。而中国是由科技部下设机构来精细化管理开放式国家创新体系的每一个分支。

以色列开放式国家创新体系与中国开放式国家创新体系在政府机构设置方面的主要不同体现在以下两点。一是以色列科技创新政府部门是由国家统一领导建立的,而中国则是由国务院统一领导科技部,科技部统筹负责后续科研工作。二是以色列的国际科技合作是由以色列科技部直接领导和管理的,而中国的国际科技合作工作是由特设的国际科技合作部门(即外国专家服务司、引进国外智力管理司和国际合作司)领导。

以色列的科技创新部门委员会主要由科学家组成,中国政府可以借鉴以色列的这一做法,进而完善科学界与政府之间的沟通体系,或者授予科学家更多的行政职能以更好地推进科学研究发展。综上所述,比较以色列与中国推动开放式创新体系建设的相关机构是制度环境比较的重要内容,而且以色列的一些机构设置值得中国借鉴,有利于进一步完善中国的开放式国家创新体系。

二 开放式国家创新体系政策阶段演变

(一) 以色列推动开放式国家创新体系政策主题的演变

以色列颁布的科技创新政策有《专利法》(Patents Law)、《产业研发促进法》(The Encouragement of Industrial Research and Development Law)、《资本投资鼓励法》(Law for the Encouragement of Capital Investment)、《以色列科学与人文科学院法》(Israel Academy of Sciences and Humanities Law)、《国家民用研究与发展委员会法草案》(The National Council for Civilian Research and Development Law) 等，这些政策法规为以色列建立开放式国家创新体系提供了强有力的政策依据。依据以色列开放式国家创新体系政策主题的演变可将其开放式国家创新体系的建设大致分为三个阶段，针对这三个阶段分别制定了不同的政策与法律法规（见表6-3）。

表6-3 以色列的开放式国家创新体系政策事件及阶段特点

发展阶段	自主创新研发阶段	自主发展转为出口导向过渡转型阶段	出口导向成熟阶段
时间段	1948~1967 年	1968~1991 年	1992 年至今
标志性政策事件	"科教兴国"战略 成立科学委员会	成立首席科学家办公室	成立国家研究与发展基础建设论坛和以色列创新局
阶段特点	经济全球化发展初期，以色列致力于国家创新体系的建设，推动以色列自主科技创新水平的提升	以色列顺应全球化趋势，扶持出口企业发展，提升了以色列的科技制度开放程度和国际化发展水平	中东和平进程改善，以色列经济发展融入全球经济一体化，用科技提升以色列国际市场的地位

第一阶段：自主创新研发阶段（1948~1967 年），以色列重点建设国家创新体系。以色列开国总理提出"科教兴国"战略，把创新作为整个发展战略的重点。由此，以色列政府成立了科学委员会，委员会负责制定科学政策，管理相应的部门。随着以色列综合国力的不断提升，全国研究和发展委员会成立，其主要职能是为国家科技发展制定政策，指导重点研发领域投资和基础设施建设。1961 年，《以色列科学与人文科学院法》颁布，该

法规定了以色列科学与人文学院的目标是推动以色列国家创新体系的建设。随着以色列科技实力的增强和经济水平的提高，以色列国家创新体系的建设逐渐完善。

第二阶段：自主发展转为出口导向过渡转型阶段（1968～1991年），以色列开放式国家创新体系建设处于起步阶段。此阶段，为鼓励以色列科技创新进一步发展，以色列政府成立了首席科学家办公室，鼓励科研创新项目立项与发展，出台了很多科技创新项目，包括"竞争性研发项目（研发支持基金、网络安全产业升级基金、空间技术研发基金等）、预种子与种子计划（创新企业鼓励计划、技术孵化器等）、预竞争与长期研发项目（磁石计划、磁子计划等）等"[①]。同时，该阶段以色列吸纳了大量的科技人才移民，这使得以色列加强了与海外的联系与交流，为以色列的科技创新提供了源源不断的活力，以色列的开放式国家创新体系特征初次展现。1968年4月1日生效的以色列《专利法》，体现了以色列对知识产权保护的重视。1984年，以色列颁布了《产业研发促进法》，该法规在鼓励以色列产业研发的同时不断增加出口科技密集型产品，最终改善以色列的收支状况。1991年，以色列政府就已经设置了激励风险投资制度，制度要求各类投资项目须是世界高水平的，且项目附属的技术和产品转化要有国际竞争力。

第三阶段：出口导向成熟阶段（1992年至今），以色列的开放式国家创新体系发展逐渐完善。1993年，以色列创建风险投资体系，如今该体系已十分完备，以色列人均高技术风险投入资金比重排名世界第一位。1999年《以色列公司法》（Israeli Companies Law）的推出使得以色列成为世界上最容易成立公司的国家，这为以色列建设开放式国家创新体系提供了新动力。2002年，以色列议会审议通过了《国家民用研究与发展委员会法草案》，完善了以色列开放式国家创新体系的法律政策体系。2011年颁布的《天使法》（Angles Law）规定"投资于以色列的高科技企业，可以从税收中扣除相应的投资金额"，为风险投资者投资高科技企业提供了额外的激励。[②] 以色列风险投资制度成果显著，根据《2011～2012全球竞争力报告》，以色列的风

---

① 李晔梦：《以色列科研管理体系的演变及其特征》，《阿拉伯世界研究》2021年第4期。
② 方晓霞：《以色列的科技创新优势、经验及对我国的启示》，《中国经贸导刊（中）》2019年第2期。

险投资能力已成为世界第 2，不仅如此，以色列人均高科技资金投入位居世界第 1。2016 年 1 月成立的以色列创新局，提升了科技创新政策制定的灵活性与时效性，更好地满足了以色列科技创新初创企业的需求，为开放式国家创新体系的完善创造了更加成熟的条件。

综上可见，自主创新研发阶段的特点是各部门以政策为导向进行科技自主创新；而自主发展转为出口导向过渡转型阶段的特点是以色列政府顺应全球经济一体化趋势，推动以色列科技融入全球价值链；出口导向成熟阶段的特点是以色列的科技产品出口占领国际市场，以色列已经成为全球科技创新链中最重要的国家之一。其间以色列国家创新体系的国际化程度越来越高，开放式国家创新体系不断完善。

（二）中国推动开放式国家创新体系政策主题的演变

自 1978 年改革开放以来，中国围绕开放式国家创新体系制定了相应的政策，其中科技创新制度政策侧重于国际科技合作。1978 年 8 月，中国召开的第一次全国科技外事工作会议提出"解放思想，全面开展对外科技活动"，解放思想是建立开放式国家创新体系的先决条件。1981 年 8 月，第二次全国科技外事工作会议修订了第一次会议关于科技合作的指导方针，即"在独立自主、自力更生的前提下从国内实际情况出发，讲求实效，认真学习各国对我国适用的先进科学技术和科技管理经验，积极、稳妥、深入、扎实地开展国际科技合作与交流活动，为发展我国国民经济和科学技术服务"①。这是对第一次全国科技外事工作会议的补充完善，奠定了我国建设开放式国家创新体系的科学基础路径——引进国外先进技术。

国家创新体系是开放式国家创新体系的基石。《国民经济和社会发展第十个五年计划纲要》首次提及"国家创新体系"的概念。《国家中长期科学和技术发展规划纲要（2006～2020 年）》指出"国家科技创新体系是以政府为主导、充分发挥市场配置资源的基础性作用、各类科技创新主体紧密联系和有效互动的社会系统"，这一重大战略规划意味着中国全面推进国家创新体系建立。随着中国"国家创新体系"的不断完善，政策方针进一步延伸至"开放式国家创新体系"的建设。

---

① 程如烟：《30 年来中国国际科技合作战略和政策演变》，《中国科技论坛》2008 年第 7 期。

本书依据刘云等①的研究，将中国开放式国家创新体系发展划分为五个阶段（见表 6-4）：第一阶段是引进为主（1978～1985 年），该阶段主要关注国际科技合作和国外先进技术的引进；第二阶段是引进为主向追赶转型（1985～1994 年），该阶段政策关注于技术引进和人才引进；第三阶段是追赶（1995～2005 年），该阶段国际科技创新企业的科研融合得到不断加速；第四阶段是追赶向自主转型（2006～2015 年），该阶段技术出口不断增加；第五阶段是自主创新（2016 年至今），中国应将自立自强、自主创新的科技发展作为第一要义。

表 6-4　中国开放式国家创新体系不同发展阶段的重点政策事件及主题特征

发展阶段	引进为主	引进为主向追赶转型	追赶	追赶向自主转型	自主创新
时间段	1978～1985 年	1985～1994 年	1995～2005 年	2006～2015 年	2016 年至今
标志性事件	全国科学技术大会	《关于科学技术体制改革的决定》	《关于加速科学技术进步的决定》	《国家中长期科学和技术发展规划纲要（2006～2020 年）》	《国家创新驱动发展战略纲要》
阶段政策主题	√国际科技合作； √技术引进 √人才派出 √引进外资 √人才引进 √被动地适应国际规则和参与全球竞争	√技术引进 √人才引进 √国际科技合作 √人才派出 √自主创新 √技术出口 √引进外资 √科研机构国际合作 √对外投资 √高校国际合作 √被动地适应国际规则和参与全球竞争	√国际科技合作 √人才引进 √人才派出 √自主创新 √技术引进 √企业赴海外研发 √引进外资 √技术出口 √对外投资 √科研机构国际合作 √跨国公司在华研发	√自主创新 √人才派出 √人才引进 √国际科技合作 √科研机构国际合作 √企业赴海外研发 √高校国际合作 √技术引进 √跨国公司在华研发 √对外投资 √引进外资 √技术出口	√自主创新 √技术出口 √人才派出 √人才引进 √国际科技合作 √科研机构国际合作 √企业赴海外研发 √高校国际合作 √技术引进 √跨国公司在华研发 √对外投资

　　资料来源：刘云等：《中国国家创新体系国际化政策概念、分类及演进特征——基于政策文本的量化分析》，《管理世界》2014 年第 12 期，以及相关政策文件。

---

① 刘云等：《中国国家创新体系国际化政策概念、分类及演进特征——基于政策文本的量化分析》，《管理世界》2014 年第 12 期。

　　第一阶段（1978~1985 年）的政策主题集中在国际科技合作、技术引进、人才派出、引进外资和人才引进方面。1978 年全国科学大会颁布了《1978~1985 年全国科学技术发展规划纲要》，主要关注"加强国际科技合作和技术交流""邀请外国科学家、工程技术专家来华访学"等方面。1981 年国家科学技术委员会发表了《关于我国科学技术发展方针的汇报提纲》，该提纲强调了科学技术的重要性，并指出科技在社会建设中发挥的重大作用。1982 年全国人民代表大会颁布的《国民经济和社会发展第六个五年计划》强调了科学技术在国民经济发展中的重要作用。1983 年 8 月，中共中央、国务院为了引进国外人才，联合发布了《关于引进国外智力以利四化建设的决定》。9 月国务院颁布《关于引进国外人才工作的暂行规定》，建立人才引进管理机制，有效地推动了开放式国家创新体系的完善。

　　第二阶段（1985~1994 年）的政策主题为技术引进、人才引进、国际科技合作。该阶段相对于第一阶段更加侧重于自主创新、技术出口、科研机构国际合作、对外投资、高校国际合作等方面。国务院颁布了 1985 年的《技术引进合同管理条例》，1986 年的《引进技术消化吸收工作条例》，1987 年的《引进技术消化吸收重大项目计划管理的若干规定》，1988 年的《签订与审批技术引进合同指导原则》和《中华人民共和国技术引进合同管理条例实施细则》。由此可见，国务院针对技术引进的政策发布越来越频繁，加速了国家创新体系的建设进程。[①]

　　第三阶段（1995~2005 年）的政策主题是国际科技合作、人才引进、人才派出和自主创新等，相比于第二阶段增加了企业赴海外研发、跨国公司在华研发两方面的政策主题。1995 年颁布的《关于加速科学技术进步的决定》和 1999 年颁布的《关于加强技术创新，发展高科技，实现产业化的决定》都涉及企业赴海外研发的主题。《国民经济和社会发展第十个五年计划纲要》和《国民经济和社会发展第十个五年计划科技教育发展专项规划》的相关条例都提及了跨国公司在华研发。这些政策为中国企业赴海外研发和跨国公司在华研发节约了时间和空间成本，有利于中国企业吸收国外的先进技术和先进管理经验，推动国家创新体系的进一步开放。

---

　　① 程如烟：《30 年来中国国际科技合作战略和政策演变》，《中国科技论坛》2008 年第 7 期。

第四阶段（2006~2015 年）的政策主题强调了技术出口，彰显了中国高水平的科技创新能力。《国家中长期科学和技术发展规划纲要（2006~2020 年）》《国民经济和社会发展第十一个五年规划纲要》《国家"十二五"科学和技术发展规划》等都提到了技术出口的相关内容。在这一阶段，中国在全球科技合作中扮演着越来越重要的角色，但自主创新水平仍待提高。

第五个阶段（2016 年至今），2016 年的《国家创新驱动发展战略纲要》提出"三步走"战略："2020 年进入创新型国家行列，2030 年跻身创新型国家前列，2050 年建成世界科技创新强国"。2018 年以来，中国意识到自主创新的重要性，为坚决解决"卡脖子"难题，把自立自强设为科技创新的重要目标。科技体制的变革实现了从单一技术引进转为技术引进、出口双向结合。《"十三五"国家科技创新规划》《中国制造 2025》《"十三五"先进制造技术领域科技创新专项规划》等一系列科技创新政策，增加了科技智能的相关主题，并推动中国"智能制造业"的发展。

（三）以色列与中国的比较

以色列科技政策发展的第一阶段（1948~1967 年）和中国第一阶段（1978~1985 年）的相同点是学习借鉴西方国家先进的科技，以技术引进为主、自主创新为辅。但是以色列在这一阶段更强调改进和更新国外先进技术，这大大提升了以色列在这一阶段的自主创新能力，而中国在这一阶段的自主创新能力稍有欠缺。

以色列的科技政策演变的第二阶段（1968~1991 年）的主题由自主发展向出口导向过渡。以色列当时已经顺应国际化的潮流，以出口为导向发展科技和经济。此阶段，以色列和西方发达国家建立起更加紧密的合作关系，签订了一系列自由贸易协定，降低以色列高科技产品的出口难度，并逐步开拓国际市场。而中国在第二阶段（1985~1994 年）则是继续引进国外先进技术，开展国际科技合作。此阶段，中国发布的政策数量明显增多，自主创新的政策主题也在萌芽。

以色列的科技政策演变的第三阶段（1992 年至今）是政策逐渐成熟的阶段，建立了激励风险投资的相关制度，为科研机构的发展提供更加充足的资金。这一阶段，以色列建立公司的门槛大幅降低，为民间科技创新创造了条件。中国的第三阶段（1995～2005年）的政策主题侧重跨国公司在华研发和中国企业赴海外研发，该阶段，中国不断建立激励政策，加强科研机构之间的合作研发。中国的第四、第五阶段（2006年以来）开始重视高科技人才的培养，而且由于国际环境的变化，中国的自主创新政策主题更加坚定。

随着两国政策的不断完善，以色列和中国的开放式国家创新体系建设方向越来越明确。

三　开放式国家创新体系中主体相关的政策分析

（一）以色列开放式国家创新体系中主体相关的政策分析

自建国以来，以色列就十分重视发展科学研究。政府一直投入大量的资源来提升高校及科研机构与企业的科技创新，这使得以色列的科技实力长久处于强势地位。因此，以色列被誉为"中东硅谷"，其制度环境也是高校及科研机构与企业发展的沃土。

1. 以色列高校及科研机构的相关政策

以色列重视人才培养。根据2021年OECD的官方数据[①]，以色列25～64岁公民的高等教育人口比例为49.7%，而OECD的平均水平仅为39.7%。此外，以色列的科学家和工程师在总人口中的占比达到1.45%，位居世界第一。[②]以色列深刻认识到高等院校是高科技人才聚集的中心，是科研技术创造的重要承担者，因此非常重视大学生创新创业能力的培养。事实表明，以色列7所研究型大学不仅承担了整个国家的社会科学研究工作[③]，还承担了30%的自然科学研究项目以及几乎所有的基础研究项目和基础研究培训工作。

以色列高等院校的成果转换率非常高，这得益于以色列的成果转化机构。1958年，魏兹曼科学研究院建立了将科研成果转化为商业产品的组织机构，这一机构是世界上最先设立的成果转化机构之一。除了建立成果转

---

① OECD数据库官网，https：//stats. oecd. org/。

② 李军锋、谢涛：《以色列科技计划体系研究及对重庆的启示》，《全球科技经济瞭望》2022年第5期。

③ 杨波：《以色列科技创新发展的经验与启示》，《上海经济》2015年第1期。

化机构，以色列大学附近建立的工业园区也可以提升科研成果转化的效率，例如特拉维夫大学的高技术工业园区已经是以色列最大的高科技工业园区。

2016 年，以色列高等教育委员会发布了《2017～2022 年高等教育发展规划》①，指出"计划五年内投入 20 亿新谢克尔用于高校世界一流学科的科学研究，增设包括生命科学（个性化医疗）、物理学（量子）、化学（新材料）在内的国家科学基金和国际科研基金"②。对于高等教育的重视促使以色列培养了一大批科技人才，为以色列开放式国家创新体系的建设提供了人才支撑。

2. 以色列企业的相关政策

企业作为开放式国家创新体系的重要主体，在科研成果转化中发挥着举足轻重的作用。以色列出台的《以色列公司法》降低了以色列公司成立的门槛。以色列的企业群体是世界上最具有创新精神的企业群体，敢于面对风险，且以色列的新创企业群体中大多数是中小企业。

据统计，以色列的中小企业数量众多但存活时间很短，基本不超过 3 年。为解决这一问题，以色列制定了一系列政策扶持计划以提升各类企业的存活率。从表 6-5 可见，特努发计划和初创公司支持计划的目标是提高初创企业的存活率，具体行动是为初创企业评估商业计划和初步规划等，还为初创企业提供融资等服务；技术孵化器计划是为公司项目的技术创新提供资金，且政府支持的资金比例高达 85%；大型公司研发计划则是帮助规模大的公司提高创新能力，解决大公司的后顾之忧。总之，这些计划为以色列企业的科技创新提供了支持。政府为项目评估风险，并采取措施降低相应的风险，还为企业提供创新所需的巨额资金，显著提升了以色列企业的创新效率。

表 6-5　以色列高技术企业政策扶持计划

项目	目标及资助措施
特努发计划	目标：帮助企业进行商业计划项目评估和初创计划的制定等 资助措施：企业在项目中最多可获得核定预算 85% 的资金，最高可达 6 万美元

① 《以色列高教委发布〈2017—2022 年高等教育发展规划〉——提升科研创新竞争实力》，《教师》2016 年第 30 期。
② 《以色列高教委发布〈2017～2022 年高等教育发展规划〉——提升科研创新竞争实力》，《教师》2016 年第 30 期。

续表

项目	目标及资助措施
技术孵化器计划	目标：帮助企业筹集资金，并将创意成果商业化运行 资助措施：规定项目 2~3 年完成，资金最多有 500000~750000 美元，其中政府提供 85%，孵化器提供 15%。项目于规模盈利阶段才需以每年 3% 返还政府资金
初创公司支持计划	目标：筹集初创公司的初创基金 资助措施：初创公司可以获最高达 50%（即 125 万美元）的研发经费
大型公司研发计划	目标：为大型企业提供科技创新支持 资助措施：按照标准的大型企业可获得最高 50% 的项目资金

资料来源：通过杜丽雅等《以色列创新体系视角下颠覆性技术培育研究》，《全球科技经济瞭望》2020 年第 3 期，以及以色列官方网站资料整理。

以色列的双边科研基金制度在开放式国家创新体系的发展中发挥了重大作用。以色列与很多科技先进国家成立了各种双边基金，例如与美国成立美以科学基金会（1974 年）、美以工业研发基金会（1977 年）、美以农业研发基金（1978 年）、美以科学和技术委员会（1994 年）；与英国成立英以研发基金（1999 年）；与加拿大成立加以工业与研究开发基金会（1994年）；与德国成立德以科学研发基金会（1987 年）；与新加坡成立新以工业研究开发基金（1996 年）；与欧盟成立欧盟第五框架；等等。双边基金是实现两国国际科技合作互利共赢的高效途径，有利于增强以色列企业的科技创新竞争力。

（二）中国开放式国家创新体系中主体相关的政策分析

中国实行"知识创新工程"、"科教兴国"战略、"人才强国"战略等，开放式国家创新体系不断完善。[①] 中国的国家重点实验室、高校和科技创新企业是中国科技创新发展战略的重要主体，重点是发展基础科学研究和应用研究。

1. 中国高校及科研机构的相关政策

1985 年 5 月 15 日，第一次全国教育工作会议召开。1985 年 5 月 27 日，

---

① 李政：《创新与经济发展：理论研究进展及趋势展望》，《经济评论》2022 年第 5 期。

中共中央颁布《中共中央关于教育体制改革的决定》，由此，高校的教育自主权逐渐放开。1995 年 5 月 6 日颁布的《中共中央国务院关于加速科学技术进步的决定》，首次提出在中国实施"科教兴国"的战略。《中华人民共和国教育法》于 1995 年 9 月 1 日正式生效，践行"科教兴国"战略。2008 年中国提出"研究型大学"建设方针。习近平总书记指出："高水平研究型大学要把发展科技第一生产力、培养人才第一资源、增强创新第一动力更好结合起来，发挥基础研究深厚、学科交叉融合的优势，成为基础研究的主力军和重大科技突破的生力军。"[①]

中国的研究型大学制度发挥了重要的基础应用研究作用，有利于不断完善开放式国家创新体系的建设。

2. 中国企业的相关政策

我国企业的自主创新能力不断增强，政府为企业的创新发展制定的政策法规更加完善，针对不同规模的企业制定对应的科研管理制度。科技创新企业带动相关产业发展，增强了国际竞争力。政府支持我国企业与国际科研机构合作，同时增强我国企业的自主创新能力。

从表 6-6 可见，1983 年，中国成立国务院科技领导小组，制定相关重点技术科技项目计划，同时改革国营企业的技术创新模式。领导小组与美国签订中美科技交流合作协议书，引进美国先进技术。1984 年颁布的《中华人民共和国专利法》为企业提供科技创新发展的产权保护。1989 年，《关于进入大中型工业企业科研单位科学事业费管理办法》颁布，制定了大中型企业科研管理的政策，中国开始重视企业科研创新能力的发展。1996 年的技术创新工程，首次提出"以企业作为创新主体"。党的十五大提出建立现代企业制度，提升政府为中小企业技术创新提供服务的水平，同时企业的自主创新水平得到了一定程度的提升。1999 年，中国颁布了《关于科技型中小企业技术创新基金的暂行规定》，目的是支持科技型中小企业的发展。2000 年颁布的《关于加强中小企业技术创新服务体系建设的意见》和《关于加速实施技术创新工程形成以企业为中心的技术创新体系的意见》完善了政府服务中小企业的制度建设。2012 年颁布的《依托企业建设国家重

---

① 习近平：《在中国科学院第二十次院士大会、中国工程院第十五次院士大会、中国科协第十次全国代表大会上的讲话》，人民出版社，2021，第 11～12 页。

点实验室管理暂行办法》增强了企业与国家政府部门之间的科技研究合作。

表 6-6 中国为建设创新型企业制定的政策或事件

年份	政策或事件	政策意义
1983	成立国务院科技领导小组	强化科技职能，补足创新短板，加强顶层设计
1984	《中华人民共和国专利法》	鼓励发明创造，推动应用，促进科技经济和社会的发展
1989	《关于进入大中型工业企业科研单位科学事业费管理办法》	大中型企业形成统一的经济实体，依托科技进步提高整体经济效益
1996	技术创新工程	有利于加快国家创新体系建设，建设创新型国家
1999	《关于科技型中小企业技术创新基金的暂行规定》	提升创新基金的使用效益
2000	《关于加强中小企业技术创新服务体系建设的意见》《关于加速实施技术创新工程形成以企业为中心的技术创新体系的意见》	提升创新服务水平，为中小企业创造更好的创新环境
2012	《依托企业建设国家重点实验室管理暂行办法》	增强创新成果的商业化应用

（三）以色列与中国的高校及科研机构与企业的相关政策比较

1. 高校及科研机构

在建国初期（1948 年），以色列的科教兴国战略已被明确提出，重点突出科技创新的重要性。中国的科教兴国战略提出时间（1995 年）略晚，但中国对该战略给予了高度重视。以色列大学的科研成果转化效率较高得益于以色列成熟的成果转化机制，中国也逐渐意识到成果转化的重要性，并于 2015 年进一步修正《中华人民共和国促进科技成果转化法》，完善科技成果转化的指导性政策建议，中央政府不断完善细节，重视提升科技成果转化的能力。不仅如此，以色列还在大学附近建立工业园区，大大降低了科研成果产业化的空间和时间成本，这一做法也值得中国的大学和科研机构学习和实践。提升科技成果产业转化率对于开放式国家创新体系的建设有非凡的意义，更有利于技术出口和国际科技合作。

从以色列高等教育的人口比例为 49.7% 远高于 OECD 的平均水平（39.7%）这一数据来看，说明以色列践行"科教兴国"战略成果丰硕，高等教育普及程度非常高。而中国高等教育的人口比例仅为 18.5%，低于 OECD 国家平均水平，说明中国的高等教育制度仍有进一步完善的空间。

2. 企业

以色列制定科技创新制度主要是为了协助以色列的科技创新企业加速融入全球价值链，参与世界的国际科技创新，最终实现以色列国际科技创新市场占有率的提升。由于以色列国内市场狭小，开放式国家创新体系的建立对于其科技创新发展非常重要。

根据世界知识产权组织（WIPO）发布的《2021 年度全球创新指数报告》，以色列 2021 年的创新能力综合排名为世界第 15 位，市场成熟度（第 8 位）、商业成熟度（第 8 位）、知识与技术产出（第 6 位）3 个综合指标居世界前十，风险资本投资者和接受者等指标居世界第一。这些成就得益于以色列国内建立公司的门槛较低，即《以色列公司法》的有效推动，以色列的企业孵化器制度也发挥了重要作用，风险投资制度和双边科研基金会推动了以色列风险资本投资体系的完善。而 2021 年中国的创新能力综合排名为第 12 位。中国的创新产出排名为第 7 位，说明中国的科技创新成果转化效率比较稳定；而以色列创新产出排名为第 12 位，说明中国在创新产出方面相对于以色列有大幅提升。但是中国的创新投入排名为第 25 位，以色列为第 18 位，表示中国相对于以色列的创新投入力度较弱，仍需要增加科研创新投入。

企业作为开放式国家创新体系的重要主体，国家对于企业的激励和鼓励政策的制定对开放式国家创新体系的完善和发展有重要的意义。

第七章　以色列与中国政府间科技合作

在全球经济一体化的背景下，科研活动逐渐呈现跨国家（地区）合作的特征。中国政府高度重视国际科研合作，通过政策引导和项目牵引这两个主要的形式推动国际科技合作，比如制定了《"十三五"国家科技创新规划》《"十四五"国家科技创新规划》等；通过建立国际科技创新中心、降低高新技术企业税收等方式，推动了中国国际科技合作的进程。以色列作为中东地区的科技强国之一，同时也是"一带一路"上重要的合作伙伴，因此，以色列是中国不可忽视的国际科技合作对象。

一　两国间科技合作协定

自 1992 年 1 月 24 日中国和以色列正式建立外交关系，两国在政治、经贸和文化等领域的友好合作得到稳步发展。两国相关政府机构签署了许多关于科技合作的协议，大力推动了两国间的科技合作。农业是一国发展立足的根本大业，是国家高度重视的产业之一。除了农业，高新技术领域是国家在知识经济时代提高国家竞争力的关键领域。本节将重点探讨两国在农业科技和高新技术科技领域签署的合作协定情况。

（一）两国间农业科技合作协定

以色列土地贫瘠并且多沙漠，其自然环境不利于农作物的生长。但是，以色列通过节水灌溉技术和设施栽培技术等方式来发展农业，创造了农作物在荒漠中生存的奇迹。① 因此，以色列农业的发展对中国进一步发展农业具有重要的借鉴意义。

---

① 刘辉、曹华：《中国与以色列友好关系论》，《重庆大学学报》（社会科学版）2006 年第 1 期。

　　中国和以色列在农业领域签署了一系列的合作协定，并且开展了许多关于农业的合作和交流活动。本节在中国知网的知识元检索①中，以"中国以色列合作备忘录"和"中国以色列农业合作"为检索字段，检索时间为2022年3月24日，筛选出两国农业合作协定以及活动，进而得到中以两国农业合作协定或活动情况（见表7-1）。

　　两国间的农业科技合作自两国建交以来日益密切，并且合作呈现逐步加深的趋势。比如，从最初两国签署农业科技合作协定，逐步发展到成立农业培训中心以及建立农业创新园区等。结合以色列农业领域的专利数据可见，以色列相比中国在农业方面具有更大的科技优势。因此，中国可进一步加强同以色列在农业领域的科技合作，进而提高农业的科技水平，促进农业高质量发展。

表 7-1　中以两国农业合作协定或活动情况

年份	合作协定/活动
1993	签署"农业部谅解备忘录"
1997	正式成立"中以农业联合委员会"
1999	中以两国农业合作暨中以国际农业培训中心成立六周年研讨会
2000	中以双边节水农业国际学术研讨会
2001	签署"中国以色列农业合作会议纪要"
2002	签署《关于合作建立中国—以色列旱区农业示范培训中心的谅解备忘录》
2007	签署"科技合作谅解备忘录"，涉及生物、农业和水资源等领域合作的内容
2008	中以农业合作周
2010	中国—以色列"昆明水资源保护、管理与可持续利用合作项目培训"
2014	中国农业部和以色列农业部签署合作纪要
2015	《中以创新合作三年行动计划》
2018	签署关于开展奶业技术合作、农业培训、共建农业创新中心、农业创新园区4个协议

---

　　① 数据源于中国知网数据库，参见 https：//www.cnki.net/。

（二）两国间高新技术科技合作协定

中国作为最大的发展中国家，高度重视创新驱动发展战略并推动该战略的执行。以色列的创新研发能力在全球位居前列。高新技术对于国家经济和社会发展来说都是至关重要的。中国和以色列自建交以来，两国高度重视高新技术领域的科技合作。如在 2015 年，中国科技部与以色列经济部签署了《中以创新合作中心的联合声明》①，这为两国的合作提供了良好的平台。

中国和以色列在高新技术领域签署了一系列的合作协定。本节在中国知网的知识元检索②中，以"中国以色列高科技合作协定"与"中国和以色列科技合作"为检索字段，检索时间为 2022 年 3 月 24 日，并筛选出两国高新技术领域合作协定以及活动。

从表 7-2 可见，以色列和中国自建交以来都保持着良好的合作关系。两国签署的合作协定面向的细分领域随时间的推移有所不同，从建筑行业到电子通信再到新能源领域的合作，呈现从传统的基建领域逐渐向新能源领域转变的趋势。总而言之，这些合作协定的签订为两国在高新技术领域的合作提供政策支持，极大地促进了以色列和中国科技合作的发展。

表 7-2　中以两国高新技术领域合作协定或活动情况

年份	合作协定/活动
1993	签署中以科技合作协定
1993	签署中以建筑合作谅解备忘录
1993	签署中以邮政电信合作协议
1994	签署《中华人民共和国政府和以色列国政府关于邮电领域合作协定》
1995	签署财政议定书、中以经贸混合委员会第二次会议纪要以及电子通信、医疗设备、食品加工和高新技术转让等方面的合作协议等
2000	签署《中华人民共和国政府和以色列国政府工业技术研究开发合作协定》
2007	中国国家自然科学基金委员会与以色列科学基金会签署合作备忘录

---

① 史晓东：《"一带一路"战略下的中以创新合作》，《汕头大学学报》（人文社会科学版）2016 年第 9 期。

② 数据源于中国知网数据库，参见 https://www.cnki.net/。

续表

年份	合作协定/活动
2008	签署《中国商务部与以色列工业、贸易和劳动部关于进一步推动中以高技术领域合作的谅解备忘录》
2010	签订《中华人民共和国政府和以色列国政府关于促进产业研究和开发的技术创新合作协定》
2013	以色列集团与内蒙古太清光热能源有限公司签署太阳能辅助火力发电项目合作备忘录
2014	签订《中华人民共和国政府和以色列国政府关于成立中以创新合作联合委员会的备忘录》
2015	签署《中以创新合作三年行动计划》

资料来源：根据中国知网的知识元检索结果以及中华人民共和国商务部通知整理而成。参见《以色列集团与中国签订3.4亿美元合作协议》，中华人民共和国商务部网站，http：//il. mofcom. gov. cn/article/jmxw/201310/20131000371821. shtml。

二　两国间科技合作基金项目

基金项目对科技项目的资助有力地推动了两国的科技合作。中国科研项目的资助主要来自国家自然科学基金委员会和国家社会科学基金委员会，以色列则主要依靠以色列科学基金委员会提供经费支持。

（一）中国围绕以色列展开的基金项目

中国科研项目主要依靠国家社会科学基金和国家自然科学基金提供经费支持。因此，本书采用在国家社会科学基金（以下可简称"社科基金"）和国家自然科学基金（以下可简称"自科基金"）支持下，中国围绕以色列展开的基金项目来体现以色列是中国重要的伙伴国。

1. 中国围绕以色列展开的社科基金项目

本书在国家社科基金项目数据库里，以"立项查询的项目名称＝以色列"为检索字段，检索得到14个项目，检索时间为2022年3月12日，整理得到表7-3。从中可见，中国围绕以色列展开的社科基金项目主要是青年项目和一般项目。青年项目共有8个，占比为57.14%；一般项目共有5个，占比为35.71%；重点项目仅有1个，占比仅为7.14%。从学科类别来看，中国围绕以色列展开的社科基金项目集中在世界历史、外国文学这两个学科，侧面反映出以色列的历史对中国存在较大的研究意义。

表 7-3　中国围绕以色列展开的社科基金项目的相关情况

项目批准号	项目级别	学科分类	项目名称	立项年份
92ASS008	重点项目	世界历史	巴勒斯坦（以色列）历史专题研究（19世纪末—20世纪中）	1992
96BJL043	一般项目	理论经济	以色列农业现代化和农村共同富裕之路及对我国的启迪	1996
04BWW017	一般项目	外国文学	以色列文学研究	2004
06BWW011	一般项目	外国文学	古代以色列宗教文化语境下的希伯来神话研究	2006
11CSS005	青年项目	世界历史	以色列民族构建研究	2011
12CSS013	青年项目	世界历史	冷战初期的苏联与以色列关系研究（1948—1953）	2012
14BZJ031	一般项目	宗教学	犹太教与现代以色列国家的关系及其演变研究	2014
15CSS010	青年项目	世界历史	文化犹太复国主义与以色列民族国家建构关系研究	2015
17CMZ048	青年项目	民族问题研究	以色列民族社区治理结构中的家族因素研究	2017
17CSS013	青年项目	世界历史	以色列移民政策史研究	2017
18CGJ023	青年项目	国际问题研究	"一带一路"倡议在以色列推进的重点与难点研究	2018
19CSS024	青年项目	世界历史	国际犹太慈善组织与以色列民族国家构建研究	2019
21CSS017	青年项目	世界历史	以色列城市社会的变迁及其治理研究	2021
21BSS048	一般项目	世界历史	古代以色列宗教史专题研究	2021

资料来源：国家社科基金项目数据库，参见 http://fz.people.com.cn/skygb/sk/index.php/Index/seach。

为进一步探究中国围绕以色列展开的社科基金项目的论文成果，本节通过在中国知网高级检索的基金搜索栏中输入社科基金项目编号进行检索，并且限定结果为基金文献，得到其中 8 个项目所对应的论文成果，查询时间为 2022 年 3 月 20 日，整理得到表 7-4。

从表 7-4 可见，"以色列移民政策史研究"这一项目拥有的论文数量最多，为 9 篇；其次是"以色列民族社区治理结构中的家族因素研究"和"以色列民族构建研究"这两个项目论文数相对较多；其余项目的论文数量较少。因此，中国围绕以色列展开的社科基金项目所产出的论文主要集中在以色列历史和民族构建这两个方面。

被引用量这一指标是学者常用来衡量论文质量的指标。从表 7-4 可见，这些论文平均被引用量为 423 次，其中最低的被引用量为 74 次，为《试析阿拉法特时代巴以和平进程的内部制约因素》；最高的被引用量为 1740 次，为《对赛义德后殖民主义文学批评的批评》。说明这些论文都对中国同以色列展开更多的合作具有一定的参考价值。

表 7-4　中国围绕以色列展开的社科基金项目产出的论文成果情况

项目批准号	项目名称	论文成果	来源	被引用量
18CGJ023	"一带一路"倡议在以色列推进的重点与难点研究	莫迪执政以来印以关系新发展及其动因——基于印度"巴以脱钩"外交视角的解读	印度洋经济体研究	165
17CMZ048	以色列民族社区治理结构中的家族因素研究	全球流动视野下的民族国家转型——基于海外边界人类学政治路径的研究	中央民族大学学报（社会科学版）	655
		当代西方批判边界研究述评	民族研究	618
		重建领土观：东耶路撒冷的领土/土地争夺——批判地缘政治视角下的巴以冲突	世界民族	792
		圣地抑或领土："民族国家之外"的遗产存续——耶路撒冷的日常生活与空间实践	思想战线	387
		隔离墙、土地与房屋：地缘政治与生命政治的交互——一项东耶路撒冷巴勒斯坦人的民族志研究	开放时代	465
		"传统国家"视角下的奥斯曼瓦克夫制度研究	青海民族大学学报（社会科学版）	105

续表

项目批准号	项目名称	论文成果	来源	被引用量
17CSS013	以色列移民政策史研究	一个还是多个：认同极化与当代以色列的身份政治困境	西亚非洲	516
		以色列对非洲非法移民的认知及管控	西亚非洲	367
		从"事实"转向"法理"——《犹太民族国家法》与以色列国家属性的再界定	世界民族	195
		犹太人对地理大发现的贡献和参与	世界民族	448
		塑造"新人"：现代犹太民族构建的身体史	历史研究	480
		以色列贝都因人的原住民话语：发展与争议	世界民族	202
		以色列倒移民现象的由来、动机及应对	世界民族	353
		"以色列2020规划"与以色列的国土空间政策	外国问题研究	305
		现代性何时进入犹太社会？——有关犹太社会现代转型起点问题研究的演进	史学理论研究	335
11CSS005	以色列民族构建研究	以色列犹太人内部的边缘族群：东方犹太人	世界民族	466
		以色列爱国主义教育实现路径之探析	科学·经济·社会	304
		以色列阿拉伯人政治地位之探析	延安大学学报（社会科学版）	249
		试析巴勒斯坦被占领土犹太定居点及影响	延安大学学报（社会科学版）	193
		以色列反恐打击策略对中国反恐的启示	科学·经济·社会	375
		试析中东战争时期以色列国家安全战略的地缘政治逻辑	科学·经济·社会	552
		试析阿拉法特时代巴以和平进程的内部制约因素	科学·经济·社会	74

项目批准号	项目名称	论文成果	来源	被引用量
15CSS010	文化犹太复国主义与以色列民族国家建构关系研究	文化犹太复国主义与犹太教关系论析	世界民族	779
14BZJ031	犹太教与现代以色列国家的关系及其演变研究	现代犹太宗教暴力的根源、特点及影响	学海	281
		《被束缚的朱克曼》中犹太民族性的自由诉求	贵州民族研究	104
		后奥斯陆时代巴勒斯坦被占领土上犹太定居点的新发展	国别和区域研究	78
06BWW011	古代以色列宗教文化语境下的希伯来神话研究	D. H. 劳伦斯与犹太神秘主义	南开学报（哲学社会科学版）	694
04BWW017	以色列文学研究	对赛义德后殖民主义文学批评的批评	东北师大学报（哲学社会科学版）	1740

注：根据中国知网的结果整理而成。

为更全面地展现项目产出的论文成果情况，本节进一步分析论文来源期刊的情况。基于中国知网中出版来源导航的结果，整理得到中国围绕以色列展开的社科基金项目产出的论文来源期刊情况（见表 7-5），检索时间为 2022 年 3 月 20 日。

从表 7-5 可见，中国围绕以色列展开的社科基金项目的论文成果主要集中在《世界民族》和《科学·经济·社会》这两个期刊，其中《世界民族》主要发表国内外学者研究世界民族的论文，内容涉及族际热点问题透视、民族传统文化与现代化、国外民族考察报告、民族社会的变革与发展等[1]，《科学·经济·社会》主要的发文方向是欠发达地区开发研究、经济论坛、社会纵横、科学与哲学、经济与法、传统文化与现代化、新闻与传播等[2]。综合来看，这两个期刊都对哲学和传统文化的研究方向给予重视。

---

① 源于世界民族期刊官网，参见 http：//www.shijiemz.cn。

② 源于万方数据知识服务平台，参见 https：//sns.wanfangdata.com.cn/sns/perio/kxjjsh？tabId=intro。

总体上看，在社科基金支持下，项目产出大部分论文的来源期刊是核心期刊和 CSSCI 来源期刊，且期刊的影响因子总体平均在 1 左右，说明中国围绕以色列展开的社科基金项目所产出的论文质量较高。

表 7-5　中国围绕以色列展开的社科基金项目产出的论文来源期刊情况

来源	次数	复合影响因子	综合影响因子	期刊类型
印度洋经济体研究	2	1.319	0.755	CSSCI 来源期刊扩展版
民族研究	1	2.344	1.77	核心期刊，CSSCI 来源期刊
世界民族	7	0.917	0.508	核心期刊，CSSCI 来源期刊
思想战线	1	1.868	1.283	核心期刊，CSSCI 来源期刊
开放时代	1	2.93	2.423	核心期刊，CSSCI 来源期刊
青海民族大学学报（社会科学版）	1	0.231	0.162	核心期刊，CSSCI 来源期刊扩展版
西亚非洲	2	1.718	1.247	核心期刊，CSSCI 来源期刊
历史研究	1	1.527	1.061	核心期刊，CSSCI 来源期刊
外国问题研究	1	0.169	0.137	CSSCI 来源期刊扩展版
史学理论研究	1	0.731	0.519	核心期刊，CSSCI 来源期刊
科学·经济·社会	4	0.44	0.081	核心期刊，CSSCI 来源期刊
延安大学学报	1	0.61	0.263	—
延安大学学报（社会科学版）	1	0.61	0.263	—
学海	1	1.543	1.032	核心期刊，CSSCI 来源期刊
贵州民族研究	1	0.676	0.429	核心期刊，CSSCI 来源期刊
国别和区域研究	1	—	—	
南开学报（哲学社会科学版）	1	2.029	1.043	核心期刊，CSSCI 来源期刊
东北师大学报（哲学社会科学版）	1	2.175	0.868	核心期刊，CSSCI 来源期刊

资料来源：知网出版来源导航，https://navi.cnki.net/knavi/。

2. 中国围绕以色列展开的自科基金项目

国家自然科学基金委员会是中国资助科研项目的主要机构之一，在科技项目的顺利开展中发挥着重要的推动作用。本节通过在国家科技报告服务系统中以"以色列"作为检索字段检索得到项目的相关信息，检索时间为 2022 年 3 月 20 日，整理得到中国围绕以色列展开的自科基金项目情况。从表 7-6 可见，中国围绕以色列展开的自科基金项目数量逐年上升，说明中国更加关注以色列。其中，国家国际科技合作专项有 4 项，国家高技术研究发展计划有 2 项，国家重点研发计划有 3 项。

表 7-6　中国围绕以色列展开的自科基金项目情况

项目类别	名称	立项年份
国家高技术研究发展计划	分子聚合培育优质多抗专用型南方小麦新品种最终报告	2006
国家高技术研究发展计划	设施农业物联网关键技术研究与实现	2008
国家国际科技合作专项	运用现代医学手段评价针灸对儿童脑性瘫痪的治疗作用	2008
国家国际科技合作专项	纸电池印刷及信息智能化应用技术开发	2010
国家国际科技合作专项	中以合作发掘与利用野生麦类资源优异基因	2013
国家国际科技合作专项	现代奶业中非粮型饲料调制及高效利用研究	2015
国家重点研发计划	面向超快检测的片上硅光子集成芯片技术研究	2017
国家重点研发计划	基于视脑信息融合分析的中以联合信息化教育技术验收报告	2017
国家重点研发计划	半导体超晶格混沌同步网络及其在高级通讯协议中的应用年度报告	2017

资料来源：国家科技报告服务系统，https：//www.nstrs.cn/kjbg/CommonPeople。

从表 7-3 和表 7-6 可见，中国围绕以色列展开的社科基金项目主要属于人文领域，特别是与其历史和民族相关的研究；而中国围绕以色列展开的自科基金项目则主要属于自然领域，比如农业、医学等。总体来看，中国围绕以色列展开的科研项目较多，并且涉及多个领域。这有助于中国加深对以色列的了解，为两国开展科技合作打基础。

（二）两国科技合作项目情况

中国和以色列两国间的科技合作项目主要由中国自科基金和以色列科

学基金资助。中国社科基金很少涉及同其他国家的合作项目，因此本节只分析在中国自科基金和以色列科学基金资助下，两国开展的国际科技合作项目情况。本节根据国家自然科学基金委员会国际合作局的通知公告①，得到中国和以色列合作项目的数据，进而得到2015~2021年，自然科学基金委员会支持的中以科技合作项目情况。

从表7-7可见，合作项目的申请数量呈现上升的趋势，批准项目数从2015年后有较大幅度的提高，说明中国同以色列的科技合作越来越密切。资助比例总体呈现下降的趋势，意味着批准项目数的增加幅度小于申请项目数增加幅度。

表7-7 国家自然科学基金委员会支持的中以科技合作项目情况（2015~2021年）

单位：个,%

年份	申请项目数	初审后项目数	批准项目数	资助比例
2015	58	56	24	41.38
2016	136	125	37	27.21
2017	105	101	35	33.33
2018	154	151	35	22.73
2019	136	129	36	26.47
2020	206	197	38	18.45
2021	194	188	39	20.10

资料来源：根据国家自然科学基金委员会国际合作局发布的通知公告整理而成。

注：此处的资助比例是批准项目数占申请项目数的比重。

两国科技合作项目呈现明显的领域特征。根据国家自然科学基金委员会申请代码编号原则②可将项目根据科学部进行划分，从而得到2015~2021年中以科技合作项目所属的科学部情况。从表7-8可见，合作项目数呈现上升的趋势，两国科技合作关系日益紧密。从科学部来看，两国合作项目所归属的科学部呈现每两年为一周期的特征，即某一年集中在生命科学部和医学科学部，其后一年集中在表7-8中其余的科学部。该现象出现的原因可能是合作项目申请指南中有合作领域的要求。

---

① 国家自然科学基金委员会国际合作局，参见 https：//bic. nsfc. gov. cn/Show. aspx? CI＝30。

② 国家自然科学基金委员会，参见 https：//www. nsfc. gov. cn/publish/portal0/tab550/。

表7-8　中以合作项目所属的科学部情况（2015~2021年）

年份	数理科学部	化学科学部	生命科学部	地球科学部	工程与材料科学部	信息科学部	医学科学部	总计
2015	1	0	0	9	8	6	0	24
2016	0	0	28	0	0	0	9	37
2017	10	7	0	5	8	5	0	35
2018	0	0	29	0	0	0	6	35
2019	9	12	0	8	5	2	0	36
2020	0	0	29	0	0	0	9	38
2021	12	11	0	8	3	5	0	39

资料来源：根据国家自然科学基金委申请代码编号原则整理而成。

　　由于中以科技合作项目所归属的科学部呈现每两年为一周期的特征，故本节选取2019~2020年的数据为代表，来展现两国科技合作项目在中国科技合作中的情况。此外，国家自然科学基金委的年度报告将国际（地区）合作项目分为重点国际（地区）合作研究项目和组织间国际（地区）合作研究项目，而本节所提到的中以科技合作项目都属于组织间国际（地区）合作研究项目，因此，本节使用组织间国际（地区）合作研究项目按科学部统计申请与资助情况的数据。通过计算得到两国科技合作项目数占中国国际科技合作项目数的比重，进而绘制图7-1。

　　从图7-1可见，2019年中以科技合作项目数占中国国际科技合作项目数的比重在8.33%~29.27%。其中数理、化学和地球科学部合作比重都在20%以上，而工程与材料科学部和信息科学部的合作比重在8%以上，说明中以科技合作项目主要集中在数理、化学和地球科学领域。从2020年的情况来看，两国在生命科学部的合作项目占比为35.80%，在医学科学部的合作项目占比为29.03%，说明生命科学和医学领域是中以科技合作的重要领域。

　　一般而言，项目的顺利合作一方面离不开科研人员的潜心钻研，另一方面也离不开项目经费的支持。因此，为进一步表现两国科技合作项目的特征，通过国家自然科学基金大数据知识管理服务门户的项目公布①，依据

———————————

① 国家自然科学基金大数据知识管理服务门户，参见 https://kd.nsfc.gov.cn/fundingProjectInit。

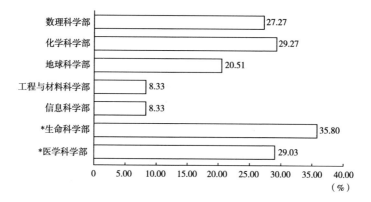

图 7-1 2019~2020 年中以合作项目所属科学部数量占比情况
注：根据国家自然科学基金委的通知公告和年度报告整理而成，＊代表 2020 年中以合作项目所属科学部，无＊代表 2019 年中以合作项目所属科学部。

合作项目中方负责人、单位以及批准年度进行检索，得到各个合作项目的经费情况。中国和以色列对于合作研究项目提供对等的研究经费，依据对应年度中国组织间国际（地区）合作研究项目按科学部资助的数据①，计算得到中以合作项目经费占比，进而绘制图 7-2。

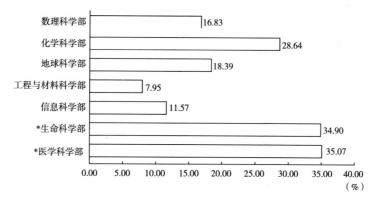

图 7-2 2019~2020 年中以合作项目所属科学部经费占比情况
注：根据国家自然科学基金大数据知识管理服务门户的项目公布和年度报告整理而成，＊代表 2020 年中以合作项目所属科学部，无＊代表 2019 年中以合作项目所属科学部。

---

① 《国家自然科学基金委员会年度报告》，国家自然科学基金委员会网站，https：//www.nsfc.gov.cn/publish/portal0/tab535/。

从图 7-2 可见，2019 年中以科技合作项目经费占中国国际科技合作项目经费的比重在 7.95%～28.64%。各科学部资助的经费占比有所差异，其中化学和地球科学部资助的合作经费占比均在 18.39% 以上，工程与材料科学部和信息科学部资助的合作经费占比均在 7.95% 以上。从 2020 年的情况来看，生命科学部和医学科学部资助的合作项目经费占比均超过 1/3，表明生命科学和医学领域是中以科技合作的重要领域。

第八章　以色列与中国重点区域科技合作

近年来，以色列与中国的科技创新合作越来越密切。从图8-1可见，2010年，中以双方签订了技术创新合作协定，重点关注两国企业产业之间的创新合作发展。2014年，中以创建创新合作联委会机制，与以色列开展科技创新国际合作已是大势所趋。2017年3月，中以正式建立"创新全面伙伴关系"，中以创新合作进入新纪元，合作涉及的领域也更加广泛。

图 8-1　中国—以色列建交的里程碑事件

一　以色列—江苏的国际科技合作现状分析

2008年，江苏省即成为中国第一个与以色列签署双边研发合作协议的省份。① 在科学研究方面，江苏省以以色列为研究对象的科研项目数量在国内众多省份中位列前茅。因此，研究以色列与中国重点区域的合作，分析江苏省是非常有必要的。

根据科技部中国科技信息研究所公开发布的《国家创新型城市创新能力评价报告 2021》②，江苏省共有 11 个创新型城市参与全国评比，数量排名全国第一，是名副其实的创新大省，其中 7 个城市（南京第 4 位，苏州第 5 位，无锡、常州、南通、镇江、扬州分列第 13、16、23、25、27 位）排名

---

① 《江苏省与以色列签署产业研发合作协议》，《江苏科技信息》2008 年第 11 期。
② 《新华日报：国家创新型城市排名出炉 南京、苏州位列全国前五》，江苏省科学技术厅门户网，http://kxjst.jiangsu.gov.cn/art/2022/2/17/art_ 83499_ 10350359.html。

前30。"江苏制造"的高技术产品出口量占全国总量的1/5，其中江苏省技术领跑率高达15.1%。正是江苏省的高科技创新实力吸引了以色列与江苏省的合作。江苏省高度重视开放创新，不断以务实的态度提升自主创新能力，以开放的精神增强与以色列的国际科技合作。

（一）科技合作政策现状

江苏省人民政府重视与以色列的国际科技合作，早在2008年就与以色列签订了相关的产业研发合作协议，江苏省制定相关政策的目的是加强江苏省的跨国技术转移，同时引进以色列的先进技术，产出更高附加值的技术提升自身的科技实力。江苏省科技厅采取措施全面落实《江苏省科技发展"十一五"规划纲要》，以及《江苏省人民政府办公厅关于印发江苏省"十二五"科技发展规划的通知》《"十三五"科技发展规划》等，加强与以色列等国家的高科技合作，建设开放式创新体系，"实施一批创新应用型技术为主体的重大跨国合作项目，共建一批国际联合研究中心与产业创新国际合作联盟"[①]。江苏省全面落实国家科技发展规划的举措不仅提升了江苏省高科技的转移程度，而且提升了区域性国际科技合作机构的水平，为江苏省的开放式创新创造了更加有利的条件，同时也为江苏省与以色列的国际科技合作奠定了坚实的科技基础。

本书利用北大法宝-中国法律检索系统以及政府官方网站收集了涉及江苏省与以色列的国际科技创新合作相关政策文本，并基于政策文本提取了江苏省与以色列相关合作的重点内容。

江苏省是中国与以色列建立合作关系的第一个省级行政单位。从表8-1可见，2008年以色列与江苏省签署产业研发合作计划，目的是加强以色列与江苏省在各个领域的合作。这一文件是指导相关领域合作的总纲领，签署文件的主体是江苏省人民政府与以色列政府，文件关注江苏省与以色列工业实体经济相关科技领域的国际科技合作。2009年以色列政府对双方的国际科技合作的相关政策更加重视，由签署双边合作协议到《科技创新规划的通知》，江苏省与以色列的国际科技合作变得更紧密。以色列与江苏省在2008年科技合作成功的基础上进一步合作，双方于2011年签署了以色列

---

① 《江苏省"十二五"科技发展规划》，《新华日报》2012年1月5日。

历史上与外国签订的第一个永久性基金合作协议。① 2014 年、2015 年江苏
省科技厅重点建设"中以常州创新园",与以色列首席科学家办公室加强合
作,以色列与江苏省形成了良好的合作信任机制。

表 8-1　以色列与江苏省合作的重点政策事件

年度	政策/事件	以色列与江苏省合作的具体政策内容	政策合作特征
2008	江苏省人民政府和以色列政府签署双边合作协议;设立江苏-以色列产业研发合作计划	该政策是以色列政府首次与中国的省级行政单位签署的合作协议,主要是加强与以色列在经济、工业、技术和商业等领域全方位合作	工业和技术研究开发方面 实体经济合作 促进成果商业化
2009	江苏省科学技术厅关于组织申报 2009 年度省国际科技合作计划项目的通知	江苏省与以色列的合作重点在产业研发领域:"生物医药、新能源、新材料、现代农业、电子信息等高技术领域"主要进行"联合研发、技术引进、技术应用和技术转移"等	关注高科技领域的合作 强调技术转移等方面 双方都提供合作经费支持
2011	《中华人民共和国江苏省人民政府与以色列国政府关于产业研究和开发的双边合作协议》	江苏与以色列的永久性的基金合作协议	基金合作 以色列首次与外国政府签订的永久性基金合作协议
2014	《中以常州创新园共建计划:以色列企业进驻常州西太湖科技产业园激励政策》	建设中以常州创新园	建设中以合作平台 降低以色列企业进入中国的门槛
2015	中以常州创新园正式揭牌	中以常州创新园成立	建设完备的科技创新园区
2017	常州市政府关于加快建设中国以色列常州创新园的实施意见	常州市政府与以色列的经济部和创新局开展科技创新合作,共建"中以常州创新园"联合办公室	进一步完善中以常州创新园的运行机制
2021	江苏省人民政府办公厅《关于印发江苏省"十四五"科技创新规划的通知》	大力推进开放协同创新的国际科技合作战略,深化与创新大国的产业研发合作关系,深入实施与以色列等重点国别和地区的联合研发资助计划	开放协同 增强江苏省与以色列政府之间的研发资助

资料来源:数据根据北大法宝数据库整理。

---

① 江苏记者站:《集聚全球创新资源 推进跨国技术转移》,《科技日报》2012 年 11 月 7 日。

江苏省科技厅每年固定发布组织申报项目的通知，大力支持江苏省的国际科技合作，通知中会明确提出江苏省与以色列展开紧密合作，并落实相关合作协议。如《江苏省科学技术厅、江苏省财政厅关于组织申报 2015 年度省政策引导类计划（产学研合作、国际科技合作）项目的通知》中提到"支持企业面向以色列等全球产业技术创新能力强且与我省具有较好合作基础的国家或地区，围绕江苏产业转型升级和战略性新兴产业发展关键技术需求，开展跨国联合研发或技术转移，加强消化吸收、提升创新水平"。

江苏省各地级市不仅依据省级政策积极开展与以色列的国际科技合作，而且根据本市的具体科技研发情况制定本市的相关政策加强与以色列的合作，因地制宜。

镇江市。2013 年发布《镇江市人民政府办公室关于 2013 年科技工作的意见》，规定设立"镇江—以色列高新技术交易中心"，中心的主要职能是扩大镇江与国内外创投、风投基金的合作；并且设立"镇江—以色列风险投资基金"，这一政策为镇江与以色列的科技合作奠定了基础。

常州市。2016 年，常州市人民政府办公室关于印发《常州市"十三五"科技创新规划》的通知：高起点规划中以常州创新园。中以常州创新园的落地点，是中以合作的关键桥梁。

无锡市。于 2016 年发布《无锡市科技发展资金项目指南及组织项目申报的通知》，指明无锡市的重点科技合作对象是以色列等国家和地区的著名高校、世界一流科研机构，从而加强国际科技合作。

苏州市。苏州市科学技术局发布了《关于发布〈2011 年苏州市科技发展计划项目指南〉与组织项目申报的通知》，支持以色列与企业联合境外科研机构、大学、企业等围绕新兴产业关键技术开展合作研发；2016 年，苏州市人民政府办公室发布《关于印发〈苏州市"十三五"科技发展规划的通知〉》，加大与以色列的专项科技合作，建设国际科技合作联盟。

（二）项目合作现状

江苏与以色列早在 2011 年就设立了"江苏—以色列产业研发专项合作基金"[①]，形成了长效化的产业研发合作支持机制。不仅如此，以色列风险

---

① 张晔、孙欣沛：《创新无国界但需引线人》，《科技日报》2012 年 11 月 7 日。

投资机构 Infinity 公司与北京中海创业投资有限公司和中新苏州工业区园区创业投资有限公司还设立了"中以创业投资基金"，目的是投资以中关村科技园区的高新技术企业为主的中国科技企业，这为中以两国的高科技合作提供了更多的资金支持。

2014 年，中国科技部、江苏省人民政府和以色列经济部三方正式签署协议，建立中以常州创新园。① 截至 2021 年 6 月中以常州创新园已经促成中以技术合作项目 37 个，如"中以产业技术创新中心，江苏省中以产业技术研究院、以色列孵化器集团共建联合实验室"等，还建成"创新中心、荧光 RNA 平台"等一系列关键创新平台。② 中以常州创新园将以色列的先进技术转化为更多的生产力，同时为中国接触到更多的国际科技创新要素创造条件。

2019 年 9 月 18 日，中以常州创新园设立的以色列江苏创新中心在以色列的特拉维夫开展试运营，目的是进行离岸研发和协助建立孵化企业。截至 2022 年该中心已入驻 19 家企业，累计开展中以高科技企业技术对接 200 余次，该中心加强了江苏与以色列的合作。

中以国际科技合作产业园是一项双边政府计划，园区为寻求进入中国市场的以色列工业公司提供了一个独特的平台。该计划为以色列公司提供了在中国江苏省常州西太湖科技产业园建立总部的机会，并提供了独特的激励计划和专业服务，以帮助其克服障碍并在中国取得科技合作成果。

中以常州创新园和以色列江苏创新中心不仅为中国和以色列的高科技产业发展提供了更加完备的条件，而且还使两国的创新资源加速聚集产生更多的成果。

2022 年江苏—以色列创新合作工作交流会以线上视频会议形式成功召开。会议交流了 2022 年度江苏与以色列创新合作相关的工作安排，探讨了在中以建交 30 周年之际，江苏与以色列创新合作进一步深化。会议再次反映了以色列重视与江苏省的区域合作。以色列与江苏省的国际科技合作的三个重点项目的情况见表 8-2，项目分别关注不同的领域，表现出以色列与

---

① 《江苏省在以色列签署 14 个高科技领域合作项目》，中国有色网，https://www.cnmn.com.cn/ShowNews1.aspx? id = 414997。

② 《市政府关于加快建设中国以色列常州创新园的实施意见》，《常州市人民政府公报》2017 年第 4 期。

江苏省合作项目的广泛程度，项目重点关注知识产权转移和医疗等技术转移方面。

从表 8-2 可见，中以知识产权转移平台强调两国知识产权成果转化，提高知识转化为成果的能力。"常州中以医疗器械国际创新孵化中心建设与国际技术转移服务"项目则关注"产学研医"，提升医疗技术转移水平。"中以儿童自闭症康复中心"重点关注康复技术转移合作。

表 8-2　以色列与江苏省的国际科技合作项目情况

项目名称	项目简介
中以知识产权转移平台	旨在引导中以两国企业、高校、科研机构、专业组织和知识产权服务机构共同参与推进知识产权交易成果跨国转移承接，加快知识产权成果的转化运用
"常州中以医疗器械国际创新孵化中心建设与国际技术转移服务"项目	在中以技术转移中探索"产学研医"新模式，引进以色列高端技术项目和人才，着重培养一批医疗器械专业人才；聚集优势资源，搭建信息共享、产学研合作、技术转移服务、产业化服务等平台，拓展技术合作渠道；建设软硬件平台，引入医疗器械投资基金，形成医疗器械产业链与生态体系，为医疗器械产业创新提供一站式服务，建成国内一流、国际有影响力的中以合作转移加速平台
中以儿童自闭症康复中心	在"治疗自闭症的减压背心技术"基础上，此次再次与国际知名的儿童自闭症康复机构——以色列 BIS 组织合作，全面开展中以康复技术对接与成果转化

资料来源：江苏省科学技术厅网站，参见 http：//kxjst.jiangsu.gov.cn/。

中以常州创新园为加速融合以色列的先进技术、提升国际科合作效率、发挥两国创新要素的优势，分别建成江苏省中以产业技术研究院、以色列江苏创新中心、中以创新汇等一批创新平台及载体，拓展双方合作的平台，更好地实现双方的互利共赢，表 8-3 介绍了中以常州创新园平台机构及相关职能。从表 8-3 可见，2019 年成立江苏省中以产业技术研究院，以色列初创企业众多，科技实力强，中国制造业发达，双方优势互补创造更强的合作成果。中以创新汇的重要贡献在于引进以色列的先进技术，并建立全国创新协作网络；以色列江苏创新中心为双方提供多种展区服务；以色列中心是园区成果展示推广的重要平台和国内最大的以色列科技创新成果的交易平台。

表8-3　中以常州创新园平台机构介绍

机构名称	机构职能
江苏省中以产业技术研究院	核心载体，关键技术创新策源地，研发机构改革试验田，中以创新融合大平台。借助中以常州创新园对以合作渠道，充分吸收融合中以科技创新资源，打造集聚中以科技创新人才、科技创新成果、产业合作项目等中以科技创新融合发展大平台，实现中以合作双赢
中以创新汇	专业技术合作服务平台，为以色列创新技术进入中国、中国企业寻求以色列乃至国际技术提供专业服务，汇聚智能制造、新一代信息技术、生命科学、新材料、生态环保、现代农业等领域的先进技术，形成区域创新经济生态圈，面向全国构建国际创新协作网络
以色列江苏创新中心	中心可对外提供政策咨询、产业调研、科技对接、品牌展示、培训、活动举办、团组接待、离岸办事处代运营等多项服务
以色列中心	以色列中心是园区对外展示推广的重要平台，也是目前国内最大的以色列创新技术成果展示、推广和交易平台。中心展示馆展陈面积2200平方米，包括印象以色列、希望长河、创新之光、未来之窗、友谊长廊、领导关怀六大板块，系统展示了园区发展历程、合作模式、建设成果、落户企业、合作项目和以色列风土民情、创新技术产品等情况

资料来源：中以常州创新园官网，http://cicp-cz.com/list/18/page/1.html。

　　中以常州创新园的共建项目和成果众多，在促进以色列与中国科技创新合作方面发挥了重要作用。从表8-4可见，中以常州创新园合作项目的研究领域集中在医学科技方面，如牙科、生物科学、医疗设备等。以色列的医学科技发达，中国和以色列展开医学合作，不仅可以提升中国自身的医学科技水平，而且还可以提升中国的医疗效率。

表8-4　中以常州创新园的相关共建项目列举

共建项目	项目介绍
水产养殖的水处理一体化系统	系统能够有效过滤水中的微粒，去除二氧化碳，丰富氧气，并在水回收到水池前一并除氨。该公司销售即插即用式、不同规格的单向生物滤池（SPB）完整系统，并管理统包项目
生物活性珊瑚粉制成的骨移植物	CoreBone专注于研发新型强效生物活性珊瑚骨移植物，即珊瑚骨粉。这是一种仿生骨移植物，从质地、强度、可吸收性和生物活性等方面都优于普通骨移植物

共建项目	项目介绍
牙科种植体解决方案，包含种植体、配件和专业工具	CORTEX 提供牙科种植体解决方案，包含种植体、配件和专业工具。公司的产品拥有 FDA 认证、CE 认证和 CFDA 注册证。产品符合最高标准：ISO9001 和 ISO13485。CORTEX 发明了反旋转锁扣元件与种植牙的整合技术，此技术提升了 CORTEX 种植牙的初始稳定性。同时该公司的数字化系统为牙医提供全引导式数字工作流程
幽门螺旋杆菌呼气检测系统	以色列埃伦斯（Exalenz）生物科学公司成立于 2006 年，公司致力于研发、生产和销售世界最精准的碳 13 尿素呼气测试系统，敏感性达到 100%，特异性为 97.9% ~99.2%，公司拥有 41 项注册专利。该公司产品 BreathID 型 13C 呼气测定分析仪是全球唯一同时获得 FDA、CFDA 和 CE 批准的同类型医疗设备。相对于传统的普通光谱技术，Exalenz 应用前沿的"冷激光"技术，简化并使检测过程自动化，20 分钟可出结果
Carmel Diagnostis	Carmenl Diagnostic 应用自主研发的设备，首创通过检测培养基中的氧化应激水平来评估人体胚胎发育质量，通过该检测方式来选择和判定有效人工受孕的鲜胚成功率比传统金标准检测的成功率提升 15% ~20%，进而提高胚胎临床妊娠率
希若嘉（CNOGA）	希若嘉（CNOGA）是一家创新型无创医疗设备研发公司，在中国的上海、常州和巴西设有子公司。CNOGA 经过多年研发，已拥有无创多体征检测和无创血糖检测领域的多项国际专利，主要产品包括 MTX（无创多参数检测仪）、CoG（无创组合血糖仪）等医疗器械。CNOGA 公司致力于研发、制造和销售无创血液参数和生命体征检测设备，推动和引领了无创医疗设备在远程医疗领域的应用，让更多患者可以在家里舒适地使用无创设备自行监测血液和生命体征状况，监测结果能够自动发送至手机、电脑或直接发送到医疗中心，医生能立即通过 SMS 或邮件回应患者，让患者随时掌控自己的健康指标

资料来源：中以常州创新园官网，http：//cicp-cz.com/list/18/page/1.html；《京东方拟 5000 万美元入股以色列医疗设备商》，中国证券网，https：//company.cnstock.com/company/scp_ gsxw/201703/4042522.htm。

（三）基于文献计量的江苏省"985""211"高校与以色列的国际科技合作分析

江苏省"985""211"高校在以色列与江苏省的国际科学研究合作中发挥着关键作用，因此研究江苏省"985""211"高校学者与以色列学者合作论文发表情况可反映以色列与我国重点区域——江苏省之间的国际科学研究合作情况。江苏省有两所"985"高校，分别是南京大学和东南大学；有 9 所"211"高校，分别是苏州大学、南京师范大学、南京航空航天大学、南京理工大学、中国矿业大学、河海大学、江南大学、南京农业大学、中国药科大学。

1. 江苏省"985""211"高校历年合作发文量情况分析

本章节以 Web of Science 的 SCI 核心数据库进行相关检索，以"地址 = China and Israel"为检索字段，文献类型为论文；检索时间跨度设置为 1991~2021 年；索引 = SCI-Expandeds；检索时间为 2022 年 5 月 6 日，共计检索得到以色列与中国合作发表论文 10475 篇。

其中，以色列与江苏省"985""211"高校合作论文共 1704 篇，占以色列与中国合著论文总数（10475 篇）的 16.27%，说明江苏省是以色列的重点合作伙伴。图 8-2 展示的是江苏省位列"985""211"工程的 11 所高校与以色列合著论文的占比情况。以色列与江苏省 11 所重点高校的合著论文数占比前五名由高到低分别是：南京大学 1254 篇（73.59%）、苏州大学 186 篇（10.92%）、东南大学 63 篇（3.70%）、南京理工大学 57 篇（3.35%）、南京农业大学 55 篇（3.23%）。就江苏省高校与以色列合著发表论文而言，南京大学与以色列的合著论文数量最多，这在某种程度上得益

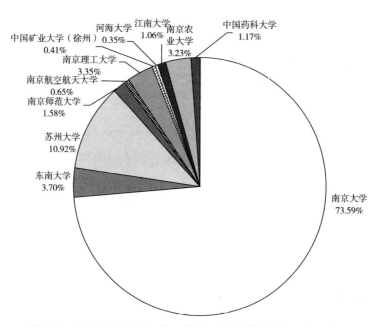

图 8-2 以色列与江苏省"985""211"高校合著论文占比情况

于南京大学犹太和以色列研究所在促进同以色列合作方面所发挥的重要
作用。

从图 8-3 可见，江苏省与以色列合作文献中最早的是以色列与南京大
学于 1991 年发表了第一篇 SCI 合作论文，南京大学是江苏省 11 所"985"
"211"高校中与以色列合作发表论文最早的高校。在之后几年里，以色列
与南京航空航天大学（1993 年）、中国矿业大学（1996 年）、河海大学
（2000 年）、南京农业大学（2001 年）、苏州大学（2002 年）、南京师范大
学（2003 年）相继合作，发表合著论文，进一步建立科技合作关系。

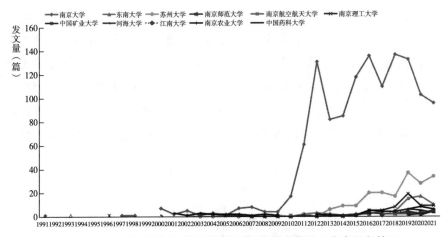

图 8-3　以色列与江苏省"985""211"高校合著论文发表历年情况

2. 江苏省"985""211"高校与以色列合作发文分析

本书应用 Web of Science 进行文献检索，检索时间为 2022 年 5 月 6 日至
2022 年 5 月 31 日，并应用 VOSviewer 1.6.19 完成对数据的可视化分析，根
据以色列与江苏省 11 所高校的合著论文，得出色列和江苏省的合作网络共
现图谱如图 8-4 所示，共有 923 所机构，36 个集群，8115 个连接，总连接
强度为 9989。

根据以色列与江苏省合作的重要机构条件，筛选出以色列 7 所研究型大
学与江苏省"985""211"高校合作的共 18 所研究机构，得到图 8-5，共
有 5 个集群，78 个连接，总连接强度为 438。

从图 8-5 可见，在合作网络中处于同一集群的大学的合著论文的相关

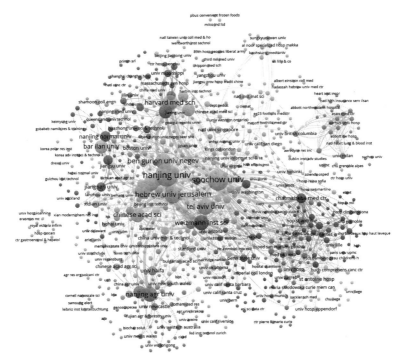

图 8-4 以色列与江苏省"985""211"高校合作网络图

研究方向比较接近，而网络中最显著的是南京大学和苏州大学，说明以色列研究型大学与这两所高校合作较频繁。

南京大学与以色列 7 所研究型大学均有合作，且反映合作关系的连线较粗，说明南京大学与以色列 7 所研究型大学的合作关系紧密，且南京大学与特拉维夫大学和魏兹曼科学研究院是同一集群，说明三者的研究方向较接近；与苏州大学合作最多的是以色列理工学院，其次就是与特拉维夫大学、希伯来大学、魏兹曼科学研究院，苏州大学与江南大学、以色列理工学院处于同一集群；与南京农业大学合作较多的是希伯来大学和魏兹曼科学研究院，且南京农业大学、河海大学、中国矿业大学与希伯来大学、海法大学是同一集群；南京航空航天大学与巴伊兰大学、南京师范大学是同一集群；东南大学与本-古里安大学、南京理工大学、中国药科大学均有合作，且位于同一集群。总体来说，以色列与江苏省共 18 所大学合著论文的网络密度高，总连接强度强，且研究方向相对集中。以色列的研究型大学和江苏省南京大学的合作较多，但是以色列与江苏省的其他高校的合作略少，有进一步提升的空间，同一集群的高校都可与以色列联合开展科技合作。

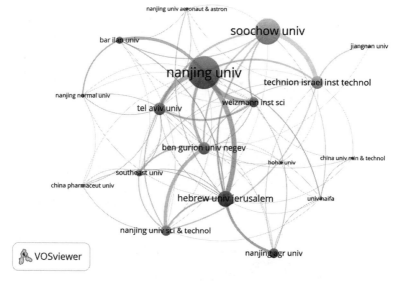

图 8-5　以色列与江苏省共 19 所科研机构合作网络

3. 江苏省"985""211"高校与以色列合著论文研究方向分析

1991~2021 年，以色列与南京大学合作发表论文数量有 1254 篇，其中排名前三的研究方向是量子粒子领域（Physics Particles Fields）、天体物理学（Astronomy Astrophysics）、核物理学（Physics Nuclear），可视化结果的重点关键词也是物理等相关专业术语，表明以色列与南京大学的科研合作方向重点集中于物理学。以色列与苏州大学的合作研究方向排名前三的是多学科材料科学（Materials Science Multidisciplinary）、肿瘤学（Oncology）、应用物理学（Physics Applied）；以色列与东南大学合作研究方向排名前三的是心脏和心血管系统（Cardiac Cardiovascular Systems）、医学综合内科（Medicine General Internal）、电气电子工程（Engineering Electrical Electronic）；与南京理工大学的合作方向排名前三的是化学物理（Chemistry Physical）、化学分析（Chemistry Analytical）、电化学（Electrochemistry）；以色列与南京农业大学的合作方向排名前三的是植物科学（Plant Sciences）、土壤科学（Soil Science）、微生物学（Microbiology）；与南京师范大学的合作方向排名前三的是环境科学（Environmental Sciences）、数学（Mathematics）、天体物理学（Astronomy Astrophysics）；与南京航空航天大学合作的方向排名前三的是交通科技科学（Transportation Science Technology）、经济学（Economics）、多学科工程（Engineering Multidisciplinary）；中国矿业大学是能源燃料（Energy Fuels）、多学科地球科学（Geosciences Multidisciplinary）、自动化控制系统（Automation Control Systems）；河海大学是多学科农业（Agriculture Multidisciplinary）、地质工程（Engineering Geological）、机械工程（Engineering Mechanical）；江南大学是食物科学技术（Food Science Technology）、应用化学（Chemistry Applied）、心脏和心血管系统（Cardiac Cardiovascular Systems）；中国药科大学是多学科物理学（Physics Multidisciplinary）、神经科学（Neurosciences）、生物化学与分子生物学（Biochemistry and Molecular Biology）。

江苏省"985""211"高校与以色列的合作成果显著，本节强调以色列与江苏省强势学科合作的特征，所以根据 Web of Science 导出的以色列与江苏省合著发文量在 50 篇以上的高校的研究方向数据，得到表 8-5。从中可见，南京大学与以色列的合著论文主要的研究方向是物理学相关学科，南京大学的物理学是我国的一级重点学科，材料科学与内科学等也是名列前茅，因此，以色列与南京大学的合作集中在南京大学的强势学科。东南大学、苏州大学、南京理工大学、南京农业大学也发挥着各自的优势与以色列展开相关学科的合作，并产生了可观的科研成果。总而言之，高校应该发挥各自的学科优势，加强与以色列机构的合作。国内大学不但要继续发挥自身优势，也应注重相关劣势学科的发展，提升科学研究型大学的实力。

表 8-5　以色列与江苏省"985""211"高校合著论文研究方向分析

南京大学 1254 篇		苏州大学 186 篇		东南大学 63 篇		南京理工大学 57 篇		南京农业大学 54 篇	
研究方向	占比（%）	研究方向	占比（%）	研究方向	占比（%）	研究方向	占比（%）	研究方向	占比（%）
量子粒子领域	68.80	多学科材料科学	20.97	心脏和心血管系统	12.70	化学物理	21.05	植物科学	31.48
天文物理学	29.77	肿瘤学	17.74	医学综合内科	12.70	化学分析	19.30	土壤科学	18.52
核物理学	18.04	应用物理学	16.13	电气电子工程	11.11	电化学	19.30	微生物学	12.96
多学科物理学	8.46	纳米科学与纳米技术	15.05	化学分析学	7.94	多学科材料科学	19.30	农学	11.11

南京大学 1254 篇		苏州大学 186 篇		东南大学 63 篇		南京理工大学 57 篇		南京农业大学 54 篇	
多学科材料科学	2.47	化学物理学	13.44	肿瘤学	7.94	纳米科学与纳米技术	14.04	基因遗传学	11.11
医学综合内科	2.47	血液学	12.37	公共环境与职业健康	6.35	电气电子工程	12.28	多学科科学	11.11
化学物理学	2.00	多学科化学	11.83	麻醉学	4.76	能源燃料	10.53	生物技术应用微生物学	9.26
仪器仪表学	2.00	量子粒子领域	10.75	电化学	4.76	生物物理学	7.02	环境科学	7.41
多学科科学	1.84	天文天体物理学	10.225	神经科学	4.76	多学科化学	7.02	园艺学	7.41
应用物理学	1.44	凝聚态物理	9.68	多学科物理学	4.76	工程化学	7.02	生物化学与分子生物学	5.56

资料来源：Web of Science 数据库。

二 以色列—四川省国际科技合作现状分析

以色列作为全球重要的研发中心，被誉为"创新的国度"，也被称为"中东硅谷"。自 2016 年以来，四川省与以色列的科技合作越来越紧密。四川省具有较好的产业基础，且市场规模巨大；而以色列具有丰富的科技资源，且长期坚持推进与四川省的经贸创新合作。所以，以色列与四川省的国际科技合作潜力巨大。

（一）以色列—四川省国际科技合作政策分析

2016 年，四川省与以色列经济部签署了《关于研究开发和科技创新合作协议》。[①] 该协议的目标是促进以色列与四川省之间的国际科技合作，加强产业技术相关合作，并拓展至商业经济领域的合作，提升四川省与以色列的合作层次，提升合作产业的创新竞争力。自 2016 年以来，以色列与四

[①] 《省政府与以色列经济部签署科技创新合作协议》，四川省人民政府网站，https：//www.sc.gov.cn/10462/10464/10797/2016/6/2/10382867.shtml？cid＝303。

川省的科技创新合作关系发展迅速①，双方创新发展理念契合、产业发展优势互补，川以双方在各项科技领域进行切实合作，取得了一定的成效。

2017年9月7日在四川省绵阳市举行的中国—以色列（四川）经贸创新合作大会上，四川省与以色列共同发布《加强四川省与以色列创新经贸合作中国（绵阳）科技城行动计划》，明确目标是打造川以合作创新平台，采取市场化运营，优化各种资源配置，提升创新实力。

本章利用北大法宝—中国法律检索系统以及政府官方网站，收集了四川省与以色列的国际科技创新合作的相关政策文本，并基于政策文本和以色列相关合作内容总结川以合作模式（见表8-6）。从中可见，四川省重视与以色列的科技创新合作，四川省发挥国际科技合作的渠道优势、信息优势和人才优势与以色列展开合作；四川省积极参与国际服务贸易交易会，并学习以色列的科技知识，活跃科技创新思想；四川省与以色列的国际科技合作越来越频繁。2012年之前双方的合作较少，2011年，四川省科技代表团访问以色列，与以色列的特朗普风险投资公司达成合作共识，在四川省建设大型示范项目。② 2016年，川以双方进一步签订合作协议强化双方的研究开发合作。

表8-6 以色列—四川省合作的政策事件分析

年度	政策/事件	以色列与四川省合作的内容
2012	成都市科技局与以色列英飞尼迪集团签订科技合作框架协议	按照合作协议，双方将共同建立知识产权商业化运用、转化平台，探索创新做法，推进成都和以色列在现代农业、生物医药、新能源和物联网等新兴产业领域进行深入合作
2012	四川省商务厅关于印发《四川省商务发展第十二个五年规划纲要》的通知	优化四川省与以色列合作的外派劳务基地建设
2016	四川省政府与以色列经济部签署关于研究开发和科技创新合作的协议	研究开发、科技创新方面的合作，提高科技创新能力，增强彼此产业竞争力，发展和加强在经济领域的合作
2016	四川省人民政府办公厅关于印发2016年四川省科技服务业发展重点工作安排的通知	促进四川省与以色列的技术转移合作

---

① 《中国（四川）和以色列科技经贸交流推介会在特拉维夫举行》，中国科技网，http://www.stdaily.com/guoji/huiyi/2019-05/28/content_769159.shtml。

② 《四川省科技代表团访问以色列和法国》，中华人民共和国科学技术部网站，http://www.most.gov.cn/dfkj/sc/zxdt/201110/t20111011_90221.html。

续表

年度	政策/事件	以色列与四川省合作的内容
2017	四川省人民政府办公厅关于印发 2017 年全省科技创新工作要点的通知	引导支持产学研机构与以色列等国高水平研发机构开展联合研究
2018	四川省人民政府办公厅关于印发成德绵国家科技成果转移转化示范区建设实施方案的通知	推进国际成果转移转化平台建设。积极推进与以色列等国家的技术转移机构合作,共建一批国别合作园,促进国际技术转移
2018	四川省人民政府关于印发四川省技术转移体系建设方案的通知	加大与以色列等国家的产学研合作,推进技术转移
2019	四川省科技厅赴以色列开展"设施农业技术"培训	学习借鉴以色列成熟的农业设施技术指导我国农业生产
2020	四川省科技厅与电子科技大学、四川农业大学签署四川—以色列科技创新战略合作协议	大力支持科研项目合作、平台建设、产学研合作及外专引智、人才培训等方面

资料来源:四川省人民政府网站,https://www.sc.gov.cn/;中华人民共和国科学技术部网站,https://www.most.gov.cn/index.html。

以色列与四川省的国际科技合作是由双方的科技主管部门领导,合作的参与方增加了高校,促进了科学技术的转移和科技成果的转化。

(二)项目合作现状

四川省与以色列的国际科技合作领域集中于生命科学技术、创新创业企业和现代农业技术等。国际科技合作基地是国际科技合作能力的重要体现,本书对川以现有合作平台数据进行搜集整理,形成表 8-7。现有合作平台主要涉及生命科学产业、创新基金、现代农业技术、教育等领域。

表 8-7 以色列—四川省国际科技合作项目情况

项目名称	项目简介
成都—以色列孵化器	英飞尼迪集团和四川众生集团合作建成集投资和孵化于一体的"成都—以色列孵化器"国际项目,助力以色列初创企业实现其产品和技术在中国市场的产业化,以培育科技型中小企业和创新型企业为目标,为以色列初创团队提供孵化服务,帮助对接投融资、市场拓展、对接本地化服务等。组织开展了中以人工智能高峰论坛、中以创新合作(成都)对接会、量子号·以色列生命科学产业技术私享会、第七届中以创新投资峰会等交流活动,帮助中以企业对接

项目名称	项目简介
中以创新技术转移平台	2017年3月，成都市政府、启迪控股、以色列康帕思投资集团就在成都龙泉驿区共建中以创新技术转移平台签署战略合作协议。根据协议内容，将共建两国跨境科技园和孵化器、联合创新平台和技术转移中心、中以创新基金等，打造具有国际影响力的高新技术转移平台
成都—以色列科技创新中心	创新中心重点关注生物医药、大数据和医疗等领域，目的是促进以色列的先进技术在成都进一步转化为产业成果，推动中国市场发展，并为成都市科技企业开拓世界市场创造条件
贝克森中以加速器	四川省贝克森中以现代农业公司与以色列海法经济合作公司、成都—以色列孵化器等机构合作成立"贝克森中以加速器"。加速器在海法设立，专注现代农业技术、生命科学和智慧城市等领域
四川省社科院以色列研究中心	突出农业、科技、教育、文化等重点，定位于促进四川与以色列在城镇化、工业化、信息化、国际化、农业现代化等领域的深度合作，为四川"两个跨越"和中国全面深化改革做出贡献
电子科技大学以色列研究中心	促进两国间以科技创新创业为主旨的高层次人才培养、科学研究、技术转移等交流与合作。中心与以色列多个高校、企业（Infinity集团）建立了合作关系

从表8-7可见，成都—以色列孵化器使用"技术+资金"的经营模式培育创新型企业；中以创新技术转移平台使用"技术+资金"的合作模式，建设技术转移中心，并成立中以创新基金；成都—以色列科技创新中心应用"资金+技术"模式，提升产业成果转化效率；贝克森中以加速器专注农业和生命科学等领域；四川省社科院以色列研究中心促进四川与以色列的深度合作；电子科技大学以色列研究中心以"人才+技术"的合作模式，与以色列多个高校和企业建立合作关系，重点培养高层次人才，进行技术转移的交流与合作。

四川省与以色列国际科技合作项目主要集中于四川省成都市的国际科技合作平台建设，调动四川省成都市的资源建设，四川省与以色列的国际科技创新创业合作应向四川省的其他城市推进，以促使四川省科技创新创业资源形成更合理的布局。

（三）基于文献计量的四川省"985""211"高校与以色列科学研究的国际合作分析

四川省"985""211"高校在川以科学研究的国际合作中发挥着举足轻重的作用，因此研究四川省"985""211"高校学者与以色列学者合作论文发表情况可揭示川以之间的科学研究国际合作情况。

1. 四川省"985""211"高校历年合作发文量情况分析

选取 Web of Science 数据库核心合集作为数据源，以四川省 5 所"985""211"高校为研究对象，依次检索研究机构中同时包含"四川大学和以色列""电子科技大学和以色列"等 5 所高校与以色列的合作情况，共得到论文 438 篇，占全国（10475 篇）的 4.18%。本书进一步统计四川省 5 所高校与以色列历年合作发文情况，从图 8-6 可见，最早的是以色列与四川大学于 1993 年发表的一篇合作文献。随后，四川农业大学（1999 年）、电子科技大学（2009 年）、西南交通大学（2011 年）和西南财经大学（2013 年）相继与以色列建立合作研究关系。总体呈现合著论文发文量上升的趋势，说明以色列与四川省高校合作频率越来越高，且总体合作关系越来越紧密。

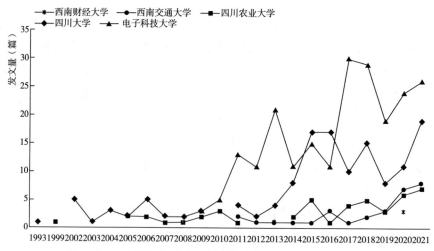

图 8-6　以色列与四川省五所高校合著论文历年发文量分析

图 8-7 展示的是四川省 5 所"985""211"高校与以色列合著论文占比

情况。以色列与四川省 5 所重点高校的合作论文数占比由高到低分别是：电
子科技大学 218 篇（49.77%）、四川大学 139 篇（31.74%）、四川农业大学
46 篇（10.50%）、西南交通大学 30 篇（6.85%）、西南财经大学 5 篇
（1.14%）。就累计合作发文量而言，电子科技大学与以色列机构的合作论
文数量比四川其他高校更多，说明电子科技大学是以色列与四川省高校科
研合作中的重要合作伙伴。近年来，电子科技大学以色列研究中心在川以
合作中发挥着日益重要的作用。

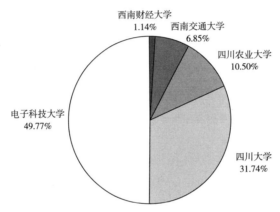

图 8-7　以色列与四川省"985""211"高校合著论文占比情况

2. 四川省"985""211"高校与以色列合作发文分析

本书应用 Web of Science 进行文献检索，检索时间为 2022 年 5 月 6 日至
2022 年 5 月 31 日，并应用 VOSviewer 1.6.19 完成对数据的分析（见图 8-8
和图 8-9）。

根据以色列研究机构和四川省"985""211"高校合作发文数据，得出
机构合作网络共现图谱（见图 8-8）。从图中可见，该图谱中共有 540 个所
机构，35 个集群，3646 的连接，总连接强度为 5004。

根据以色列与四川省合作的重要机构条件，筛选出以色列 7 所研究型大
学与四川省"985""211"高校合作的共 12 个研究机构，得到合作网络图
8-9，共有 4 个集群，33 个连接，总连接强度为 159。

从图 8-9 可见，在合作网络中最显著的是电子科技大学和四川大学，
说明以色列研究型大学与这两所大学的国际科技合作较频繁。电子科技大

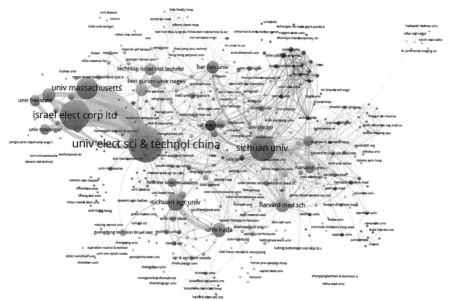

图 8-8　以色列与四川省"985""211"高校合作网络图

学与以色列 7 所研究型大学均有合作，在网络图谱中与以色列理工学院和本-古里安大学连线较粗，反映出合作关系紧密，且电子科技大学与魏兹曼科学研究院、西南财经大学位于同一集群，说明筛选出的合著论文的研究方向是较接近的；四川大学合作范围较广，与巴伊兰大学、特拉维夫大学、希伯来大学合作较紧密，且处于同一集群；与四川农业大学合作较紧密的是海法大学，二者位于同一集群，同时反映了二者合作研究方向一致，合作关系紧密；与西南交通大学合作较频繁的是以色列理工学院、本-古里安大学，且三者处于同一集群。总的来说，电子科技大学的发文量在四川省五所高校中是最多的，而且在合作网络中，电子科技大学与以色列的研究型大学的合作也是最紧密的。建议四川省高校在开展相关研究的同时扩大团队间、机构间合作，共同推进中国与以色列的科技进步。

3. 四川省"985""211"高校与以色列合著论文研究方向分析

根据 Web of Science 导出的四川省"985""211"五大高校与以色列合作发文的研究方向数据，得到表 8-8。由此可见，电子科技大学前三大研究领域为运筹学管理科学（Operations Research Management Science）、工业工程（Engineering Industrial）、电气电子工程（Engineering Electrical Electronic）；四川大学前三大研究领域为临床神经病学（Clinical Neurology）、医学综合内科

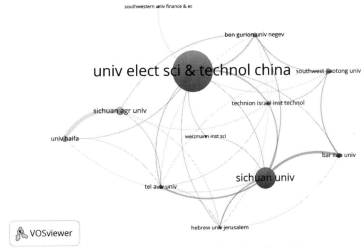

图 8-9　以色列与四川省共 12 所大学合作网络图

（Medicine General Internal）、多学科科学（Multidisciplinary Sciences）；四川农业大学前三大研究领域为植物科学（Plant Sciences）、遗传学（Genetics Heredity）、生物化学与分子生物学（Biochemistry and Molecular Biology）；西南交通大学前三大研究领域为电气电子工程（Engineering Electrical Electronic）、工业工程（Engineering Industrial）和运筹学管理科学（Operations Research Management Science）；西南财经大学前三大研究领域为数学跨学科应用（Mathematics Interdisciplinary Applications）、统计应用（Statistics Application）、经济学（Economics）；在四川五大高校中，西南交通大学和电子科技大学以理工科见长，四川大学是一所综合性大学，并且医学领域在全国领先；四川农业大学是一所农林院校，以农业研究为主；西南财经大学则是一所财经类大学；五所高校在各自的优势领域内都与以色列有合作。因此，高校应该发挥各自的学科优势，加强与以色列机构的合作。

表 8-8　以色列与四川省"985""211"高校合著论文研究方向分析

电子科技大学 （218 篇）		四川大学 （139 篇）		四川农业大学 （46 篇）		西南交通大学 （30 篇）		西南财经大学 （5 篇）	
研究方向	占比 （%）	研究方向	占比 （%）	研究方向	占比 （%）	研究方向	占比 （%）	研究方向	占比 （%）
运筹学管理科学	43.58	临床神经病学	10.07	植物科学	28.26	电气电子工程	16.67	数学跨学科应用	40.00

电子科技大学 （218篇）		四川大学 （139篇）		四川农业大学 （46篇）		西南交通大学 （30篇）		西南财经大学 （5篇）	
工业工程	38.99	医学综合内科	10.07	遗传学	19.57	工业工程	13.33	统计应用	40.00
电气电子工程	11.46	多学科科学	7.91	生物化学与分子生物学	13.04	运筹学管理科学	13.33	经济学	20.00
计算机科学硬件架构	11.01	细胞生物学	7.19	农艺学	13.04	计算机科学信息系统	10.00	基因遗传学	20.00
计算机科学软件工程	10.55	遗传学	6.48	生物技术应用微生物学	10.87	土木工程	10.00	妇产科	20.00
管理	5.51	神经科学	6.48	环境科学	8.70	多学科科学	10.00	运筹学管理科学	20.00
计算机科学控制论	5.51	多学科材料科学	5.76	多学科科学	8.70	物理流体等离子体	10.00	儿科学	20.00
多学科材料科学	5.51	心脏和心血管系统	5.04	进化生物学	6.52	物理数学	10.00	社会科学数学方法	20.00
自动化控制系统	5.05	数学	5.04	水资源	6.52	运输	10.00		

资料来源：Web of Science 数据导出。

总而言之，每个大学的优势学科是同以色列合作的重点，这使得参与合作的四川省高校得以在优势学科积累更丰富的资源。在未来的合作中，建议四川省高校在保持既有学科对外合作的基础上，进一步拓展对外合作的学科领域，推动自身学科的全面发展，形成多学科、多领域全面合作的良好格局。

第九章　以色列与中国重点产业领域的科技合作

以色列被誉为"世界第二硅谷"，其科学技术走在世界前列。以色列的技术创新成果遍布各大高新技术领域，如电子通信技术领域、医疗技术领域、军事技术领域、农业技术领域、计算机技术领域等。以色列虽然具有技术优势，但其技术发展也受到国内市场和资金的限制。从国内市场来看，以色列是一个地域面积狭小、人口不足千万的小国，国内消费市场狭小，难以依靠内需来推动技术持续发展；从资金来看，以色列本国投入的研发资金较为有限，其研发资金大部分源于海外研发投资。世界上其他国家在以色列进行研发投资，主要是为了充分利用以色列的技术优势。中国是世界上最大的发展中国家，具有广阔的消费市场和充足的资金，现阶段已形成了比较完整的工业体系。但是，中国制造业的"卡脖子"问题严重，许多高端装备技术依赖进口，如高性能医疗器械、农业装备、高档数控机床与基础制造装备、机载设备与系统等。[①] 为了提升本国企业的技术能力，中国政府鼓励国内的企业积极参与国际科技合作，尤其是在电子信息、高端医疗器械等领域。以色列半导体产业和医疗器械产业的发展领先于世界上大多数国家，中国与以色列在电子信息和医疗器械等产业领域的合作有利于两个国家利用各自的优势发展两大产业，实现优势互补、共同发展。

一　半导体产业

半导体是电子元件的主要原材料，同时也是一切电子元件制作的最佳材料。半导体的功能有操作控制、数据处理和储存、输入和输出管理、无

---

① 《我国制造业"卡脖子"问题凸显 工业"强基"迫在眉睫》，数字化企业网，https：//news. e-works. net. cn/category6/news84554. htm。

线连接和电源管理等。半导体技术的不断发展，给经济社会带来了许多变革性的技术，如 5G、人工智能（AI）、自动电动汽车和物联网等。[①] 未来，半导体的发展空间巨大。半导体产业的发展与芯片的发展息息相关。芯片具有种类多、应用范围广等优势，能控制任何端口的电子设备。有的电子设备使用芯片来控制基带，有的则是使用芯片来控制电压的转化。不同的纳米制作流程和工艺决定了芯片在手机或者电脑中的性能与功耗。芯片的良品率取决于晶圆代工厂的整体水平，而芯片的加工精确度则取决于核心设备。[②] 用于微生物学研究领域和医疗领域的芯片主要有基因芯片、组织芯片、蛋白质芯片，在电子通信领域的芯片主要有人工智能芯片、控制芯片、驱动芯片、传感器芯片。

建立芯片公司需要高额的经费，一般公司往往负担不起。芯片制作的工艺复杂、精度要求高，很少有公司能够达到生产芯片所需要的技术条件。芯片的光刻精度要求特别高，要求达到一根头发丝的 1/万；在光刻的过程中要上下左右全部对准，不能有一点偏差。因此，在半导体产业的发展过程中，往往不会进行全产业链的建设，而是充分利用各自的独特优势，选择产业链中的一个环节做大做强。

对于半导体产业，无论是人工智能、VR 和 AR，还是高新科技的应用领域，半导体都是基础，而芯片是其中的核心。近年来，尽管中国芯片的国产替代化水平在不断提升，但是国产芯片制造商与世界上先进芯片制造商之间的差距还比较大。以色列被誉为世界第二硅谷，其芯片技术在世界上处于领先地位。世界上大部分国家的企业都已在以色列设立研发中心或者投资入股以色列的芯片制造公司，学习以色列先进的芯片技术。如谷歌、苹果、微软、惠普、亚马逊、IBM、博通、意法半导体、三星、索尼和高通等世界知名公司。

（一）以色列半导体产业发展现状

以色列是中东地区为数不多的发达国家，其创新能力在全球处于领先地位。较强的创新能力使得以色列半导体行业能在全球激烈的竞争中表现

---

① 资料源于半导体行业报告，参见 https://www.semiconductors.org/wp-content/uploads/2021/09/2021-SIA-State-of-the-Industry-Report.pdf。

② 《芯片的作用》，百度网，https://baijiahao.baidu.com/s?id=1722433773724798611。

突出。以色列每年都有许多创新公司产生，其中包含大量的芯片公司。这些芯片公司被全球半导体龙头企业争相收购或入股。以色列的高端芯片技术遍布全球，如摩托罗拉基带芯片、德州仪器蓝牙芯片、PC 领域的英特尔高端处理器等。①

受土地、资金、劳动力等资源的制约，以色列很难在国内建立完善的产业链。发展半导体产业，以色列必须要在自己擅长的领域发挥独特优势。以色列人文化教育水平高、极具创新精神。以色列政府十分重视创新环境的营造，鼓励创新公司的建立和发展，国内创新公司的数量逐年增加。但以色列国内市场狭小，大量的初创公司需要不断扩展海外市场，才能做大做强。以色列的初创公司大部分都是通过海外上市来实现自身发展的。也有一部分以色列人选择将自己的本土初创企业卖给其他国家的大型企业，那些创业者将公司卖出之后，又开启下一个新的创新旅程。因此，以色列每年都有大量的公司被收购，同时新上市的公司数量也在不断增加。以色列风险投资研究中心的数据显示，截至 2018 年 1 月，以色列共有芯片公司 163 个，其中芯片设计公司 30 家，半导体器械设备公司 20 家。②

以色列的造"芯"技术堪称世界之最，吸引了世界上许多高端芯片企业在以色列设立研发中心或者对以色列的芯片公司进行巨额投资。许多国家的高新技术企业都积极在以色列设立自己的研发中心，如英特尔、高通、苹果、博通、三星、华为、德州仪器等。在投资并购方面，表 9-1 列出了 2017 年 12 月底前被科技巨头收购的以色列芯片企业。此外，2019 年，美国芯片制造商英伟达以 69 亿美元的价格收购以色列芯片企业 Mellanox。③ 2021 年，日本芯片巨头瑞萨电子宣布，该公司已经和以色列 Wi-fi 芯片解决方案开发商 Celeno 达成最终协议，以 3.15 亿美元收购这家无线芯片通信公司。④ 世界上的科技龙头企业大都会选择到以色列设立研发中心或者并购以色列

① 《以色列的九大最尖端科技》，百度网，https://baijiahao.baidu.com/s?id=1687053831728088211。
② 《强大的以色列芯片》，新浪财经网，https://cj.sina.com.cn/articles/view/5115326071/130e5ae7702000o0n6。
③ 《69 亿美元！英伟达收购 Mellanox 案尘埃落定》，国际电子商情网，https://www.esmchina.com/news/6429.html。
④ 《瑞萨 3.15 亿美元收购以色列 WiFi 芯片公司 Celeno》，深圳市电子商会官网，http://www.seccw.com/index.php/document/detail/id/6572.html。

的芯片企业，以此来提高本企业的芯片技术。

表 9-1　以色列 10 家已被科技巨头收购的芯片企业

公司	被收购时间	收购金额	收购者	主营业务
布罗德莱特 （BroadLight）	2012 年 3 月	1.95 亿美元	博通	网络芯片
普赖姆森思 （PrimeSense）	2013 年 11 月	3.45 亿美元	苹果	三维感知芯片
威洛思迪 （Wilocity）	2014 年 7 月	3 亿美元	高通	无线通信
安纳普尔纳 （Annapurna Labs）	2015 年 1 月	约 3.5 亿美元	亚马逊	云端 AI 芯片 Inferentia
桑萨安全公司 （Sansa Security）	2015 年 8 月	9000 万美元	ARM	芯片安全系统方案
阿尔泰尔半导体 （Altair Semiconductor）	2016 年 1 月	2.12 亿元	索尼	LTE 基带芯片
勒阿巴 （Leaba）	2016 年 3 月	3.8/3.2 亿美元	思科	核心芯片处理器
罗基提克 （Rocketick）	2016 年 4 月	4000 万美元	凯登思 （Cadence）	软件设计和芯片测试
托加网络 （Toga Networks）	2017 年 1 月	1.5 亿美元	华为	基于软件的系统设计 和芯片设计
莫比莱 （Mobileve）	2017 年 3 月	153 亿美元	英特尔	基于 ASIC 架构的 EyeQ 芯片

资料来源：https：//zhidx. com/p/137914. html。

（二）中国半导体产业发展现状

中国半导体产业发展起步较晚，发展空间巨大。近年来，中国半导体产业链的转移趋势日益凸显，半导体产业规模不断扩大，产业规模国内增长的速度超过了世界半导体产业的平均增长速度。但是，随着中国半导体产业的深入发展，进口高端半导体材料和设备的规模也在扩大。半导体主要由四类产品构成，包括集成电路、光电子器件、分立器件和传感器。在这四类产品中，占据主导地位的是集成电路，而集成电路是半导体产业的核心，市场份额占比高。集成电路技术复杂，产业结构高度专业化。随着产业规模的不断扩大，产业间的竞争不断加剧，产业内部的分工也不断细化①，主要包括芯片设计、晶圆制造和封装测试三个环节。② 随着时代的发展，半导体产业呈现分工持续细化、产业链持续转移的特点。

　　中国半导体产业链健全，上游、中游和下游的产业都有涉及。从图9-1可见，半导体产业链由上游、中游、下游三个环节组成，上游环节主要是半导体材料和设备、电子设计自动化（EDA）和IP核的支撑；③ 中游环节主要是传感器、光电子器件、分立器件和集成电路的制造，集成电路主要涉及集成电路的设计、制造和封测；下游环节则是半导体在计算机、通信设备、内存设备、显示视频等领域的应用。半导体广泛应用于医疗、电子、工业、汽车、互联网、新能源、通信、信息安全等领域。在半导体产业领域，尽管中国的半导体产业链比较完善，但中国中高端的半导体产品大量依赖进口，全球的半导体龙头企业中没有中国企业的身影。中国半导体产业链完善，但中高端半导体产品自给率较低，主要体现在：在半导体产业的上游端，EDA和IP细分领域，中国占比仅为3%；在晶圆制造方面，中国占比为16%；在封装测试市场，中国占比为38%。④ 尽管中国的半导体产业链健全，相关企业在半导体产业的细分领域中不断创新，各个领域的亮点不断出现，但是与以色列半导体企业相比，中国半导体企业在产业链中的某些环节仍然存在一定的差距。中国国内缺乏先进的半导体材料与设备，因此，中国国内的半导体企业需要不断提高技术水平和自主创新能力，打破国外先进企业的垄断，努力提高中高端半导体产品的自给率。⑤

① 田建玺、张志敏：《产业价值转移与饲料企业集团扩张的战略路径选择》，《当代畜禽养殖业》2012年第1期。

② 《2022年中国半导体芯片产业市场前景及投资研究预测报告（简版）》，腾讯网，https://new.qq.com/rain/a/20211207A05Q1K00。

③ 马磊：《我国半导体清洗设备国产化之关键部件市场研究》，《现代化工》2019年第4期。

④ 《中美半导体产业链实力全面对比（附晶圆厂完整清单）》，网易网，https://www.163.com/dy/article/H9BGJM41053859BV.html。

⑤ 《半导体行业深度报告（系列之一）：成长与迁移，全球半导体格局演变》，东方财富网，https://data.eastmoney.com/report/zw_industry.jshtml?encodeUrl=02MamHTZWhcnqa1XuUSS8MT58EhrI9XE60Icg6bFlCs=。

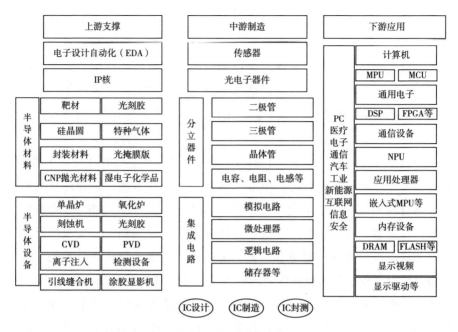

图 9-1 中国半导体产业链全景

资料来源：《2022 年中国半导体芯片产业市场前景及投资研究预测报告（简版）》，腾讯网，https://new.qq.com/rain/a/20211207A05Q1K00。

在半导体产业发展上，许多发达国家掌握着半导体产业发展的核心技术，这些国家（如美国、日本、以色列等）在半导体产业链的上游中占据着主导地位。以色列在半导体行业的 EDA 和 IP 核、芯片设计以及制造设备领域投入了大量的研发资金，这些领域的"卡脖子"技术不断实现突破。但是与芯片相关的制造环节，如晶圆制造和组装、测试和包装，主要集中在亚洲，亚洲拥有全球约 75% 的半导体制造产能，包括所有小于 10 纳米的前沿产能。[①]

近年来，全球对半导体的需求保持高速增长态势。2021 年，全球对半导体的需求仍然十分旺盛。根据美国半导体行业协会公布的数据，2021 年 1 至 9 月，全球半导体市场销售额为 3979 亿美元，同比增长 24.6%。[②] 在中

[①] 半导体行业研报，参见 https://www.semiconductors.org/wp-content/uploads/2021/09/2021-SIA-State-of-the-Industry-Report.pdf。

[②] 《2021 年 1—9 中国集成电路产业运行情况》，中国半导体行业协会官网，https://web.csia.net.cn/newsinfo/2366669.html？templateId=1133604。

国，随着 5G、物联网、新能源汽车等新兴产业的发展，对半导体相关设备和器件的需求不断增加。图 9-2 展示了 2017~2021 年中国半导体产业相关设备及材料的进口趋势。可见，中国在 2017~2021 年，与半导体产业相关的机器设备和器件进口数量整体上呈现不断增加的趋势。制造单晶柱或晶圆用的机器及装置 2017 年进口数量为 3078 台，2021 年增加到 4360 台，增加了 41.6%；制造半导体器件或集成电路用的机器及装置 2017 年进口数量为 8938 台，2021 年增加到 15844 台，增加了 77.3%；二极管及类似半导体器件 2017 年进口数量为 5172 亿个，2021 年为 7497 亿个，增加了 45.0%；集成电路 2017 年进口数量为 3770 亿个，2021 年为 6355 亿个，增加了 68.6%。说明近年来，中国半导体产业蓬勃发展，对国外先进半导体材料和设备的需求不断增加。这些先进设备和器件的进口对中国半导体产业的发展具有极大的促进作用。

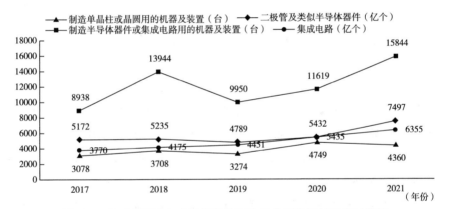

图 9-2　2017~2021 年中国半导体产业相关设备及材料进口数据

资料来源：《2021 年统计月报》，中国海关总署，http：//gdfs. customs. gov. cn/eportal/ui？pageId=3512606。

（三）以中半导体产业合作现状分析

芯片技术的发展极大地推动了以色列半导体产业的发展，如今以色列的芯片已经进入世界各国人民的日常生活中。最常见的就是 PC 领域的英特尔高端处理器，英特尔目前在以色列已经设立了 3 个研发中心。还有消息称英特尔承诺将投资 100 亿美元在以色列建芯片制造厂。① 世界上许多高新技术企业与以色列高新技术企业都有合作，合作形式有海外投资、人才引进、并购等。其中大部分高新技术企业选择到以色列投资建厂，雇用以色列当地的高科技人员为企业的高新技术研发服务。

中国希望能够不断掌握半导体领域的核心技术，提高国内芯片的自主研发水平和科技含量。以色列在半导体行业具有独特的优势，如非凡卓越的设计、世界上顶尖的研发。中国迫切地想要解决许多在半导体行业上的"卡脖子"问题，而以色列具有先进的技术、设备和器件，能够很好地帮助中国解决半导体行业的相关技术问题，两国在半导体行业的合作较多。虽然以色列半导体技术先进，但是其国内市场小、需求少，半导体产品大多出口到海外；而中国对芯片的需求量大，但是国内芯片供给少，正好与以色列互补。中国的芯片市场需求占全球 50% 以上，其中一些芯片的需求占比甚至在 70%~80%。② 由于中国芯片设计和制造技术较为落后，一些核心技术、关键设备缺乏，高端芯片大量依赖于进口。相关数据显示，中国 90% 的芯片都依赖进口。2018 年以色列的芯片出口额达到 39 亿美元，其中有 26 亿美元的芯片出口到了中国，同比增长了 80%。③ 中国与以色列在半导体产业的合作形式，除中国进口以色列的高端芯片外，还有中国企业对以色列芯片企业的并购。中国企业通过并购以色列芯片企业，将以色列的芯片技术应用于国内相关设备的生产，实现以色列技术与中国本土化产品的共同发展；如银牛微电子有限责任公司收购以色列芯片公司 Inuitive④，华为收购 Toga Networks⑤ 等。

以色列半导体产业的发展仅靠国内资本是难以做大做强的，以色列国内的风险投资公司为许多初创公司吸引了海外资本。中国虽然在半导体领

① 《英特尔承诺投资 6 亿美金在以色列新建芯片研发中心》，腾讯网，https://new.qq.com/rain/a/20210505A05SOV00。
② 《以色列或成中国芯片技术突破口》，第一财经网，https://www.yicai.com/news/5418826.html。
③ 《对华芯片出口猛增 80%，以色列半导体产业到底有多发达》，第一财经网，https://www.yicai.com/news/100161649.html
④ 《收购以色列芯片企业，本土 3D 视觉新势力崛起》，半导体行业观察网，https://picture.iczhiku.com/weixin/message1638502969902.html。
⑤ 《外媒：华为斥资 1.5 亿美元收购以色列 IT 公司 Toga Networks》，TechWeb 网，http://www.techweb.com.cn/world/2016-12-08/2447406.shtml。

域没有掌握很多核心技术，但是中国有广大的消费市场和大量资金；中国是以色列半导体产品出口的一个大市场，同时许多以色列半导体公司的海外资金源于中国。通过 Innovation AI 数据库，得知 2021 年中国对以色列的投资高达 10.6 亿美元，共投资了 30 个以色列公司。通过筛选行业得出，中国投资的以色列硬件行业公司共 10 个，占总投资企业数量的 33.3%。从表 9-2 可见，主要经营芯片的以色列公司有 Autotalks、NeuroBlade、Valens Semiconductor 和 Xsight Labs，主要涉及汽车芯片、AI 芯片、多媒体芯片。中国投资方中，中国台湾的企业居多，如富士康互联科技和联发科技，分别是电子信息领域的企业和半导体企业。除了企业之间的对口投资，还有些中国国内的风险投资公司也对以色列的半导体产业进行投资，比如 ParticleX（Hong Kong）、GoldenSand Capital、Lenovo Capital and Incubator Group（LCIG）和 Happiness Capital（Hong Kong），这些投资公司给以色列的半导体产业投入了大量的资本。

表 9-2　2021 年中国对以色列的跨境投资（硬件领域）

中国投资方名称	中国投资方简介	投资金额	以色列被投资公司名称	以色列被投资公司简介
Foxconn Interconnect Technology（Taiwan）	富士康互联科技是一家开发、制造和销售电子和光电连接器、天线、声学元件、电缆以及用于计算机、通信设备、消费电子、汽车、工业和绿色能源领域产品的公司	2500 万美元	Powermat Technologies	Powermat Technologies 是以色列一家无线充电技术公司，其业务范围涵盖消费电子、汽车、医疗设备、机器人和无人机等领域
Foxconn Interconnect Technology（Taiwan）	富士康互联科技是一家开发、制造和销售电子和光电连接器、天线、声学元件、电缆以及用于计算机、通信设备、消费电子、汽车、工业和绿色能源领域产品的公司	1000 万美元	Autotalks	Autotalks 是一家无晶圆厂半导体公司，可为 OEM、Tier1 和 Tier2 提供全面的、符合标准的 V2X VLSI 解决方案，业务涵盖车对车（V2V）和车对基础设施（V2I）等通信领域

续表

中国投资方名称	中国投资方简介	投资金额	以色列被投资公司名称	以色列被投资公司简介
UMC Capital（Taiwan）、MediaTek（Taiwan）、Pegatron（Taiwan）	联华电子资本是世界领先的半导体代工厂联华电子的投资部门。联发科技是一家无晶圆厂半导体公司，其在无线通信和数字多媒体解决方案领域处于领先地位。和硕是一家设计和制造服务公司，主要产品有主板、台式电脑、笔记本电脑、液晶电视等	8300万美元	NeuroBlade	NeuroBlade 是一家致力于专用计算芯片和算力解决方案的创新企业。该公司的核心产品是一种人工智能（AI）推理芯片。该芯片具有提高从边缘到数据中心的设备效率和可负担性的功能
MediaTek（Taiwan）	联发科技是一家无晶圆厂半导体公司，其在无线通信、高清电视、光存储、DVD 和蓝光产品等领域处于领先者地位	1.25亿美元	Valens Semiconductor	Valens Semiconductor 是一家无晶圆厂芯片公司，提供用于分发未压缩高清多媒体内容的半导体产品。该公司提供的芯片可以传输和接收未压缩的高清视频、音频、互联网、电源和控制信号
ParticleX（Hong Kong）	ParticleX 是一家总部位于香港的科技创业投资者和加速器	137.7万美元	Homeppl	Homeppl 是一家房地产技术公司，主要产品是一款基于人工智能的租户筛选工具
GoldenSand Capital	金沙资本是一家投资管理公司，投资领域包括人工智能、云计算、大数据、物联网、智能制造等，同时提供战略咨询和行业研究等服务	3500万美元	VisIC Technologies	VisIC Technologies 是一家半导体公司，开发的产品主要用于电动汽车、太阳能逆变器、电池存储系统、电网输电设备、工业等领域
HTC（Taiwan）	HTC Corp 是一家中国台湾消费电子公司，从事智能手机、虚拟现实头戴式显示器和其他智能设备的设计、开发和制造	600万美元	ByondXR	ByondXR 是一家增强现实（AR）和虚拟现实（VR）软件公司，该公司的 AR/VR 平台可以在各种设备上运行，包括手机、平板电脑、头戴式设备等

续表

中国投资方名称	中国投资方简介	投资金额	以色列被投资公司名称	以色列被投资公司简介
Lenovo Capital and Incubator Group（LCIG）	联想创投是联想集团旗下的投资机构，投资领域包括人工智能、大数据、物联网、消费科技、企业云、智能硬件、金融科技、医疗健康等	1300 万美元	CoreTigo	CoreTigo 是一家总部位于以色列的工业物联网公司，致力于提供工业自动化领域的通信解决方案。该公司提供的技术广泛应用于工业自动化、机器人、运动控制和物流等领域
Accton Technology（Taiwan）	Accton Technology 是一家提供网络交换机、网络路由器和网络存储系统等解决方案的公司	未公布	Xsight Labs	Xsight Labs 是一家早期创业公司孵化器，致力于为初创公司提供资金、技术和商业方面的支持，其孵化项目涵盖软件、硬件、医疗保健、机器人等领域
Happiness Capital（Hong Kong）	幸福资本是一家风险投资公司，投资领域包括人工智能、物联网、金融科技和文化娱乐等多个行业	2900 万美元	Redefine Meat	Redefine Meat 是一家初创公司，主要使用 3D 打印技术、肉类数字建模和食品配方来生产无动物肉类

资料来源：智能匹配，参见 https：//ai. innonation. io/home. aspx？ReturnUrl＝％2f。

注：部分收购金额尚未公布。

以色列与中国在半导体行业的合作较多，合作形式除了企业的跨境投资合作，还有专利合作。根据世界知识产权组织（WIPO）官网，通过检索字段组合，设置申请人全部数据 IL 和申请人全部数据 CN，得到 2427 个合作专利。其中半导体器件的专利申请位于前十大专利申请领域之一，专利 IPC 代码为"H01L"，属于半导体器件，共申请专利 127 个，占所有申请专利的 5.23％。将半导体器件领域的专利申请细化，得到半导体器件里面细分的前十大专利申请合作领域。从表 9-3 可见，在半导体器件领域申请最多的专利是涉及碳-碳不饱和键的反应大分子化合物，这种大分子化合物是有机化学合成反应中碳-碳键形成的重要手段，而碳-碳键的断裂反应在工业生产中广泛使用,碳-碳键的断裂反应可以为现代合成化学的应用提供大量自然界中获取成本低、难度低的原材料;[1] 该专利申请数量为 11 个,占比为 8.66%。排名第二的是杂环化合物,这类化合物是不含有糖自由基的化合物,在材料分子领域以及半导体材料开发领域广泛使用;该专利类别申请数量为 8 个,占比 6.3%。因此,以色列与中国在半导体器件领域申请最多的专利属于半导体器件材料板块,各种类型的化合物、导电材料、多晶材料等申请的专利数量最多。半导体材料属于半导体行业领域的上游,是半导体器械生产的基础。以色列在半导体材料方面的研究取得了许多重大科技成果,中国与以色列在该领域合作,对提高中国在半导体材料领域的竞争力具有重要的作用。

表 9-3　以中合作前十大半导体器件领域专利

单位:个,%

IPC 代码	所属领域	数量	占比
C08G	涉及碳-碳不饱和键的反应大分子化合物	11	8.66
C07D	杂环化合物	8	6.30
H01B	导电、绝缘或介电性能材料的选择	5	3.94
C08L	大分子化合物的组合物	3	2.36
C09K	未另行提供的应用材料	3	2.36
C30B	具有明确结构的单晶或均质多晶材料	3	2.36
F02M	向一般燃烧发动机供应可燃混合物或其成分	3	2.36
H05B	电源的电路布置	3	2.36
H05K	电气元件组装制造	3	2.36
B81B	微结构设备或系统	2	1.57

二　医疗器械产业

以色列的医疗技术在世界上首屈一指,其在医疗领域的优势主要集中在先进医疗器械、先进医疗系统、远程医疗和智慧医院的建设等方面。中

---

[1] 《碳-碳键活化新突破! Science 报道非张力惰性 C(sp3)-C(sp3)键断裂》,x-mol 科学知识平台,https://www.x-mol.com/news/13673。

国的医疗技术落后于以色列，但是中国具有消费市场庞大、资金充足、医疗器械应用场景多等优势，可以为以色列的医疗技术发展提供资金支持和更多的科学试验机会。[①] 两个国家可以基于各自的独特优势在医疗科技方面展开广泛的合作。

（一）以色列医疗器械产业发展现状

全球医疗产业的发展，推动了以色列医疗器械产业的发展，现阶段以色列已成为世界上第二大医疗器械供应国。[②] 以色列的专利申请和发明在世界上位居前列。在医疗器械领域，以色列每年都有很多新发明、新技术出现。但是，以色列的国内市场非常小，大量的核心技术开发出来后都被卖出去了。医疗器械在以色列的生命健康产业中占据着主导地位，近年来，以色列在生命科学领域的企业数量呈现高速增长的趋势，2008~2017年，以色列诞生了1307家生命科学企业，平均每年成立131家企业。[③]

以色列在医疗器械领域的人均专利申请数量在世界上排名第一，绝对数量排名世界第七。[④]根据世界知识产权组织（WIPO）公布的数据，以申请人国籍为"IL"进行检索，共检索到47343个专利。从表9-4可见，以色列在医疗器械上的专利申请数量极多。用于医疗、牙科用途的制剂领域的专利申请数量为5521个，诊断、手术、识别领域的专利申请数量高达4727个，在化学化合物或药物制剂的特定治疗活性领域的专利申请数量为2060个，在可植入血管的过滤器领域的专利申请数量为1664个，在将介质引入或进入身体的装置领域的专利申请数量为1604个。以色列专利申请前十大领域中，与医疗直接相关的就有5个，申请专利数量排名第一的领域也是与医疗相关的，可见以色列在医疗器械领域的创新能力极强。

---

① 《中国以色列加速医疗科技对接 远程医疗技术合作或是重点》，21财经网，https：//m.21jingji.com/article/20180830/c9871bdd4ffc10b47ef87507231685f4.html。

② 资料源于千家网，参见 http：//www.qianjia.com/。

③ 《以色列生命科学产业发展现状分析》，健康界网，https：//www.cn-healthcare.com/articlewm/20181121/content-1040512.html。

④ 《被战火包围的以色列，为何能"悄悄"变成全球医疗创新中心？》，新浪财经网，https：//t.cj.sina.com.cn/articles/view/6374139916/17beda80c00101k6fu。

表 9-4   以色列专利申请前十的领域

单位：个，%

IPC 代码	领域名称	数量	占比
A61K	用于医疗、牙科用途的制剂	5521	11.66
G06F	电子数字数据处理	5099	10.77
A61B	诊断、手术、识别	4727	9.98
H04L	数字信息的传输	2397	5.06
G01N	通过确定材料的化学或物理特性来研究或分析材料	2224	4.70
A61P	化学化合物或药物制剂的特定治疗活性	2060	4.35
C12N	微生物或酶、突变或基因工程	1771	3.74
A61F	可植入血管的过滤器	1664	3.51
A61M	将介质引入或进入身体的装置	1604	3.39
C07K	与单细胞、酶相关的肽	1554	3.28

以色列的医疗器械技术创新步伐快，新技术、新设备更新换代快，但是以色列国内的市场狭小，新产品、新技术的发展十分受限。许多新技术新产品研发出来被卖给其他国家了。只有不断拓展海外市场，以色列医疗器械企业的发展才能长久。此外，以色列国内的资本市场较小，企业的融资大多来自海外投资，海外资金是以色列医疗器械研发源源不断的资金补给来源。

（二）中国医疗器械产业发展现状

中国医疗器械发展起步较晚，并且在高端技术领域的医疗器械少。但随着中国医疗水平的提升和医疗事业的发展，医疗器械行业规模不断扩大，中国逐渐研发出高端医疗器械。中国主要的进口产品有：医疗器械类，医院诊断与治疗、口腔设备与材料类等；主要的出口产品有：一次性应用耗材、保健康复用品、医用敷料等。中国医疗器械产业的发展，主要依靠医疗器械领域中小企业的推动，而中小企业的发展方向主要集中在低值医用耗材领域。从图 9-3 可见，2015~2020 年，中国医疗器械行业的企业数量总体呈增加趋势。2020 年，受疫情影响，外国对中国医疗器械的需求大增，中国的相关医疗器械出口量增加，医疗器械企业数量也大幅度增加。[①] 2020年，中国医疗器械企业数量增加了 8395 家，共 26465 家。其中规模以上的企业以体外诊断产品研发、生产、销售为主。2021 年疫情在全球范围内持续蔓延，中国体外诊断企业全负荷生产，以应对全球检测试剂的刚性需求。这一事件加速了中国体外诊断行业的全球化进程。

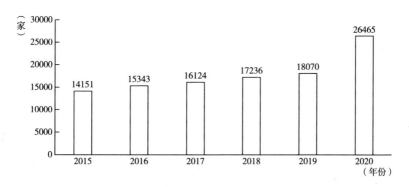

图 9-3　中国 2015~2020 年医疗器械行业企业数

资料来源：《2021 十大扩张/收缩行业数据全景报告》，前瞻产业研究院，https：//bg.qianzhan.com/report/detail/2201181631410785.html。

近年来，中国医疗器械行业的发展逐步稳定；具有优势的企业不断提高研发投入，开拓新领域，开发新产品；政府也不断出台相关政策支持高端医疗器械产业的发展。中国"十四五"规划明确指出，要提高高端医疗装备的核心竞争力，包括突破腔镜手术机器人、体外膜肺氧合机等核心技术；研制高端影像、放射治疗等大型医疗设备及关键零部件；发展脑起搏器、全降解血管支架等植入介入产品；推动康复辅助器具提质升级；加强中医药关键技术装备研发。[②] 截至 2020 年，中国医疗器械市场规模达到约8118 亿元，同比增长 15.5%，接近全球医疗器械增速的 4 倍，中国已成为全球第二大医疗器械市场。[③]

---

① 《中国医疗器械国产替代趋势研究报告》，《艾瑞咨询系列研究报告》2022 年第 1 期。
② 《第十三届全国人民代表大会第四次会议关于国民经济和社会发展第十四个五年规划和2035 年远景目标纲要的决议》，《中华人民共和国全国人民代表大会常务委员会公报》2021年第 3 期。
③ 赵皎云：《医疗器械供应链与物流发展概述》，《物流技术与应用》2021 年第 11 期。

现阶段，中国的医疗器械行业已经形成了比较成熟的产业链。从图 9-4 可见，上游主要是原材料和医疗技术器械的研发，上游相关产业的发展是医疗器械产业发展的基础。原材料的投入和相关医疗器械技术的研发投入对医疗器械产业的整体发展起着关键作用。中游是加工制造环节，包括医疗设备的制造、医用耗材的制造和体外诊断产品（IVD）的制造，但是国内企业掌握的技术集中在医疗器械的低端领域，国内企业缺乏关键技术。[①] 近年来，随着国家对医疗产业发展的重视以及企业的不断创新，中国的医疗器械制造不断推陈出新，水平不断提高。科研机构、医院、第三方检验机构和个人患者是下游医疗器械的应用主体。[②]

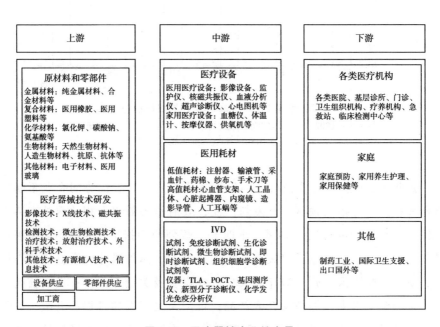

图 9-4　医疗器械产业链全景

资料来源：《2021 年中国医疗器械国产替代趋势研究报告》，艾瑞咨询，https：//report. iresearch. cn/report/202201/3921. shtml。

中国在医疗器械行业，尽管产业链健全，但是高端医疗器械设备缺乏。中国在高端医疗器械领域的产品国产化率较低，现有高端医疗产品大量依赖

---

① 《中国医疗器械国产替代趋势研究报告》，《艾瑞咨询系列研究报告》2022 年第 1 期。
② 《中国医疗器械国产替代趋势研究报告》，《艾瑞咨询系列研究报告》2022 年第 1 期。

进口。与发达国家相比，中国工业基础较差、医疗器械产业起步较晚。但是随着国内需求的增加，医疗器械行业持续发展。[①] 中国医疗器械行业的现状仍然是中小企业各自独立发展、高端医疗器械技术有限。现阶段，中国高端医疗器械技术存在的问题有三点。首先是研发投入少、创新能力弱：中国国产化的高端医疗器械产品较少，体现在高端医疗器械市场，国内的高端医疗器械产品少，70%~80%的产品依赖进口。其次是高端市场技术壁垒高：因为中国医疗器械产业发展的时间较短，与行业巨头之间存在差距，所以外国企业占领了中国医疗器械领域的高端市场。[②] 最后是行业集中度低：整个行业的企业虽然多，但是各自独立，相互的合作较少，尚未形成产业联盟；加上技术的因素，尽管行业中的企业较多，但行业内并未产生具有主导地位的企业。[③] 现阶段，中国医疗器械生产型企业超过2万家，但是大量的公司收入少于2000万元，且排名前20的上市公司市场占有率不到15%。[④]

（三）以中医疗器械产业合作现状分析

以色列和中国在医疗健康领域开展了多层次的合作，如政府间的合作平台、双方的机构和企业签订合作协议。[⑤] 2018年，中国国家卫健委与以色列卫生部签订了《中以数字医疗行动计划（2018-2021）》[⑥]，这个计划是以色列与中国在数字医疗领域进行的深度合作，内容涵盖医疗信息交换网络、健康大数据研发平台、远程医疗服务平台、引入创新医疗技术到卫生系统以及个人电子健康病例平台等。[⑦] 以色列与中国在医疗器械行业的合作，大量集中在企业层面，包括企业的并购和海外投资。

在企业并购上，典型的是海思科医药集团股份有限公司（以下简称海思科）对以色列医药公司的并购。海思科是中国的上市企业，是一家医药

[①] 赵皎云：《医疗器械供应链与物流发展概述》，《物流技术与应用》2021年第11期。

[②] 《中国医疗器械国产替代趋势研究报告》，《艾瑞咨询系列研究报告》2022年第1期。

[③] 《中国医疗器械国产替代趋势研究报告》，《艾瑞咨询系列研究报告》2022年第1期。

[④] 《中国医疗器械国产替代趋势研究报告》，《艾瑞咨询系列研究报告》2022年第1期。

[⑤] 《综述：中以双方看好医疗健康领域的合作前景》，中国政府网，http://www.gov.cn/xinwen/2019-03/27/content_5377207.htm。

[⑥] 《组团到访成都12家以色列企业共商合作》，每经网，http://www.nbd.com.cn/articles/2019-06-13/1342789.html。

[⑦] 《组团到访成都12家以色列企业共商合作》，每经网，http://www.nbd.com.cn/articles/2019-06-13/1342789.html。

制造企业，业务广泛、创新能力较强。在肠外静脉营养治疗领域的新产品开发方面处于国内领先地位。① 海思科近年来不断增加对以色列医疗器械的投资，从表9-5可见，2015～2017年，海思科投资了以色列3个医疗器械公司的产品和2个生物医药公司的产品。海思科购买了以色列 Medical Surgery Technologies（MST）公司26.66%的股权，这是一家以色列领先的医疗器械研发公司，主要产品为 AutoLap，该产品主要应用于腹腔手术，可以引导腹腔镜智能定位装置；使用该产品可以有效地减少患者创伤、降低感染风险和提高手术的成功率。Sensible Medical Innovation（SMI）公司在医疗器械领域投入了大量的研发资金，以其产品"ReDS"闻名，该产品可用于监测胸液情况。② NewPace 是一家医疗器械研发公司，研发了植入型心律转复除颤器，可以及时救治心律失常的患者。Regentis Biomaterials 是一家以色列的生物材料公司，Gelrin CTM 是其实现商业化的开创性产品，该产品的特点是"无细胞的、现成的水凝胶植入物"，应用在膝关节软骨损伤引起的疼痛治疗中。③ Laminate Medical Technologies（LMT）是一家以色列的生物医药公司，植入型医疗器械 VasQ 作为一种支撑动静脉瘘的外部装备，是其关键产品，可以驱动血管通路的变化，为血液透析患者进行治疗，还可以降低肾衰竭有关的并发症发生的概率。④

表9-5　海思科对以色列医疗企业的投资

投资方	投资案例	行业（产品）	投资金额	时间
海思科	拥有 MST 26.66%的股权，获得核心产品 AutoLap 在中国15年的销售代理权	医疗器械	1050万美元	2015
海思科	认购 SMI 优先股且成为第一大股东，将获得 ReDS 在中国的20年独家销售代理权	非入侵型医疗检测及成像设备	1800万美元	2015

---

① 源于 Wind 金融终端数据库。
② 《海思科（002653）创新药，高端医疗器械双龙驱动的细分行业龙头》，东方财富网，https：//caifuhao.eastmoney.com/news/201806131141444414429160。
③ 《海思科（002653）创新药，高端医疗器械双龙驱动的细分行业龙头》，东方财富网，https：//caifuhao.eastmoney.com/news/201806131141444414429160。
④ 《海思科（002653）创新药，高端医疗器械双龙驱动的细分行业龙头》，东方财富网，https：//caifuhao.eastmoney.com/news/201806131141444414429160。

投资方	投资案例	行业（产品）	投资金额	时间
海思科子公司 HaisThera	拥有 HaisThera 10% 的股权，以及 B 序列优先股 535037 股	植入型心律转复除颤器	500 万美元	2015
海思科	投资入股以色列 Regentis Biomaterials 公司，获得了产品 Gelrin CTM 在中国的 15 年独家销售代理权	整形外科治疗领域，无细胞的现成的水凝胶植入物	—	2016
海思科参股企业 HaisThera Scientific Fund	购买 LMT 公司 C 类优先股 272487 股，占其已发行股份的 8.57%。海思科获得 "VasQ" 在中国的 15 年独家销售代理权	生物医药行业，植入型医疗器械 VasQ	250 万美元	2017

资料来源：《医药行业他山之石系列一：以色列医疗产业深度报告》，以色列医疗行业深度报告，https：//robo. datayes. com/v2/details/report/2136666？tab=original。

除了海外企业的并购，还有不少中国企业对以色列企业进行了跨境投资。根据 Innovation AI 数据库，在商业分析里面选择跨境投资，选择 "Greater China" to "Israel"，得到 1999～2021 年中国对以色列的跨境投资概况。从投资的企业数量来看，2016 年中国投资的以色列企业数量最多，共47 个企业。从投资的金额来看，2021 年中国对以色列投资的金额最高，为10.6 亿美元；该年中国共投资 30 个以色列企业，其中涉及医疗保健领域的企业有 7 个，占总投资企业数量的 23.3%。从表 9-6 可见，这 7 个被投资的以色列公司中，只经营医疗相关产品的有 Fidmi Medical、DiA Imaging Analysis、Rapid Medical、Nucleix、TytoCare 和 Valera Health，占比为85.7%，说明以色列医疗企业的专业化程度高，极具投资吸引力。许多以色列企业致力于某一个医疗器械的研发，将该产品做好，提高了以色列医疗行业在世界上的竞争力和知名度。而中国的投资方以风险投资公司为主，风险投资公司的资本存量高，有较多的资金可以用于海外投资。如中国的风险投资公司深圳市创投集团有限公司投资了 5000 万美元给以色列的TytoCare 公司。

表 9-6　2021 年中国对以色列的跨境投资（医疗保健领域）

中国投资方名称	中国投资方简介	投资金额	以色列被投资公司名称	以色列被投资公司简介
Foxconn Interconnect Technology（Taiwan）	富士康互联科技是一家开发、制造和销售电子和光电连接器、天线、声学元件、电缆以及用于计算机、通信设备、消费电子、汽车、工业和绿色能源领域产品的公司	2500 万美元	Powermat Technologies	Powermat Technologies 是以色列一家无线充电技术公司，其业务范围涵盖消费电子、汽车、医疗设备、机器人和无人机等领域
Micro-Tech（Nanjing）Co.，Ltd	南京微科公司主要从事微创医疗器械的研发、制造和销售	220 万美元	Fidmi Medical	Fidmi Medical 是一家初创公司，致力于开发易于插入、更换和移除的增强型植入设备
CE Ventures（CEIIF）（Hong Kong）	CE Ventures 是一家风险投资基金公司，主要投资以色列和美国的私营科技公司，涉及媒体、电信、数字健康等行业	1400 万美元	DiA Imaging Analysis	DiA Imaging Analysis 是一家成像分析仪器研发商，主要从事超声波扫描技术的研发，可以提供基于 AI 的高级超声分析
CPE，MicroPort（Shanghai）	CPE 是一家领先的资产管理公司，其业务范围涵盖私募股权投资、夹层投资和公开市场投资等。微创（上海）是中国领先的医疗器械开发商、制造商和营销商，专注于血管疾病等微创产品	5000 万美元	Rapid Medical	Rapid Medical 是一家创新型医疗器械企业，致力于研发、生产、销售神经血管治疗设备
LYFE Capital，Lilly Asia Ventures	LYFE Capital 是一家医疗投资机构，投资领域包括生物技术、制药、医疗器械、诊断、医疗保健服务和数字健康等。礼来亚洲风险投资公司主要投资生命科学和医疗健康领域	5500 万美元	Nucleix	Nucleix 是一家癌症诊断技术研发商，主要开发、制造和销售非侵入性分子癌症诊断测试仪器。例如，该公司提供了一种用于监测膀胱癌的尿液检测技术，以及一种用于早期发现肺癌的血液检测技术

中国投资方名称	中国投资方简介	投资金额	以色列被投资公司名称	以色列被投资公司简介
Shenzhen Capital Group	深圳市创投集团是一家风险投资公司，投资领域涵盖信息科技、智能制造、互联网、消费品、生物技术、新材料、新能源等行业	5000 万美元	TytoCare	TytoCare 是一家医疗技术公司，致力于为医疗保健提供便捷的远程医疗服务。例如，该公司开发了一个先进的远程医疗检查和咨询平台。通过该平台，其用户可以进行自我体检和远程诊断
TWC Group	TWC 是一家科技公司，专注于物联网、人工智能和云计算等领域的技术研发和应用服务，提供智慧城市、智能制造、智能建筑和智能家居等方面的解决方案和产品	380 万美元	Valera Health	Valera Health 是一家医疗科技公司，致力于将数字技术和数据科学与人类健康相结合，为患有轻度至重度精神疾病（包括抑郁症和精神分裂症）的患者提供临床服务

资料来源：智能匹配 – 无名 AI（innonation.io）。

　　以色列和中国在医疗器械行业的合作除了企业之间的并购和海外投资外，还有专利层面的合作。以色列与中国在医疗器械领域的专利申请，是两国合作专利申请中数量最多、占比最大的。根据世界知识产权组织（WIPO）官网的数据，以色列与中国合作申请的专利共 2427 个，医疗领域专利 IPC 代码为"A61K"，共申请专利 311 个，占所有申请专利数量的12.81%。选择"A61K"，查看该领域下前十大专利申请情况，从表 9-7 可见，专利申请排名第一的是"C07D"，是一种杂环化合物，这里的杂环化合物广泛应用于分子生物学和生物工程，如含氟杂环化合物的合成应用广泛用于药物合成；这类专利的申请数量为 112 个，占所有申请专利数量的36.01%。专利申请排名第二的是"A61P"，主要是涉及化合物或药用制剂的具体治疗活性类的专利，这类化合物具有特殊生物活性和药理活性，在医疗领域广泛使用；这类专利的申请数量为 110 个，占比为 35.37%。因为医疗领域上游所需的材料类别多且复杂，各种复合材料是医疗器械发展的基础，同时很多材料是医疗植入物的必需品，复合材料的研发是医疗产业发展的重要基础。

表 9-7   以中合作前十大医疗领域专利

IPC 代码	所属领域	数量（个）	占比（%）
C07D	杂环化合物	112	36.01
A61P	化合物或药用制剂的具体治疗活性	110	35.37
C07K	肽，通过重组 DNA 技术制备的肽	47	15.11
C12N	微生物或酶	31	9.97
C07C	无环或碳环化合物	14	4.50
A01N	人类或动物或植物或其部分的保存	13	4.18
C12Q	涉及酶、核酸或微生物的测量或测试过程	12	3.86
C12P	用于合成所需化学化合物	11	3.54
G01N	通过确定材料的化学或物理特性来研究或分析材料	11	3.54
C07H	DNA 或 RNA 涉及基因工程（核苷酸、糖基）	9	2.89

资料来源：根据 WIPO 的 PATENTSCOPE 数据库中的数据整理而得。

第十章 以色列在中国的创新创业活动

近年来，以色列在中国开展了包括联合建立中以创新合作平台、直接投资或收购中国企业和设立创投基金等系列创新创业活动。2010 年 5 月，中以政府签订了《关于促进产业研究和开发的技术创新合作协定》，该协定有助于促进两国企业的市场化合作，推动两国企业的技术研发进程，提高两国的研发能力和市场竞争力。[①] 此外，中国多个地区也建立了中以科技产业园区，旨在促进两国企业的技术研发。其中具有代表性的有"中以常州创新园""中以（上海）创新园""北京—特拉维夫创新中心"等。除此之外，为进一步推动中以企业在高新技术领域的交流和合作，两国联合举办了一系列活动，如由中国科学技术交流中心和以色列创新局共同举办的中以创新创业大赛和由北京市科委举办的"北京—特拉维夫创新大会"等。

一 建立中以创新合作平台

（一）中以常州创新园

中以常州创新园成立于 2015 年 1 月，是首个由中以两国政府共同签约并建立的创新示范园区。经过多年的发展，中以常州创新园已经引进 155 家以色列独资企业及中以合作企业，促成 40 个中以科技合作项目，研究领域包括智能制造、生命科学、新材料和现代农业等，建成一批创新平台如以色列江苏创新中心、江苏省中以产业技术研究院、中以创新汇等。该园区被中华人民共和国国家发展和改革委员会认定为中以高技术产业合作重点区域，被中华人民共和国科学技术部国际合作司认定为国际科技合作基地，其后也陆续被其他组织认定为中国以色列远程医疗基地、中国以色列合作

---

① 《中以两国签署促进产业研发的技术创新合作协定》，中国政府网，http://www.gov.cn/jrzg/2010-05/20/content_ 1610361. htm。

重点服务园区、中国以色列常州创新园知识产权合作与保护试验区等。

2016 年，中以两国政府共同发布"中以常州创新园共建计划"，该计划由中以常州创新园与以色列创新局共同推动，旨在帮助以色列企业进入中国市场，为以色列企业提供一系列激励政策和专业服务，例如资金支持、人才奖励、设备补贴、知识产权保护、市场咨询等。[①] 受共建项目帮助的公司包括如专注水产养殖的以色列公司——BioFishency，首创通过检测培养基中的氧化应激水平来评估人体胚胎发育质量的公司——Carmenl Diagnostic，创新型无创医疗设备研发公司——希若嘉（CNOGA），为在华的跨国公司提供专业管理解决方案的公司——PTL 集团，以及投资公司——OurCrowd，等等。

除此之外，中以常州创新园还提出"金梧桐计划""龙城英才计划""Phoenix 领航计划"等，旨在建立涵盖金融、市场、公共和政务服务等多方面的技术服务体系，起到加快集聚高端人才进程的作用，推动中以两国的企业合作与技术交流。

（二）中以（上海）创新园

中以（上海）创新园位于上海普陀桃浦智创城，临近南京、苏州、无锡、常州、杭州、嘉兴等地，是服务于长三角一体化发展的重要枢纽之一。[②] 该园区由上海市和以色列创新局共建，于 2019 年 12 月 5 日正式挂牌成立。20 家中以创新企业及机构首批入驻该园区，其领域涉及农业与环保、数字创新技术、智能汽车、公共安全医疗器械等。中以（上海）创新园以创新为核心，促进中以企业的发展。现阶段，中以（上海）创新园已有 60 余家企业和机构入驻，并初步形成了信息通信技术、智能制造、医疗器械三大产业的集聚，目前已拥有各类知识产权 200 余件，其知识产权发展的潜力无限。

中以（上海）创新园为推动中以两国企业的科技创新做出了巨大贡献，是中以合作的桥梁。2019 年 12 月 19 日，上海市市场监管局与普陀区人民政府签署备忘录以推进创新园的建设和发展。2020 年 1 月 8 日，中以（上海）创新园二期开工。其后该园区陆续举办上海市普陀区人民法院中以

① 中以常州创新园官网，http://www.cicp-cz.com/。
② 张倩红等主编《以色列蓝皮书：以色列发展报告》，社会科学文献出版社，2020。

（上海）创新园知识产权巡回审判站揭牌、2020 中以（上海）创新园项目入驻签约仪式暨以色列科技文化沙龙揭牌和"智创中以，弈领未来"2020中以（上海）创新园杯业余围棋大赛等活动。2020 年 10 月 28 日，中以（上海）创新园参展 2020 全球技术转移大会（INNO-MATCH EXPO）。2021年 5 月 31 日，该园区携手长三角中以创新平台参展 2021 全球技术转移大会。2021 年 11 月 17 日，国家主席习近平在与以色列总统赫尔佐格通话的过程中，也"点名"中以（上海）创新园。[①]

自 2019 年 12 月 5 日中以（上海）创新园开园以来，该园区取得了丰富的科技成果。成果来自如 AI 声音识别软件公司——AbiliSence，为智慧城市开发网络提供解决方案的公司——ACiiST Smart Networks，以及敏捷互动式运营应答业务公司——奥科公司（AudioCodes）等多个领域的公司。Newsight Imaging 作为创新园区和英飞尼迪集团将以色列科学技术引入中国的公司，获深圳市创东方投资有限公司 300 万美元的 A 轮投资。该公司旨在解决当今缺乏攻克方法的机器视觉难题，并已经研究出相应产品，该产品未来几年数量将达到百万量级。[②]

（三）北京—特拉维夫创新中心

作为中国国际交往的科技创新中心的北京和以色列的特拉维夫市多次进行对接交流，开展了多领域的合作。为促进中以两国之间的合作，搭建中以双方沟通交流的平台，突破两国地理空间的限制，打造更紧密的合作格局，在北京市科委的监督指导下，北京—特拉维夫创新合作中心于 2014年 5 月启动建设。该合作中心主要围绕北京市重点发展的产业领域（如生物医药、水资源利用、信息通信、医疗器械等）展开科技合作交流。它旨在依托北京创新资源，并通过特拉维夫的高端技术建立起合作平台，强化中以双方重点领域的创新合作。

北京—特拉维夫中心自成立以来陆续开展了多种多样的交流活动，进一步促进了中以两国的合作。北京—特拉维夫创新中心人员于 2014 年 5 月

---

① 《习近平同以色列总统赫尔佐格通电话》，新华网，http://www.news.cn/politics/leaders/2021-11/17/c_ 1128073871.htm。

② 中以（上海）创新园官网，http://www.ciih.sh.cn/#/home。

和 2015 年 5 月赴以色列参加创新大会及生物医药展，了解学习以色列先进的企业孵化和风险投资管理经验；在 2014～2018 年，该中心举办了五届北京—特拉维夫创新大会，创新大会累积促成近 500 项以色列高端技术在中国的推介，达成了 372 项中以合作意向，在促进两国企业合作方面取得了很好的成效。

二 直接投资或收购中国企业

为进一步展现以色列在华投资的情况，本节根据 Smart Match 数据库，检索时间为 2023 年 5 月 5 日，整理得到表 10-1。

从表 10-1 可见，截至 2022 年 12 月 31 日，以色列共参与了 733 项投资交易。以色列对华投资总额约为 49204.63 百万美元。年投资总量存在较大的波动，但总体上呈现递增的趋势。其中投资总量在 2015 年及以后迅速增长，2018 年达到峰值，之后趋于稳定。从投资和收购的数量来看，以色列对华的投资项目主要集中在 2018 年前后，投资和收购数量都存在波动，但总体上呈现递增的趋势。

表 10-1　以色列在华投资情况

年份	1997	1998	1999	2000	2001	2002	2003	2004	2005	2006
投资总量	0	2.2M	62M	68.01M	1.06B	13.52M	699M	134.88M	170.21M	306.83M
投资+收购数量	1	1	4	3	2	3	4	9	11	26

年份	2007	2008	2009	2010	2011	2012	2013	2014	2015	2016
投资总量	305.21M	233.56M	99.44M	243.66M	549.82M	416.28M	115.82M	445.98M	1.76B	548.21M
投资+收购数量	26	27	14	33	48	33	32	53	62	30

年份	2017	2018	2019	2020	2021	2022
投资总量	2.95B	29.14B	1.48B	2.43B	4.67B	1.3B
投资+收购数量	49	49	38	50	66	59

资料来源：ai.innonation.io，M 代表百万美元；B 代表十亿美元。

近五年来，以色列对中国的投资主要集中于硬件、人工智能、数据分析、生物技术、信息技术、医疗保健、消费电子产品和金融服务等领域。以色列对华投资的公司主要包括 OrbiMed、斯道资本（Eight Roads Ventures）、500 Startups、耀途资本（Glory Ventures）、红杉资本（Sequoia Capital）、高通风投（Qualcomm Ventures）、英特尔资本（Intel Capital）和光速中国（Lightspeed Venture Partners）等。

以色列近些年在华合资较为活跃，在多个领域中都能看到以色列在华合资经营的公司。其中包括观致汽车有限公司、贝迪克·凌云（宜昌）飞机维修工程有限责任公司和云南磷化集团海口磷业有限公司等。

观致汽车有限公司是中国的奇瑞汽车和以色列集团于2007年合资成立的，其初始注册资本达34亿美元。

作为中以两国首次合资组建的民航维修企业——贝迪克·凌云（宜昌）飞机维修工程有限责任公司，它是中国的凌云集团和以色列宇航公司下属的贝迪克航空集团于2016年1月7日合资成立的，增添了两国民用航空维修和建筑装饰等领域的优势。① 2021年10月5日，海尔集团的创业平台——海创会，与4D射频成像传感器技术全球领导者——Vayyar在中国成立合资公司，两者强强联手，将目光聚焦于中国庞大的"银发科技"市场。②

云南磷化集团海口磷业有限公司是全球钾肥、特肥和磷精细化学品的重要生产供应商。它是由以色列化工集团和云天化集团合资组建的企业。该公司的组建也得到云南省委、省政府等有关部门的大力支持，并于2015年10月成立，其注册资本达23亿元，其主要业务聚焦于磷矿采选、精细磷化工和特种化肥产品的研发、生产和销售等。③ 自成立以来，云南磷化集团海口磷业有限公司表现优异。例如在2019年8月20日和10月28日，它分别达成精矿产量破100万吨和年发电量再次破亿的目标，并于2019年10月入围云南省外贸发展综合贡献百强企业名单。④

---

① 《中国与以色列首次合资组建民航维修企业》，环球网，https://m.huanqiu.com/article/9CaKrnJT01G。
② 《Vayyar携手海尔成立合资公司，聚焦4万亿养老护理市场》，腾讯新闻，https://new.qq.com/omn/20211029/20211029A0BJ7R00.html。
③ 《云天化集团和以色列化工集团合资合作取得丰硕成果》，云天化集团网站，https://yth.cn/view/ythM/2/56/view/1001.html。
④ 云南磷化集团海口磷业有限公司官网，http://www.yph-group.com/index.html。

三　设立创投基金——英飞尼迪集团

英飞尼迪集团成立于 1993 年，它于 2004 年成为中国第一家被中央政府批准的中外合作非法人制的创投基金公司，并且多年来致力于提高企业的创新价值和探索中以合作的模式。自英飞尼迪进入中国以来，其投资的企业已超过两百家，管理 24 只基金，平均内部收益率（IRR）为 30%。如今，英飞尼迪集团主要培育、挖掘及投资高潜力的企业，其业务分布在中国的北京、天津、上海等 17 个城市。英飞尼迪集团采取分散化投资的策略以减小风险，并坚持投资于优质项目的投资理念，其投资领域包括文化产业、大消费和高科技等。目前，该集团已经成功投资了雅安科技、安信安防、中国医药、九派药业、新百药业、哈一工具和宁波爱斯顿科技等数十家中国领先企业。[①]

英飞尼迪集团为中以两国间的投资做出了巨大贡献，至今已承办了五届中以创新投资大会。该大会吸引了超过 8000 位投资人及企业代表，囊括了 200 多个以色列科技创新企业，这些企业业务涉及生命科学、移动通信和互联网、清洁技术、农业技术、工业应用、智慧城市等多个领域。

---

① 详见智能匹配数据分析平台 Smart Match，https：//ai. innonation. io/dashboard/company_profile. html？ cId=a8b16bbd4a4a48419c7859eac3721362。

参考文献

Abraham, D. A. N. I. E. L. L. E., Ngoga, T. H. I. E. R. R. Y., Said, J. O. N. A. T. H. A. N., & Yachin, M. E. R. A. V., *How Israel Became a World Leader in Agriculture and Water*, London: Tony Blair Institute for Global Change, 2019.

Applebaum, L., & Sofer, M., "The Moshav in Israel: An Agricultural Community in a Process of Change -A Current View", *Horizons in Geography*, Vol. 79-80, 1990.

Avidor, J., "Building an Innovation Economy: Public Policy Lessons from Israel", *Northwestern Law & Econ Research Paper*, 2011.

Avnimelech, G., Schwartz, D., Bar-El, R., "Entrepreneurial High-tech Cluster Development: Israel's Experience with Venture Capital and Technological Incubators", *European Planning Studies*, Vol. 15, No. 9, 2017.

Barney, J., "Firm Resources and Sustained Competitive Advantage", *Journal of Management*, Vol. 17, No. 1, 1991.

Bartholomew, S., "National Systems of Biotechnology Innovation: Complex Interdependence in the Global System", *Journal of International Business Studies*, Vol. 28, No. 2, 1997.

Binz, C., & Truffer, B., "Global Innovation Systems—A Conceptual Frameworkfor Innovation Dynamics in Transnational Contexts", *Research Policy*, Vol. 46, No. 7, 2017.

Chang, S. -H., & Chen, C. M. -L., "A New Approach to Assess the Changing Growth Model of Open National Innovation Systems", International Journal of Innovation Science, Vol. 7, No. 3, 2015.

Chesbrough, H., *Open Innovation: The New Imperative for Creating and*

Profiting from Technology. (Boston: Harvard Business School Press, 2003).

Corona-Treviño, L. , "Entrepreneurship in an Open National Innovation System (ONIS): AProposal for Mexico ", *Journal of Innovation and Entrepreneurship*, Vol. 5, No. 1, 2016.

Daphne G. , Vered S. , *The Israeli Innovation System: An Overview of National Policy and Cultural Aspects*, Haifa: Samuel Neaman Institute for Advanced Studies in Science and Technology, 2008.

Edquist, C. , Lundvall, B. A. , *Comparing the Danish and Swedish Systems of Innovations, In: Nelson, R. R. (Ed.)*, *National Innovation Systems*, New York: Oxford University Press, 1993.

Estevadeordal, A. , Suominen, K. , " Sequencing Regional Trade Integrationand Cooperation Agreements ", *The World Economy*, Vol. 31, No. 1, 2008.

Evenson, R. E. , & Kislev, Y. , *Agricultural Research and Productivity* (New Haven: Yale University Press, 1975).

Fisher, A. G. , *Clash of Progress and Security*, London: Macmillan and Co. Limited, 1935.

Freeman, C. , *Technology Policy and Economic Performance: Lessons from Japan*, London: Frances Pinter, 1987.

FU X. , *China's Path to Innovation*, Cambridge University Press, 2015.

Fu, X. , Fu, X. M. , Romero, C. C. , & Pan, J. "Exploring New Opportunitiesthrough Collaboration within and beyond Sectoral Systems of Innovation in the Fourth Industrial Revolution", *Industrial and Corporate Change*, Vol. 30, No. 1, 2021.

Furman, J. L. , & Hayes, R. , "Catching up or Standing Still?: National Innovative Productivity among ' Follower ' Countries, 1978-1999 ", *Research Policy*, Vol. 33, No. 9, 2004.

GIDEON F. , DAN R. , "Adoption of Agricultural Innovations: The Case of Drip Irrigation of Cotton in Israel", *Technological Forecasting and Social Change*, No. 35, 1989.

GODIN B. , " The Linear Model of Innovation: The Historical

Construction of an Analytical Framework", *Science, Technology, & Human Values*, Vol. 31, No. 6, 2016.

Greul, A., West, J., & Bock, S., "Open atBirth? Why New Firms Do (Or Don't) Use Open Innovation", *Strategic Entrepreneurship Journal*, Vol. 12, No. 3, 2018.

Gury Z., "Innovative Higher Education Learning OutcomesAnd Financing Trends In Israel", *International Journal of Educational Development*, Vol. 58, 2018.

House R., Hanges P., Javidan M., Dorfman P., & Gupta V., *Culture, Leadership and Organizations: The Globe Study of 62 Societies*, London: SAGE Publications, International Educational and Professional Publisher, 2004.

Iizuka, M., *Innovation Systems Framework: Still Useful in the New Global Context?* (Maastricht: UNU-MERIT, Maastricht Economic and Social Research and Training Centre on Innovation and Technology, 2013).

Katz, S., Martin, B., "What is Research Collaboration?", *Research Policy*, Vol. 26, No. 1, 1997.

Kumar, N., "Determinants of Locationof Overseas R&D Activity of Multinational Enterprises: The Case of US and Japanese Corporations", *Research Policy*, Vol. 30, No. 1, 2001.

Kwon, K. S., Park, H. W., So, M., & Leydesdorff, L., "Has Globalization Strengthened South Korea's National Research System? Nationaland International Dynamics of the Triple Helix of Scientific Co-authorship Relationships in South Korea", *Scientometrics*, Vol. 90, No. 1, 2012.

Li, L., Feng, Z., & Gao, X., "Correspondence Analysisin International Sci-Tech Cooperation Patterns and University Resources", *Journal of Service Science & Management*, Vol. 4, No. 2, 2011.

Lundvall, B. A., *National Innovation System: Towards a Theory of Innovation and Interactive Learning*, London: Pinter, 1992.

Malerba, F., "Sectoral Systemsof Innovation and Production", *Research Policy*, Vol. 31, No. 2, 2002.

Mazzucato, M., "From Market Fixing to Market-Creating: a New Framework for Innovation Policy", *Industry and Innovation*, Vol. 23,

No. 2, 2016.

Michcl, Z., Elise, B., & Yoshıko, O., "Shadows of the Past in International Cooperation: Collaboration Profiles of the Top Five Producers of Science", *Scientometrics*, Vol. 47, No. 3, 2000.

Nakata, M., Ahlgren, C., From, C., & Lindberg, P., "Solving Tangled Cases of Work-Related Musculoskeletal Disorders by International Scientific Cooperation", *New Solutions: A Journal of Environmental and Occupational Health Policy*, Vol. 15, No. 4, 2006.

Nelson, R. R., *National Systems of Innovation: A Comparative Analysis*, Oxford: Oxford University, 1993.

Niosi, J., Saviotti, P., Bellon, B., et al., "National Systemsof Innovation: In Search of a Workable Concept", *Technology in society*, Vol. 15, No. 2, 1993.

Niosi, J., & Bellon, B., "The Global Interdependenceof National Innovation Systems: Evidence, Limits, and Implications", *Technology in Society*, Vol. 16, No. 2, 1994.

OECD, *Managing National Innovation Systems*, Paris: OECD, 1999.

OECD, *National Innovation Systems*, Paris: OECD, 1997.

Pari, P., Keith, P., "The Continuing, Widespread (and Neglected) Importance of Improvements in Mechanical Technologies", *Research policy*, Vol. 23, No. 5, 1994.

Schot, J., & Steinmueller, W. E., "Three Framesfor Innovation Policy: R&D, Systems of Innovation and Transformative Change", *Research Policy*, Vol. 47, No. 9, 2018.

Shapira, P., Youtie, J., & Kay, L., "National Innovation Systemsand the Globalization of Nanotechnology Innovation", *The Journal of Technology Transfer*, Vol. 36, No. 6, 2011.

Sofer, M., & Applebaum, L., "The Rural Spacein Israel In Search of Renewed Identity: The Case of the Moshav", *Journal of Rural Studies*, Vol. 22, No. 3, 2006.

Stock, R., "Politicaland Social Contributions of International Tourism to

The Development of Israel", *Annals of Tourism Research*, Vol. 5, 1977.

Wonglimpiyarat, J., "Government Policiestowards Israel's High-Tech Powerhouse", *Technovation*, Vol. 52, 2016.

Xue, L., Li, D., & Yu, Z., *China's National and regional Innovation Systems*, in X. Fu, J. Chen, & B. McKern (Eds.), *The Oxford Handbook of China Innovation*, Oxford: Oxford University Press, 2021.

Yeshua-Katz, D., & Efrat-Treister, D., "Togetherin the Tech Trenches: a View of Israel's Innovation Culture", *Innovation-Organization & Management*, Vol. 23 No. 3, 2021.

《江苏省与以色列签署产业研发合作协议》,《江苏科技信息》2008 年第 11 期。

《以色列高教委发布〈2017—2022 年高等教育发展规划〉——提升科研创新竞争实力》,《教师》2016 年第 30 期。

毕宪顺、张峰:《改革开放以来中国高等教育的跨越式发展及其战略意义》,《教育研究》2014 年第 35 卷第 11 期。

蔡绍洪、彭长生、俞立平:《企业规模对创新政策绩效的影响研究——以高技术产业为例》,《中国软科学》2019 年第 9 期。

蔡素星、张伟利:《以色列农民合作社"莫沙夫"的政府支持体系及经验借鉴》,《南方农业》2013 年第 8 期。

蔡铸威:《基于"六级产业化"的乡村振兴策略与应用研究》,博士学位论文,长安大学,2019。

曹璇、任维德:《新时代科技创新治理体系构建研究》,《科学管理研究》2022 年第 1 期。

曾国屏、李正风:《国家创新体系:技术创新、知识创新和制度创新的互动》,《自然辩证法研究》1998 年第 11 期。

陈承堂、王婷:《从中国科协的运作模式看其对地方科技立法的影响》,《中国科技论坛》2003 年第 4 期。

陈光:《以色列国家创新体系的特点与启示》,《中国国情国力》2014 年第 11 期。

陈国伟:《非独立经济体现代产业体系的基本框架——兼论山西现代产业体系的构建》,《经济问题》2020 年第 7 期。

陈劲：《关于构建新型国家创新体系的思考》，《中国科学院院刊》2018年第5期。

陈强、高凌云、常旭华、余文璨：《主要发达国家与地区国际科技合作的做法及启示》，《科学管理研究》2013年第6期。

陈腾华：《为了一个民族的中兴：以色列教育概览》，华东师范大学出版社，2005。

程恩富、孙业霞：《以色列基布兹集体所有制经济的发展示范》，《经济纵横》2015年第3期。

程如烟：《30年来中国国际科技合作战略和政策演变》，《中国科技论坛》2008年第7期。

崔新健、郭子枫、常燕：《开放式国家创新体系及其发展路径》，《经济社会体制比较》2014年第5期。

邓启明、黄祖辉、胡剑锋：《以色列农业现代化的历程、成效及启示》，《社会科学战线》2009年第7期。

狄青：《阅读的准备（外一篇）》，《文学自由谈》2021年第3期。

董洁、孟潇、张素娟、李群：《以色列科技创新体系对中国创新发展的启示》，《科技管理研究》2020年第24期。

杜丽雅、张志娟、陆飞澎、陈雪迎：《以色列创新体系视角下颠覆性技术培育研究》，《全球科技经济瞭望》2020年第3期。

段芳芳、吴添祖：《国家创新体系及其运行分析》，《科技进步与对策》1999年第3期。

樊春良：《面向科技自立自强的国家创新体系建设》，《当代中国与世界》2022年第3期。

方晓霞：《以色列的科技创新优势、经验及对我国的启示》，《中国经贸导刊（中）》2019年第2期。

冯之浚：《完善和发展中国国家创新系统》，《中国软科学》1999年第1期。

付保宗、周劲：《协同发展的产业体系内涵与特征——基于实体经济、科技创新、现代金融、人力资源的协同机制》，《经济纵横》2018年第12期。

傅晓岚：《中国"国家创新体系"的未来：共创造、谋引领》，《商业观察》2017 年第 6 期。

高旺盛：《我国农业科技自立自强战略路径与政策取向研究》，《农业现代化研究》2021 年第 6 期。

高伟、高建、李纪珍：《全球创新体系与全球创新中心：文献综述》，《创新与创业管理》2018 年第 1 期。

高锡荣、罗琳、张红超：《从全球创新指数看制约我国创新能力的关键因素》，《科技管理研究》2017 年第 1 期。

高学哲、凌涛：《我国公司治理结构的选择》，《北方经贸》1999 年第 3 期。

葛焱、姚婧文、刘爱军、贾雯晴、俞建飞：《全球"农业+新一代信息技术"领域专利发展态势分析》，《中国科技论坛》2022 年第 5 期。

龚绍东：《产业体系结构形态的历史演进与现代创新》，《产经评论》2010 年第 1 期。

郭淡泊、雷家骕、张俊芳、彭勃：《国家创新体系效率及影响因素研究——基于 DEA-Tobit 两步法的分析》，《清华大学学报》（哲学社会科学版）2012 年第 2 期。

韩长赋：《国务院关于构建现代农业体系深化农业供给侧结构性改革工作情况的报告》，《农业工程技术》2018 年第 11 期。

侯伟强：《科研体系与科技创新》，《科技管理研究》2014 年第 5 期。

胡昌平、邱允生：《试论国家创新体系及其制度安排》，《中国软科学》2000 年第 9 期。

胡海鹏、袁永、邱丹逸等：《以色列主要科技创新政策及对广东的启示建议》，《科技管理研究》2018 年第 9 期。

胡志坚、李哲：《支撑现代化经济体系的国家创新体系建设研究》，《科技中国》2018 年第 9 期。

黄群慧、杨虎涛：《中国制造业比重"内外差"现象及其"去工业化"涵义》，《中国工业经济》2022 年第 3 期。

李丹、廉玉金：《政策工具视阈下国际科技合作政策研究》，《科技进步与对策》2014 年第 19 期。

李红军、高茹英、任蔚、严海军、程海峰、张琰、曹姗：《科技全球化背景下国际科技合作及其对我国的启示》，《科技进步与对策》2011 年第

11 期。

李纪珍：《构建自主可控的国家开放创新体系》，《中国科技论坛》2018
年第 9 期。

李军锋、谢涛：《以色列科技计划体系研究及对重庆的启示》，《全球科
技经济瞭望》2022 年第 35 卷第 5 期。

李时椿：《新型工业化道路：传统产业必须把握好五个关系》，《经济管
理》2006 年第 18 期。

李小兵：《我国企业国际科技合作现状及对策研究》，《企业技术开发》
2005 年第 6 期。

李晔梦：《以色列的首席科学家制度探析》，《学海》2017 年第 5 期。

李晔梦：《以色列科研管理体系的演变及其特征》，《阿拉伯世界研究》
2021 年第 4 期。

李媛源：《中韩高校国际科技合作探讨——以重庆邮电大学的中韩合作
为例》，《学会》2009 年第 4 期。

李政：《创新与经济发展：理论研究进展及趋势展望》，《经济评论》
2022 年第 5 期。

梁立明，马肖华：《从中德合著 SCI 论文看中德科技合作》，《科学学与
科学技术管理》2006 年第 11 期。

梁正、李代天：《科技创新政策与中国产业发展 40 年——基于演化创
新系统分析框架的若干典型产业研究》，《科学学与科学技术管理》2018 年
第 9 期。

梁正：《从科技政策到科技与创新政策——创新驱动发展战略下的政策
范式转型与思考》，《科学学研究》2017 年第 35 卷第 2 期。

廖君湘：《教育、科技与以色列经济发展》，《湘潭师范学院学报》（社
会科学版）1998 年第 2 期。

刘本盛：《关于国家创新体系几个问题的探讨》，《经济纵横》2007 年
第 16 期。

刘辉、曹华：《中国与以色列友好关系论》，《重庆大学学报》（社会科
学版）2006 年第 1 期。

刘明宇、芮明杰：《全球化背景下中国现代产业体系的构建模式研究》，
《中国工业经济》2009 年第 5 期。

刘秋生、赵广凤、彭立明：《国际科技合作模式研究》，《科技进步与对策》2007 年第 2 期。

刘素莉、莫亮达：《谁来资助你的留学计划？——留学以色列之奖学金篇》，《求学》2014 年第 16 期。

刘云、董建龙：《国际科技合作经费投入与配置模式的比较研究》，《科学学与科学技术管理》2000 年第 12 期。

刘云、叶选挺、杨芳娟、谭龙、刘文澜：《中国国家创新体系国际化政策概念、分类及演进特征——基于政策文本的量化分析》，《管理世界》2014 年第 12 期。

刘云：《主要发达国家和区域性组织国际科技合作的政策分析》，《科学管理研究》1999 年第 5 期。

刘钊：《现代产业体系的内涵与特征》，《山东社会科学》2011 年第 5 期。

柳卸林、葛爽、丁雪辰：《工业革命的兴替与国家创新体系的演化——从制度基因与组织基因的角度》，《科学学与科学技术管理》2019 年第 7 期。

柳卸林、赵捷：《对中国创新系统互动的评估》，《科研管理》1999 年第 6 期。

柳循晓：《以色列经济发展的驱动力》，《中国城市经济》2010 年第 7 期。

鲁瑛、陈建刚、肖甲宏：《中央企业国际科技合作典型模式研究》，《创新科技》2016 年第 10 期。

路甬祥：《建设面向知识经济时代的国家创新体系》，《世界科技研究与发展》1998 年第 3 期。

罗晖：《中国国际企业孵化器建设初探》，《中国科技产业》1997 年第 10 期。

罗伟、王春法、方新：《国家创新系统与当代经济特征》，《科学学研究》1999 年第 2 期。

马磊：《我国半导体清洗设备国产化之关键部件市场研究》，《现代化工》2019 年第 4 期。

马天旗、赵星：《高价值专利内涵及受制因素探究》，《中国发明与专利》2018 年第 3 期。

穆荣平：《国家创新体系与能力建设的有关思考》，《中国科技产业》2019 年第 7 期。

欧阳峣、陈琦：《"金砖国家"创新体系的技术效率与单因素效率评价》，《数量经济技术经济研究》2014 年第 5 期。

潘锋：《2021 年多位医药卫生工作者当选两院院士》，《中国当代医药》2021 年第 35 期。

潘光、刘锦前：《以色列农业发展的成功之路》，《求是》2004 年第24 期。

潘光、汪舒明：《以色列：一个国家的创新成功之路》，上海交通大学出版社，2018。

秦琳、朱仲羽：《苏州科技创业园的运作模式与国际比较》，《苏州科技学院学报》（社会科学版）2006 年第 4 期。

邱越：《数字资讯》，《中国保险》2022 年第 3 期。

权衡、孙亮、黎晓寅：《国家创新体系建设：经验与启示——印度、爱尔兰、芬兰、以色列比较研究》，《学习与实践》2010 年第 4 期。

阮晓波：《深化广州与以色列经济技术合作研究》，《广东经济》2019年第 9 期。

芮明杰：《构建现代产业体系的战略思路、目标与路径》，《中国工业经济》2018 年第 9 期。

史晓东：《"一带一路"战略下的中以创新合作》，《汕头大学学报》（人文社会科学版）2016 年第 32 卷第 9 期。

田建玺、张志敏：《产业价值转移与饲料企业集团扩张的战略路径选择》，《当代畜禽养殖业》2012 年第 1 期。

万俊毅、曾丽军、周文良：《乡村振兴与现代农业产业发展的理论与实践探索——"乡村振兴与现代农业产业体系构建"学术研讨会综述》，《中国农村经济》2018 年第 3 期。

王春法、游光荣：《国家创新体系理论的基本内涵》，《国防科技》2007年第 4 期。

王国平：《产业体系运行的新态势与发展新空间》，《学术月刊》2011年第 9 期。

王山、张慧慧、李义良、奉公：《众创背景下企业集群创新的案例研究——以荣事达集团为例》,《管理学报》2019 年第 5 期。

王松、龙德燕、张昆:《财务柔性视角下第二类代理问题对研发投入的影响研究》,《科技创业月刊》2022 年第 2 期。

王文霞:《创建国际企业孵化器促进深圳高新技术产业国际化》,《管理世界》2003 年第 5 期。

王小勇:《国际科技合作模式的研究——文献综述与来自浙江的实践》,《科技管理研究》2014 年第 5 期。

王震:《"一带一路"国别研究报告:以色列卷》,中国社会科学出版社,2021。

魏达志:《以市场为导向的深圳国际科技合作模式》,《中国科技论坛》2005 年第 1 期。

温军、张森、王思钦:《"双循环"新发展格局下我国国际科技合作:新形势与提升策略》,《国际贸易》2021 年第 6 期。

温军、张森:《专利、技术创新与经济增长——一个综述》,《华东经济管理》2019 年第 8 期。

吴彬江:《科学研究全球化背景下的高校国际科技合作》,《中国农业教育》2007 年第 6 期。

吴晓波、范志刚、杜健:《国家创新系统视角下的中印比较》,《科学学研究》2007 年第 2 期。

夏玉辉、王浩、靳鹏霄、杨帆:《以色列创新人才培育情况研究》,《创新人才教育》2020 年第 3 期。

肖国芳、彭术连:《创新体系国际化视角下高校科研组织变革研究》,《中国高校科技》2020 年第 11 期。

肖宪:《以色列纪行》,《西亚非洲》1989 年第 6 期。

邢瑞淼、闫文军、张亚峰:《中国专利政策的演进研究》,《科学学研究》2021 年第 2 期。

徐剑波、鲁佳铭:《以色列国家创新竞争力发展的特点、成因及其启示》,《世界科技研究与发展》2019 年第 4 期。

徐双烨、王红梅:《以色列风险投资业发展分析》,《研究与发展管理》2000 年第 2 期。

阳国亮、吕伟斌、程启原:《泛北部湾国际科技合作及其模式选择》,

《学术论坛》2009 年第 7 期。

杨波：《以色列科技创新发展的经验与启示》，《上海经济》2015 年第 1 期。

杨丽君：《以色列现代农业发展经验对我国农业供给侧改革的启示》，《经济纵横》2016 年第 6 期。

叶文楼：《以色列经济发展探究》，《国际商务（对外经济贸易大学学报）》2001 年第 3 期。

易小燕、吴勇、尹昌斌、程明、张赓、郑育锁：《以色列水土资源高效利用经验对我国农业绿色发展的启示》，《中国农业资源与区划》2018 年第 10 期。

袁军鹏、薛澜：《主导与协同：中国国际科技合作的模式和特征分析》，《科学学与科学技术管理》2007 年第 11 期。

袁磊、牛丰、何艳青：《落实央企技术创新政策 提升创新驱动发展能力——我国"十二五"支持央企创新政策综述》，《石油科技论坛》2015 年第 5 期。

张黎、杨立秋：《解码以色列生物医药行业快速发展之谜》，《精细与专用化学品》2015 年第 3 期。

张倩红、刘洪洁：《国家创新体系：以色列经验及其对中国的启示》，《西亚非洲》2017 年第 3 期。

张倩红、张礼刚、艾仁贵、马丹静：《以色列发展报告 2017》，社会科学文献出版社，2017。

张耀辉：《传统产业体系蜕变与现代产业体系形成机制》，《产经评论》2010 年第 1 期。

赵皎云：《医疗器械供应链与物流发展概述》，《物流技术与应用》2021 年第 11 期。

赵俊杰：《科技创新合作助力"一带一路"建设》，《全球科技经济瞭望》2018 年第 2 期。

郑小玉、刘冬梅、曹智：《农业科技社会化服务体系：内涵、构成与发展》，《中国软科学》2020 年第 10 期。

周丹丹：《新常态下农村一二三产业融合发展探索与实践——以四川蒲江县为例》，《安徽农业科学》2018 年第 46 卷第 1 期。

朱文龙：《中小企业破产重整的困境与突破》，《广西政法管理干部学院学报》2020 年第 6 期。

朱兆一、李沛、段云鹏：《碳中和目标下以色列绿色经济发展的实践经验及其对中国的启示》，《国际贸易》2022 年第 2 期。

图书在版编目（CIP）数据

开放式国家创新体系研究：以中以科技合作为例 /
滕颖，李代天著. -- 北京：社会科学文献出版社，
2023.9
　ISBN 978-7-5228-1990-7

　Ⅰ.①开…　Ⅱ.①滕…　②李…　Ⅲ.①国家创新系统
-研究-中国　Ⅳ.①F204

中国国家版本馆 CIP 数据核字（2023）第 113085 号

开放式国家创新体系研究
—— 以中以科技合作为例

著　　者 / 滕　颖　李代天

出　版　人 / 冀祥德
组稿编辑 / 曹义恒
责任编辑 / 岳梦夏
责任印制 / 王京美

出　　　版 / 社会科学文献出版社·政法传媒分社　（010）59367126
　　　　　　地址：北京市北三环中路甲 29 号院华龙大厦　邮编：100029
　　　　　　网址：www. ssap. com. cn
发　　　行 / 社会科学文献出版社　（010）59367028
印　　　装 / 三河市龙林印务有限公司

规　　　格 / 开　本：787mm × 1092mm　1/16
　　　　　　印　张：14.5　字　数：241 千字
版　　　次 / 2023 年 9 月第 1 版　2023 年 9 月第 1 次印刷
书　　　号 / ISBN 978-7-5228-1990-7
定　　　价 / 98.00 元

读者服务电话：4008918866